Zum Gebrauch

Das Buch ist nach Verwendungs-Gruppen gegliedert und innerhalb dieser Gruppen in der Regel nach botanischen Namen.

> **Deutscher Name**

> **Botanischer Name** Der botanische Name setzt sich aus mindestens zwei Teilen zusammen. Der erste Teil des Namens bezeichnet die Gattung, der zweite die Art, der dritte in einfachen Anführungszeichen (wenn vorhanden) den Sortennamen. Manchmal befindet sich ein × zwischen dem Gattungs- und dem Artnamen. Dann handelt es sich um eine Hybride (Züchtung durch Kreuzung).

> **Name der Sorte** Dieser steht immer in einfachen Anführungszeichen. Es gibt sehr viel mehr Sorten, als wir in diesem Buch aufnehmen können. Es sind nicht immer alle Sorten vor Ort käuflich zu erwerben. Das Internet kann hier weiterhelfen und die Gartenfachgeschäfte nennen, bei denen Sie Ihre Wunsch-Sorte beziehen können.

> **Standort** Symbole von rechts nach links: Sonnig, hell (keine pralle Sonneneinstrahlung, besonders um die Mittagszeit), halbschattig, schattig.

> **Überwinterung** Symbole von rechts nach links: Im frostfreien Überwinterungsraum (im Haus), geschützt im Freien, im Freien. Bitte beachten Sie: auch wenn Pflanzen im Freien überwintern können, darf der Wurzelballen nicht durchfrieren, weil das zum Absterben führen kann. Daher sollten alle Pflanzen in Gefäßen durch Schutzmaßnahmen davor bewahrt werden.

> **Blütenfarbe der in der Überschrift beschriebenen Art** Farbvariationen in Weiß, Gelb, Orange, Rosa, Rot, Violett, Blau, Grün, Braun

Blaue Fächerb

Scaevola saligna

Aussehen Die Blaue Fächerblum ausdauernde Pflanze, die bei uns einjährig gezogen wird. Sie wächs buschig bis leicht überhängend.

Pflege Der Klassiker liebt durchlä leicht saures und humoses Substr Sie auf gleichmäßige Bodenfeucht Staunässe und Ballentrockenheit vermeiden.

Frühzeitiges Entspitzen der Triebe einen kompakten buschigen Wuch Pflanze reinigt sich selbst, das hei Verblühtes nicht ausgeputzt werd

BLÜTENFARBE

BLÜTEZEIT

Jan   Feb   März   April

Inhalt

Angelika Throll-Keller

Was blüht auf Balkon und Terrasse?

KOSMOS

Blaue Fächerblume

Pflanzenhöhe
Hier ist die durchschnittliche Höhe angegeben. Durch das Nährstoffangebot und die Lichtverhältnisse kann es zu Abweichungen kommen. Bitte beachten Sie, dass die Sorten meist eine andere Höhe haben als die Art.

Duft Pflanzen mit markantem Duft.

Pflege
pflegeleicht: schon für Anfänger geeignet
anspruchsvoll: für Fortgeschrittene
Wenn nichts angegeben ist, braucht man für die erfolgreiche Kultur die Grundkenntnisse der Pflanzenpflege.

Fremdworte und Abkürzungen
Cultivar/Cultivars Internationale Bezeichnung für den Begriff Hybride, kann auch Sorte bedeuten.
Hybride Kreuzung zwischen Arten einer Gattung (Art-Hybride) oder Arten unterschiedlicher Gattungen (Gattungs-Hybride).
syn. Synonym. Name, unter dem die Pflanze auch bekannt ist oder gehandelt wird.
var. Varietät. Eine abweichende Spielart der Pflanzenart.
ssp. Subspecies. Bezeichnet eine Unterart, ggf. mehrere Unterarten einer Art.

| ♣ | Höhe 30–50 cm | ⟨⌣ | pflege-leicht |

Gut wetterfest. Will man die Pflanze überwintern, wird die Düngung ab August eingestellt.
Überwinterung Heller Platz bei mindestens 5 bis 7 °C, Gießmenge der verringerten Temperatur anpassen.
Gestaltung Fächerblumen gefallen durch die ungewöhnlichen Blüten, die an kleine Fächer erinnern. Sie passen sowohl in dekorative Ampeln als auch in gemischte Kästen. In Töpfen, Kübeln und Balkonkästen werden sie als Begleitpflanze verwendet. Sie sind mit allen Balkonpflanzen kombinierbar. Sehr schön zu Pflanzen mit Bauerngarten-Charme, wie Husarenknopf.

Blütezeit Im farblich hervorgehobenen Feld ist die durchschnittliche Blütezeit angegeben. Die Angebotszeit blühender Pflanzen kann von der hier angegeben Blütezeit abweichen, weil diese in den Gärtnereien gesteuert werden kann.

ni *Juli* *Aug* *Sept* *Okt* *Nov* *Dez*

Ton in Ton: Lila Löwenmäulchen rechts, daneben rosa Prachtkerze und violettblauer Lavendel.

Pflege auf Balkon und Terrasse

Selbst für den kleinsten Platz lässt sich eine Pflanze finden, die dort gerne wächst. Die richtige Pflege von Kübel- und Balkonpflanzen ist nicht schwer. Da sie in einem Gefäß wachsen, müssen sie regelmäßig gewässert werden. Die Pflanzen können ihre Wurzeln nicht in tiefere Bodenschichten schicken, um dort in Trockenzeiten Wasser zu holen. Ähnliches gilt für die Nährstoff- versorgung. Käufliche Dünger helfen dabei, keine Fehler zu machen.

Der richtige Standort ist auf Balkon und Terrasse genauso wichtig wie im Garten. Licht, Luft und Temperaturen sollten sorg- fältig betrachtet werden. Wenn eine Pflanze einen zusagenden Platz bekommt, werden Sie mit Blüten- und Fruchtpracht sowie Blattschmuck belohnt.

Die Überwinterung sollte rechtzeitig geplant werden. Je größer die Kübelpflanzen sind, desto mehr Winter-Platz wird benötigt. Weichen Sie notfalls auf professionelle „Überwinterer" (Gärtnereien) aus.

Einkauf von Kästen, Erden und Pflanzen

In den Gartenfachgeschäften können Sie zwischen vielfältigen Töpfen, Kübeln und Kästen wählen. Es gibt preiswerte, einfache Gefäße oder teure mit Wasserspeicher-Matten, Wasser-Tanks oder Bewässerungssystemen. Gerade in heißen Sommern ist man für diese Wasser-intelligenten Gefäße sehr dankbar.

Ton oder Plastik: Oft sieht man Unterschied nicht gleich.

Plastik oder Ton

Es gibt eine vielfältige Auswahl zwischen schönen Töpfen in verschiedenen Materialien. Tontöpfe sehen sehr schön aus, sind aber teurer und schwerer. Besonders bei großen Kübelpflanzen fällt das ins Gewicht. Es gibt viele Topfformen aus Plastik, die teils sogar so realistisch nachgebildet sind, dass man denkt, sie seien aus Ton. Leider setzt ein Plastik-Gefäß nie die typische Patina eines Tontopfes an. Plastik-Töpfe lassen sich einfacher reinigen, halten aber auch nicht ewig, sondern die Witterungseinflüsse sorgen dafür, dass irgendwann die ersten Risse kommen.

Frostharte Töpfe und Kübel

Achten Sie darauf, dass die Töpfe winterfest sind, selbst dann, wenn Sie alle Töpfe ins Winterlager bringen. Leere Töpfe kann man so auch einmal im Winter als Deko stehen lassen und mit bunten Glasstücken oder Kugeln füllen.

Welche Erde für mich?

In den Gartenfachgeschäften können Sie die gängigen Standard-Erden für Kästen und Kübel kaufen. Für einige Pflanzen, z. B. *Citrus*-Arten, Kakteen und Rhododendren, sollten Sie auf Spezial-Erden zurückgreifen, die Sie im Fachhandel kaufen können.

Sie können auch selbst Ihre Erde mischen – was besonders bei großen bepflanzten Balkonen und Terrassen sinnvoll ist. Reifer Kompost zum Beispiel, gemischt mit Sand und Lehm, ist gut geeignet. Es ist allerdings wichtig, dass Sie keine Würmer, Schnecken oder Schädlinge mit in den Topf einbringen. Das kann bei Kompost immer einmal wieder passieren. Für Anfänger ist auf jeden Fall käufliche Erde empfehlenswerter.

Die Vielfalt an Pflanzgefäßen ist groß.

Käufliche Erde enthält alles, was Pflanzen brauchen.

Mediterrane Vielfalt: Mit Terrakotta, Bougainville, Schopf-Lavendel und Thymian.

Bitte verwenden Sie nicht die alte Erde der vorjährigen Bepflanzung. Sie ist verbraucht, das heißt nährstoffarm.

Auswahl der schönsten Pflanzen

Balkon- und Kübelpflanzen können Sie in Gartencentern, Gartenfachgeschäften, im Internet und auf dem Wochenmarkt kaufen. Gerade auf dem Wochenmarkt bekommt man manchmal wunderschöne und gesunde Gewächse in vielfältigen Farben.

Raritäten gibt es nicht überall. Im Internet kann man sich erkundigen, ob es einen entsprechenden Gärtner vor Ort gibt.

Schauen Sie sich die Pflanzen immer gut an! Betrachten Sie sich auch die Blattunterseiten und prüfen Sie die Feuchte der Erde. Pflanzen, die zu trocken stehen, tun das sicherlich nicht das erste Mal. Dasselbe gilt für zu feucht stehende. Beides ist für die Qualität ungünstig. Pflanzen mit unnatürlich hellem Laub (außer Sorten, die so gezüchtet sind) sollten Sie stehen lassen. Schlecht gewachsene Balkonpflanzen oder solche mit zu langen Trieben lassen sich nur schwer und erst nach Wochen wieder in Form bringen. Sie müssen bei diesen wesentlich länger auf die Blütenpracht warten.

Sortenwahl

Bei einigen Pflanzengruppen empfiehlt es sich, gesunde Sorten zu wählen, zum Beispiel bei den Rosen. Das lohnt sich! Gesunde Pflanzen machen weniger Arbeit und überzeugen zudem mit größerer Blütenpracht.

Gesundes weißes Wurzelwerk

Wochenmarkt-Einkäufe

Achten Sie besonders auf einen guten Wuchs.

Standort

Die meisten Balkone und Terrassen zeigen nach Süden, Südosten oder Südwesten. Ost- und West-Balkone gibt es auch, reine Nord-Balkone sind selten und auch schwierig zu bepflanzen. Hier kommen nur die Pflanzen auf Dauer zurecht, die später bei den Porträts als schattenverträglich gekennzeichnet sind.
Die reinen Süd-Balkone und -Terrassen sind auch nicht ganz einfach. Hier kommen nur die Sonnen-Anbeter gut zurecht. Pflanzen, die hell oder halbschattig stehen wollen, können dann gedeihen, wenn man sie besonders viel gießt.

Wind
Auf den meisten Balkonen und Terrassen herrscht keine Zugluft. Vielleicht an der ein oder anderen Ecke. Nicht alle Pflanzen kommen an windigen Plätzen klar.

Blütenmeere aus Pelargonien

Regen
Die meisten Pflanzen kommen mit Regen gut zurecht, lieben sogar ab und zu einen Regenguss. Sie sollten allerdings danach rasch abtrocknen können, damit sich keine Krankheiten (z. B. Pilze) entwickeln.
Einige Balkonpflanzen, wie die Petunien, müssen regengeschützt aufgestellt werden. Bei Regen verkleben die Blüten und verfaulen dann im Anschluss. Bitte in diesem Fall unbedingt ausputzen.

Petunien müssen stets regengeschützt stehen.

Hänge-Pelargonien und Echter Lavendel (vorn)

Pflege
rund ums Jahr

Gießen

Pflanzen im Kasten oder Kübel können sich Wasser nicht aus tieferen Erdschichten besorgen, dadurch muss man immer wieder gießen. An heißen Tagen ist das manchmal sogar zweimal nötig. Es gibt intelligente Bewässerungssysteme, die Ihnen diese Arbeit abnehmen. Man kann mittlerweile sogar einige ansehnliche Tröpfchenbewässerungen kaufen, die zudem unauffällig sind und daher die Gestaltung nicht stören.

Man sollte vermeiden, die Pflanzen über Kopf zu gießen. Bitte wässern Sie direkt auf die Erdoberfläche (an die Wurzeln).

Düngen

Die meisten Balkonpflanzen müssen gedüngt werden, um die üppige Blütenpracht den Sommer über zu halten. Im Gartenfachhandel gibt es verschiedene Produkte, die eine volle Versorgung gewährleisten. Bitte richten Sie sich dabei nach den Angaben des Herstellers.

Bitte beachten Sie, dass es Pflanzen gibt, zum Beispiel Fetthenne oder Hauswurz, die nur sehr wenige Nährstoffe brauchen und auch nicht mehr wollen. Oftmals müssen sie überhaupt nicht gedüngt werden, besonders wenn sie gerade frische Erde bekommen haben. Einige Pflanzen brauchen Spezial-Dünger, wie die Citrus-Gewächse oder Rhododendren. Bitte beachten Sie dazu die Angaben in den Porträts. Wenn die Blätter aufhellen, die Blattadern dunkel bleiben, aber die Blattspreite hell wird oder wenn die Blütenpracht nachlässt, sollten Sie eine Mangelernährung in Erwägung ziehen und ggf. nachdüngen.

Ausputzen

Regelmäßiges Ausputzen von Verwelktem und Verblühtem hält die Pflanzen gesund. Bei vielen Sommerblumen verlängert man zudem die Blütezeit, denn die Kraft geht nicht in die Samenreife, sondern es werden neue Blüten gebildet, wenn man die alten wegnimmt.

Schnitt

Kübelpflanzen und Gehölze werden immer wieder zurückgeschnitten. Dadurch verhindert man, dass die Pflanzen starrig und unschön

Für eine üppige Blütenpracht muss ausreichend gedüngt werden.

Tröpfchen-Bewässerung ist ideal für den Urlaub.

Verblühtes wird regelmäßig ausgeputzt.

oder zu groß werden. Der richtige Zeitpunkt ist im Herbst vor dem Einräumen (spart Platz) oder im zeitigen Frühjahr. Auch im Sommer können störende Triebe entfernt werden.

Im Urlaub

Sie brauchen vor allen Dingen jemanden, der die Pflanzen gießt, außer Sie verfügen über eine automatische Tröpfchenbewässerung. In heißen Sommern und bei vielen Töpfen sollten Sie jemand Zuverlässiges auswählen. Es wird viel Zeit gebraucht und vernachlässigen darf man gerade das Wässern nicht.
Wenn Sie die Pflanzen näher (aber ausreichend luftig) zusammenstellen und aus der vollen Sonne wegrücken, kann man der Urlaubsvertretung die Arbeit verkürzen.

Wenn die Pflanzen zu groß geworden sind

Bei guter Pflege und fortgeschrittenem Alter kann Ihnen manche Pflanze regelrecht über den Kopf wachsen. Durch Schnittmaßnahmen lassen sich viele Kübelpflanzen aber gut in Form halten.
Sollte es sich um winterharte Gewächse handeln, können Sie sie auch in den Garten setzen, zum Beispiel Zaubernuss oder Felsenbirne.

Befruchtersorten

Es gibt einige Obstsorten, die können nur Früchte ansetzen, wenn Sie eine Befruchtersorte in der Nähe haben. Der Apfel ist das prominenteste Beispiel. Sie müssen also entweder zwei Bäume pflegen oder Sie halten bei Ihren Nachbarn Ausschau. Steht dort ein Apfelbaum, reicht das oft schon.

Dekorative Wasserspeicher

Wunderschöne Gestaltungen

Prinzipiell gilt: „Erlaubt ist, was gefällt." Wählen Sie die Farben und Pflanzen, die Sie wünschen, selbst. Sie müssen einzig darauf achten, dass sich die Pflanzen-Nachbarn vertragen, also die gleichen Ansprüche an Licht, Wasser und Dünger stellen.

Bauen Sie alles wie eine Bühne auf. Nach hinten kommen die höchsten Pflanzen, nach vorn die Hänger.

Wenn Sie einige Erfahrung gesammelt haben, dann werden Sie die Hausfassade, die Möbel und das Panorama mit in die Gestaltung einbeziehen. So passen Bauerngartenpflanzen, wie Kosmee und Sonnenblume, sehr gut zum Bauernhaus, während Bougainvilleen und Oleander eher südländisches Flair verbreiten. Terrassen mit Metallmöbeln vertragen sich gut mit Ziergräsern, Rhododendren und Rosen.

Blumiges Lese-Eck

Kästen

Im Kasten werden die Pflanzen auf Lücke gesetzt. Die größeren Gewächse kommen nach hinten, also vom Betrachter weg. Nach vorn und an den Seiten werden Hängepflanzen vorgesehen. Bitte achten Sie darauf: Stark wachsende Pflanzen bitte nur einzeln verwenden. Der Kasten wird sonst schnell zu klein.

Pelargonien (oben), Zinnien (unten)

Oleander im halben Fass

Rosaviolette Ton-in-Ton-Gestaltung mit verschiedenen Asternsorten.

Leitpflanzen, Begleitpflanzen, Hänger

Sie werden immer wieder auf die Begriffe: Leitpflanzen, Begleitpflanzen und Hänger oder Hängepflanzen stoßen. Leitpflanzen geben im Kasten den Ton an. Sie stehen meist hinten und beherrschen die Kastenszenerie. Die Begleitpflanzen sollen die Leitpflanzen begleiten, sich nicht vordrängen, aber den Rahmen geben und die Stars unterstreichen. Die Hänger werden an die Seiten gesetzt und verlängern den Kasten nach unten.

Der Farbkreis

Der Farbkreis zeigt, welche Farben harmonieren. Die Farben, die im gleichseitigen Dreieck an den Ecken liegen, passen zusammen (schwarze Striche). Dasselbe gilt für das rote Dreieck, das zwei gleich lange Seiten aufweist. Schöne Zweiklänge kann man mit Farben erreichen, die im Kreis gegenüberliegen (grüne Linie). Und schließlich harmonieren Farben sehr gut, die nebeneinander liegen, zum Beispiel rot, orange und gelb.

Blickfang Ampel

Farbkreis

Verschiedene Höhen zaubern Vielfalt.

Frühlings-Ambiente: Krokus und Holz.

Farben, die vielleicht nicht ganz so gut zusammenpassen, lassen sich gut mit Ziergräsern oder Weißblühern trennen.

Optische Vergrößerung

Um einen kleinen Balkon optisch zu vergrößern, kann man Spiegel einsetzen, die eine gewisse Weite vorgaukeln. Oder man malt ein Fenster an die Wand. In die Mitte wird perspektivisch ein Gartenausschnitt gezeichnet, so, als blicke man in den Garten, in die Ferne.

Futuristisch: Kies, Gräser und Chrom.

Blick in den Garten: Dieses Fenster vergrößert kleine Plätze.

Vermehrung

Nachfolgend stellen wir Ihnen einige einfache Vermehrungsarten vor, die auch von Anfängern erfolgreich durchgeführt werden können. Bitte beachten Sie, nicht jede Art ist für jede Pflanze möglich.

Aussaat

Die beste Zeit für die Aussaat ist in der Regel das Frühjahr bis zum Frühsommer. Einige Pflanzen, zum Beispiel Schnittsalate, werden laufend bis zum Spätsommer nachgesät. Die Keimungsdauer ist von der Art abhängig und kann zwischen wenigen Tagen bis zu mehreren Wochen dauern.
Die meisten Pflanzen sind Dunkelkeimer. Die Samen werden mit Erde bedeckt. Einige sind Lichtkeimer, dürfen daher nicht abgedeckt werden.

Hinweis: Bei manchen Gemüsesorten lohnt es sich, Jungpflanzen zuzukaufen und nicht selbst auszusäen, zum Beispiel bei Tomaten oder Paprika. Die professionellen Gärtnereien verfügen über Zusatzlicht-Vorrichtungen. Die Pflanzen werden kräftiger und tragen früher, als wenn wir sie mühsam auf unserer dunklen Fensterbank vorziehen.

Stecklinge

Wir unterscheiden zwischen verschiedenen Stecklingen. Die üblichen sind Kopf-, Triebteil- und Blattstecklinge.
Bei den Kopfstecklingen nimmt man den oberen Teil eines Triebes (2 bis 5 Blätter). Für Triebteilstecklinge schneidet man den Trieb in mehrere Teile. Bei Blattstecklingen wird das Blatt oder auch nur ein Teil des Blattes in die Erde gebracht.
Für alle Stecklinge gilt: Sie kommen in unge-

Aussaat. 1. Die Drainage kommt zuerst.

3. Mit Erde abdecken und andrücken.

2. Erde einfüllen und Samen ausstreuen.

Kopfstecklinge. 1. Belassen Sie jeweils 3–5 Blätter.

2. Große Blätter einkürzen.

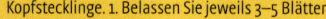

Die Stecklinge kommen unter eine Plastik- oder Glasabdeckung.

Teilung: Die Mutterpflanze wird mit Messer oder Hand geteilt.

düngte Erde (Vermehrungserde). Einige Pflanzen bilden sogar Wurzeln, wenn sie in ein Glas mit Wasser gestellt werden. Um die Verdunstung der Stecklinge zu minimieren, deckt man sie mit Folie oder Glas ab. Ab und zu lüften. Wenn sich die ersten Wurzeln gebildet haben, wird die Jungpflanze in ein größeres Gefäß umgepflanzt.

Teilung

Die Teilung gehört zu den einfachsten Vermehrungsarten. Man nimmt eine zu groß gewordene Pflanze und reißt sie vorsichtig in der Mitte auseinander. Oder man trennt ein Teilstück mit einem scharfen Messer ab.

Brutzwiebeln und -knollen

An der Mutterzwiebel oder -knolle bilden sich kleine Tochterzwiebeln. Nehmen Sie diese achtsam ab und pflanzen Sie sie neu ein.

Die Tochterzwiebeln abnehmen und einpflanzen.

Überwinterung

Es gibt eine Reihe von Pflanzen, die draußen bleiben können. Trotzdem dürfen die Töpfe und Kästen nicht durchfrieren. Es sind außerdem einige Dinge zu beachten, damit unsere „Lieblinge" auch gut durch den Winter kommen.

Gießen Besonders die immergrünen Gehölze oder wintergrünen Stauden müssen im Winter in frostfreien Perioden dann gegossen werden, wenn die Erde trocken geworden ist. Dazu zählen zum Beispiel Rhododendren oder Mispeln.

Düngen Im Winter wird kein Dünger gegeben.

Winterschutz im Freien Pflanzen, die geschützt werden müssen, bekommen Kokosmatten oder Reisig um die Töpfe. Muss auch der obere Teil geschützt werden, dann bieten sich Vliese an. Bitte keine Noppenfolie verwenden, da sich darunter zu viel Feuchte bildet, was rasch zu Krankheiten führt.

Winterschutz mit Leinensack

Zwiebelblumen und Stauden einwintern

Im Herbst gibt es noch eine ganze Reihe von Zwiebelblumen, die genügend Wurzeln ausbilden können. Die Gefäße dürfen jedoch nicht durchfrieren. Sie können die Kästen oder Töpfe mit Reisig oder Noppenfolie von außen oder innen schützen. Die Noppenfolie darf nicht auf die Erde kommen, nur an die Gefäßseiten. Die Erde wird mit Reisig geschützt. Sie können das Gefäß auch in den Boden ebenerdig eingraben oder in ein größeres zweites Gefäß einstellen,

Die oberirdischen Teile können mit Vlies gut geschützt werden.

Winterschutz für mehrere Töpfe: Noppenfolie an den Seiten und Laub zwischen den Töpfen.

dass wiederum Platz für das Isoliermaterial bietet. Am sichersten ist es, wenn die Gefäße in einen frostfreien Schuppen oder eine Garage kommen.

Exotische und frostempfindliche Pflanzen
Diese Pflanzen brauchen ein frostfreies Überwinterungsquartier. Wenn die Pflanze das Laub abwirft, darf es dunkel sein. Wenn sie die Blätter behält, muss ein heller Raum gefunden werden. Schützen Sie die Pflanzen aber vor der Wintersonne! Zu schnell bekommt die Pflanze einen Schub und treibt eventuell deutlich vor ihrer Zeit aus. Achten Sie darauf, dass die Erde auch weiterhin feucht bleibt. Bitte nicht zu feucht; Sie müssen die Wassergaben den verringerten Temperaturen anpassen. Gedüngt wird nicht.

Überwinterung beim Gärtner
Einige Gärtnereien bieten den Überwinterungsservice an. Das ist sehr nützlich, wenn man selbst keine Möglichkeiten hat.
Die Adressen finden Sie leicht im Internet.

Knollen werden frostfrei in Erde oder Laub überwintert.

Pflegefehler

Die richtige Pflege führt zur schönsten Balkon- und Terrassenpracht. Pflegefehler ziehen Schädlinge und Krankheiten nach sich. Daher listen wir Ihnen nachfolgend einige Fehler auf, die häufig vorkommen können. Informieren Sie sich zusätzlich jeweils beim Porträt über die individuellen Bedürfnisse Ihrer Pflanzen.

Welke

„Es werden mehr Pflanzen totgegossen als vertrocknen." Das ist ein altbekannter Satz, der Anfänger immer wieder in Erstaunen setzt. Wenn eine Pflanze welkt, muss es nicht immer heißen, dass sie gegossen werden muss. Richtig ist aber, dass die Blätter unter Wassermangel leiden. Prüfen Sie zunächst, ob das Erdreich trocken oder feucht ist. Ist es trocken, sollten Sie gießen. Meist erholt sich die Pflanze schnell wieder. Ist es feucht, dann bitte nicht gießen, sondern abtrocknen lassen. Wenn sich die

Pflanze nicht erholt, sollte man sie aus dem Topf holen und die Wurzel ansehen. Wenn Sie faule Stellen finden, dann schneiden Sie diese ab und halten Sie das Erdreich trockener. Leider kann man die Pflanze nicht immer retten, wenn sich wegen zu viel Nässe Fäulnis gebildet hat. Manchmal sind auch wurzelfressende Schädlinge der Grund, warum die Pflanze kein Wasser mehr aufnehmen kann. Sie sehen es daran, dass die weißen Wurzelfasern fehlen. In diesem Fall muss die Erde komplett ausgetauscht werden. Die Wurzeln werden zurückgeschnitten und die Pflanze in einen kleineren Topf gesetzt. Leider ist auch in diesem Fall nicht immer die Rettung erfolgreich.

Die Blattfärbung hat sich geändert

Wenn Sie aufgehellte Blätter sehen oder Blattadern, die grün bleiben, und der Rest verblasst, dann liegt oft ein Nährstoffmangel vor. Überlegen Sie, wie lange die letzte Düngung zurückliegt. Bitte beachten Sie, dass es Sorten gibt,

An heißen Tagen muss manchmal sogar morgens und abends gegossen werden.

Diese *Abutilon*-Sorte hat panaschiertes Laub und daher, trotz aufgehellter Blattflecken, keinen Nährstoffmangel.

die eine Blattmusterung im Erbgut haben. Diese leiden natürlich nicht unter einem Nährstoffmangel.

Blattfall
Zum Ende des Sommers hin oder im Herbst werfen naturgemäß viele Pflanzen ihr Laub ab, daher ist in diesen Zeiten ein Laubfall normal. Empfindliche Pflanzen lassen außerdem gerne die Blätter fallen, wenn sie einen anderen Platz bekommen haben, der Standort zu kalt ist oder sie zu viel Zugluft ausgesetzt sind. Auch Schädlingsbefall kann ein Grund sein. Bitte untersuchen Sie die Blattunterseiten.

Eisenmangel führt meist zu aufgehellten Blättern.

Sparriger Wuchs
Wenn Ihnen der Wuchs nicht gefällt, sollten Sie zurückschneiden. Wenn Sie noch wenig Erfahrung haben, dann versuchen Sie es erst einmal an ein oder zwei Trieben. Die meisten Pflanzen treiben an den Schnittstellen willig nach und so entwickelt sich wie gewünscht ein buschiges Wachstum.

Schädlinge

Es ist ganz normal, dass unsere Pflanzen immer mal wieder mit Schädlingen zu kämpfen haben. Nachfolgend beschreiben wir die Schädlinge, die häufig auf Balkon und Terrasse anzutreffen sind. Bitte beachten Sie: Befallene Pflanzen müssen sofort von den gesunden getrennt werden!

Blattläuse

Bevor Sie die Tiere sehen, zeigen die jungen Triebe und Blättchen ein gekräuseltes Wachstum. Die Pflanzenteile sind klebrig.

Abhilfe Duschen Sie die Pflanzen mit lauwarmem Wasser ab. Vorsichtig, besonders bei Blütenpflanzen: Leider verträgt nicht jede Art dieses Abduschen. Daher sollten Sie es zunächst an einem Trieb versuchen. Außerdem kann man die Tiere mit einer weichen Bürste vorsichtig abbürsten.

Weiße Fliege

Schildläuse

Meist auf der Blattunterseite sieht man kleine Erhebungen, die man abnehmen kann. Darunter sitzen die Schädlinge und deren Eier.

Abhilfe Geben Sie mit einem Wattestäbchen Speiseöl auf die Schilde. Nach ein paar Tagen bürsten Sie alles mit einer weichen Zahnbürste und etwas Seifenlauge ab. Wenn die Pflanze es verträgt, werden die Pflanzenteile mit lauwarmem Wasser abgeduscht. Stark befallene Triebe und Blätter werden entfernt, so wird eine Ausbreitung schnell eingedämmt.

Spinnmilben

Diese Schädlinge zeigen sich durch Aufhellungen oder Sprenkelungen auf den Blättern. Mit der Lupe kann man kleine achtbeinige Tierchen erkennen, die schwarz gefärbt oder durchsichtig sind. Wenn der Befall weit fortgeschritten ist, erkennt man „Spinnennetze" mit zahlreichen Tierchen über Blüten und Blättern.

Abhilfe Wenn es die Pflanze verträgt, wird sie abgeduscht. Pflanzenteile, die sehr schlimm befallen sind, sollte man entfernen. Erhöhen Sie dann die Luftfeuchtigkeit, dann verschwinden die Schädlinge meist von alleine (Mit Wasser absprühen; die Pflanzen dichter zusammenstellen).

Gelbtafeln helfen bei Trauermücken und Weißer Fliege.

Starker Befall mit Blattläusen

Weiße Fliege (Mottenschildlaus)
Wenn man die Pflanze berührt und es fliegen zahlreiche weiße Insekten hoch, dann liegt meist ein Befall mit Weißer Fliege vor.
Abhilfe Die Schädlinge lieben hohe Temperaturen und windstille Plätze. Schaffen Sie andere Verhältnisse. Die meisten Pflanzen tolerieren kurzzeitig tiefe Temperaturen und Wind. Außerdem helfen „Gelbtafeln", die Sie käuflich erwerben können.

Wollläuse (Schmierläuse)
Sie können weißwollige Erhebungen (das sind die Läuse) an Blättern und Stängeln erkennen. Bevorzugt sitzen die Schädlinge in den Blattachseln.
Abhilfe Siehe Schildläuse. Sie können die Schädlinge auch mit einem Wattestäbchen zerdrücken. Bitte säubern Sie alles peinlich genau, auch Untertopf und Tisch, auf dem der Topf stand. Wollläuse verbergen sich oft wochenlang, bis sie wieder auftauchen.

Trauermücken
Sie sehen kleine schwarze Fliegen, die auf der Erdoberfläche auffliegen. Deren Larven, die eigentlichen Schädlinge, sitzen im Topf und fressen die Wurzeln.
Abhilfe „Gelbtafeln" aufstellen. Wurzelballen trockener halten, damit die Fliegen keine Eier ablegen können.

Befall mit Wollläusen

Krankheiten

Die Vorbeugung ist die beste Abwehr gegen Krankheiten. Allem voran: Kaufen Sie gesunde Sorten. Außerdem kann man viel tun, indem man Verwelktes und Abgeblühtes regelmäßig entfernt und für genügend Luft sorgt. Stehende, feuchte Luft sowie Bodennässe oder gar Staunässe öffnen vielen Krankheiten erst die Tür.

Echter Mehltau

Diese Krankheit zeigt sich durch einen weißen, mehligen Belag auf der Blattoberseite. Man kann ihn abwischen, natürlich nur oberflächlich, was nichts hilft. Echter Mehltau tritt gerne auf, wenn auf trockene, warme Tage kühle Nächte folgen.

Abhilfe Entfernen Sie befallen Pflanzenteile und geben Sie sie in den Hausmüll (nicht auf den Kompost!). Kontrollieren Sie auch die Nachbarpflanzen. Säubern Sie Übertöpfe, Boden und die Tische.

Sternrußtau

Grauschimmel (*Botrytis*)

An Blüten, Knospen, Stängeln oder Blättern sieht man Faulstellen mit einem gräulichen Pilzrasen. Die Sporen (Vermehrungskörper) dieses Pilzes werden durch Wind oder Regen von Pflanze zu Pflanze gebracht. Sie keimen dort bei niedrigen Temperaturen und hoher Luftfeuchte.

Abhilfe Der Pilz wird vor allen Dingen vorbeugend bekämpft. Achten Sie auf einen genügend weiten Stand (Licht und Luft) und gießen Sie möglichst nicht über Kopf. Eine zu hohe Stickstoffdüngung sollte vermieden werden.

Fäulnis am Stängelgrund oder an den Wurzeln

Meist sind die ersten Symptome, dass die Pflanze welkt, obwohl die Erde feucht ist.

Abhilfe Das ist meist schwierig. Sie können versuchen, die Pflanze umzutopfen und die faulen Stellen zu entfernen, wenn das geht. Leider sind viele Pflanzen auch mit dieser Maßnahme nicht mehr zu retten.

Rosenrost und Sternrußtau

Die beiden Krankheiten machen den Rosen sehr zu schaffen. Rosenrost zeigt sich durch im Frühjahr orangerote und im Herbst schwarze Pusteln an der Blattunterseite. Ein von Sternrußtau befallenes Blatt entwickelt sternför-

Graufäule an den Blättern

Beste Pflege führt zu diesen zauberhaften Pflanzen.

mige, schwarze Blattflecken, wird schließlich gelb und fällt dann ab.

Abhilfe Achten Sie auf gesunde Sorten, die von diesen Krankheiten nicht befallen werden.

Außerdem sind eine ausgewogene Düngung und ein gut durchlüfteter Standort wichtig. Befallenes Laub wird ausgeputzt, aufgesammelt und kommt in den Hausmüll.

Mehltau auf Rosenblättern

Mini-Teich

Wer einen kleinen Teich auf Balkon oder Terrasse anlegen will, sollte sorgfältig planen. Zum einen muss die Statik der tragenden Flächen stimmen. Ein Becken mit 500 Litern Wasser wiegt, mit allem Drum und Dran, schnell eine Dreivierteltonne. Viele Balkone sind für diese Belastung nicht ausgelegt.

Mini-Teich: 1. Das Gefäß muss gut wasserdicht sein.

2. Steine und Pflanzen einsetzen.

3. Nun füllt man mit Wasser auf.

Ziehen Sie stets einen Statiker zu Rate, wenn der Mini-Teich etwas größer ausfallen soll. Wenn Sie nur einen sehr kleinen Kübel oder ein Mini-Fass mit Wasser füllen, dann ist die Gefahr nicht so groß. Aber: Je kleiner der Teich, desto mehr Pflege braucht er. Das Wasser wird an sonnigen Stellen schnell zu warm und kippt um. Wuchernde Pflanzen können zudem schnell den ganzen Mini-Teich zuwachsen. Falls Sie sich für einen Mini-Teich entscheiden, dann kalkulieren Sie bitte ein, dass man einige Erfahrung sammeln muss, damit die Pflanzen hier auch gut gedeihen.

Pflanzung

Es ist sehr zu empfehlen, die Pflanzen in Körbe zu setzen. Das erleichtert die Pflegearbeiten und man hindert die Pflanzen daran, sich zu sehr auszubreiten. Im Mini-Teich ist wenig Platz und jeder Teich-Bewohner muss sich bescheiden.

Überwinterung

Ein Mini-Teich friert schnell durch, das vertragen die Pflanzen nicht. Frieren die Wurzel-

Auch geeignet! Eimer und Töpfe.

Aufbau wie auf einer Bühne: Hohe Pflanzen nach hinten, niedrige nach vorn.

stöcke der Seerosen durch, werden sie nicht mehr austreiben. Viele exotische Pflanzen können nicht draußen bleiben.

Wenn der Teich noch transportabel ist, dann lohnt es, ihn in eine frostfreie Garage oder ein Überwinterungslager zu bringen. Ist er zu schwer und besteht wegen zu niedriger Wasserhöhe die Gefahr, dass er durchfriert, müssen die Pflanzen herausgenommen und im frostfreien Überwinterungslager die kalte Jahreszeit überdauern.

Bitte beachten: Wenn der Mini-Teich nicht frostsicher ist, muss er auf jeden Fall ins Überwinterungslager.

Seerosen überwintern

Der Pflanzkorb wird in eine Wanne mit feuchtem Feinsand oder Laub eingelegt. Die Wanne kommt in einen frostfreien Raum. Halten Sie die Austriebsstellen mit Küchentüchern immer leicht feucht.

Gestaltung

Für die Gestaltung gilt das Gleiche wie für große Gartenteiche. Vorne sollte die Bepflanzung den Blick aufs Wasser gewährleisten. Nach hinten bauen sich die Pflanzen wie eine Bühne auf. Die höchsten kommen als Rahmengeber in den Hintergrund.

Oleander in Rosa und Weiß, Pelargonien (rechts) und Lavendel (unten rechts).

Blühende Kübelpflanzen

Die klassischen Kübelpflanzen kommen aus warmen Gegenden dieser Welt zu uns und können daher den Winter über nicht im Freien bleiben. Sie müssen frostfrei überwintert werden. Als Faustregel gilt: Blattabwerfende Pflanzen können dunkel oder hell überwintert werden, Gewächse mit Blättern gehören an einen hellen Platz. Die meisten Pflanzen kommen mit Überwinterungstemperaturen zwischen 3 und 9 °C gut zurecht.

Die Düngung muss ab August eingestellt werden, damit die Pflanzen ausreifen können. Im Winterlager ist die Gießmenge deutlich zu reduzieren und den tieferen Temperaturen anzupassen.

Im Überwinterungsraum sollte keine zu starke Wintersonnen-Einstrahlung herrschen. Vermeiden Sie das durch Schattierung. Oder stellen Sie die Pflanzen nicht ans Südfenster. Zu viel Sonne kann zu einem ungünstigen, da zu frühem, Wachstum führen.

Gelbblühende Schönmalve

Abutilon pictum

Rotblühende Schönmalve

Schönmalve
Abutilon × hybridum

| ☀ | ○ | Höhe 1,5–4 m | 🏠♣ | pflege-leicht |

Aussehen Der immergrüne Strauch wächst aufrecht buschig und braucht Platz.

Pflege Durchlässiges Erdsubstrat ist wünschenswert, ein regengeschützter Standort von Vorteil. Auf gleichmäßige Bodenfeuchtigkeit sollte geachtet werden. Vermeiden Sie Ballentrockenheit und einen Standortwechsel. Die Pflanze hat einen mittleren Nährstoffbedarf bis August, danach wird die Düngung eingestellt. Im Sommer werden verwelkte Blüten regelmäßig entfernt. Für nötige Schnittmaßnahmen ist das zeitige Frühjahr die geeignete Jahreszeit.

Probleme Weiße Fliege, Blattläuse

Überwinterung Bei etwa 10 °C an hellem Platz, nur ab und zu gießen.

Vermehrung Aussaat, Stecklinge

Gestaltung Schönmalven sind Pflanzen für eine Einzelstellung, besonders im Alter.

Sorte und Arten *A. pictum* ist eine beliebte Art, die in Pflege und Gestaltung der oben genannten entspricht. Die Sorte 'Thompsonii' besitzt interessante Blätter mit intensiver gelber Musterung. *A. megapotamicum* ist eine schöne Art, die von Mai bis September ihre glockenartigen, gelbroten Blüten zeigt.

BLÜTENFARBE

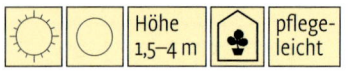

BLÜTEZEIT

| Jan | Feb | März | April | Mai | Juni | Juli | Aug | Sept | Okt | Nov | Dez |

Agapanthus africanus ist eine beliebte Art.

Schmucklilie
Agapanthus-Hybriden

| ☀ | ○ | ♣ | Höhe bis 1,5 m |

Agapanthus-Hybride

Aussehen Klassiker unter den Kübelpflanzen mit horstartigem, ausladendem Wuchs.
Pflege Bis zur Blüte haben Schmucklilien einen mittleren bis hohen Nährstoffbedarf, danach wird nur noch wenig gedüngt. Sandig-humoses bis sandig-lehmiges Erdreich ist von Vorteil. Staunässe wird schlecht vertragen. Auf gleichmäßige Bodenfeuchtigkeit achten.
Probleme Bei Staunässe Fäulnis, dann trockener halten.
Überwinterung Heller Platz bei mindestens 3 °C und die Wassermenge reduzieren. Die einziehenden Arten, wie etwa *Agapanthus campanulatus*, können auch dunkel stehen.
Vermehrung Seitliche Ableger der Mutterpflanze abtrennen; Aussaat
Gestaltung Die beste Wirkung erreichen Sie in Einzelstellung oder wenn nur wenige Exemplare zusammenstehen. Dekorativ sind die trompetenförmigen Blüten und die Früchte.
Arten Es gibt immergrüne, laubabwerfende und einziehende Arten, zudem viele Hybriden. Einige Sorten haben weiß gerandete oder gestreifte Blätter. *A. praecox* ist eine wüchsige Art mit blau und weiß blühenden Sorten. *A. praecox* ssp. *orientalis* blüht dunkelblau.

BLÜTENFARBE

BLÜTEZEIT

| Jan | Feb | März | April | Mai | Juni | Juli | Aug | Sept | Okt | Nov | Dez |

Duftnessel, *Agastache*-Hybride

Duftnessel
Agastache, Hybriden und Arten

| ☀ | ○ | ♣ ♣ | Höhe 0,5–1,20 m | 👃 |

Aussehen Gut aufrecht wachsende Stauden, sortenabhängig auch überhängend, deren wunderschöne Blütenkerzen ein echter Blickfang sind. Blütezeit ist sorten- und artenabhängig von Juni bis Oktober.

Pflege Wählen Sie durchlässige, sandig-lehmige Substrate mit mittlerem Nährstoffbedarf. Ein sonniger Platz und eine regelmäßige Wasserversorgung sind Voraussetzung für ein gutes Wachstum.

Überwinterung Die Hybriden besser im frostfreien Haus überwintern, Arten auch geschützt im Freiland.

Vermehrung Aussaat und Stecklinge. Hybrid-Sorten lassen sich nur durch Aussaat gekaufter Samen vermehren.

Gestaltung Einzelstellung im Kübel. Auch mit Beipflanzen, besonders schön mit niedrigen Blattschmuckpflanzen.

Arten, Hybriden *A. rugosa* 'Golden Jubilee', Gold-Anis-Ysop, mit goldgelben Blättern und lila Blüten, 'Alabaster' mit weißgrünen Blütenähren, *A. foeniculum*, Anis-Ysop, entwickelt Blätter mit Anis-Fenchel-Duft, *A. mexicana* 'Sangria' besitzt leuchtend rot-violette Blüten. 'Ayala' wirkt filigran und blüht violettrosa.

BLÜTENFARBE

BLÜTEZEIT

| Jan | Feb | März | April | Mai | Juni | Juli | Aug | Sept | Okt | Nov | Dez |

Niedrige Strauchmargeriten-Sorte

Strauchmargerite
Argyranthemum frutescens

			Höhe 0,30–0,70 m (bis 1,50 m als Hochstämmchen)	pflege-leicht

Aussehen Ein echter Klassiker, der aufrecht buschig bis halbrund wächst und auch als Hochstämmchen zu bekommen ist. Blühdauer, Blütenreichtum und Pflegeleichtigkeit machen die Strauchmargerite zu einer der beliebtesten Kübelpflanzen überhaupt.

Pflege Wählen Sie durchlässiges humoses Erdsubstrat. Die Pflanzen haben einen mittleren Nährstoffbedarf bis August. Ab Ende August müssen Sie die Düngung einstellen, wenn überwintert werden soll. Für genügend Wasser sorgen. Mehrmaliges Entspitzen führt zum gewünschten kompakten und buschigen Wuchs.

Während der Wachstumszeit wird Verblühtes immer wieder ausgeputzt.

Probleme Schnecken und Weiße Fliege

Überwinterung Bei mindestens 3 °C an einem hellen Standort, nur mäßig gießen, aber nicht ganz trocken halten.

Gestaltung Strauchmargeriten sind schön im Einzelstand. Man kann auch mehrere Kübel zusammenstellen, die Blüten sollten sich nicht berühren. Im Balkonkasten können Margeriten als Leitpflanzen oder Begleiter verwendet werden. Pantoffelblumen, Kapuzinerkresse, Vanilleblumen und Efeu sind gute Nachbarn.

BLÜTENFARBE

   ungefüllt, gefüllt

BLÜTEZEIT

Jan	Feb	März	April	Mai	Juni	Juli	Aug	Sept	Okt	Nov	Dez
				Mai	Juni	Juli	Aug	Sept	Okt		

Purpurblühende Bougainvilleen

Bougainville
Bougainvillea glabra

| Höhe 1,5–3 m |

Aussehen Bougainvilleen sind beliebte Klassiker, die am Spalier oder Rankgerüst bis 3 Meter nach oben wachsen können.

Pflege Die Pflanzen haben hohe Nährstoffansprüche bis August, dürfen aber nicht zu viel Stickstoff bekommen, weil der Blütenflor ansonsten beeinträchtigt wird. Sie werden nach Bedarf gegossen. Leiten Sie die sparrigen Triebe an Gerüsten oder Stäben so, wie Sie sie haben wollen. Vor der Überwinterung müssen die langen Triebe zurückgeschnitten werden. Das führt zu einer vermehrten Bildung kurzer Seitentriebe, die später reichlich blühen.

Überwinterung Bei 3 bis 10 °C an einem hellen Standort, trocken halten. Sonst bilden die Pflanzen wenig Blüten, können sogar eingehen.

Gestaltung Bougainvilleen zaubern ein mediterranes Flair auf Balkon und Terrasse. Wenn sich die Pflanzen mit weißen, rosa oder gelben Blüten über und über schmücken, erinnern sie an Urlaub im Süden. Die Farbwirkung kommt nicht direkt von den Blüten. Sie sind von den farbigen Hochblättern (*Brakteen*) umgeben, die besondere Leuchtkraft haben.

Anderer deutscher Name Drillingsblume

BLÜTENFARBE
die Hochblätter sind

BLÜTEZEIT

| Jan | Feb | März | April | Mai | Juni | Juli | Aug | Sept | Okt | Nov | Dez |

Orangerote Sorte

Reichblühende Engelstrompete in Weiß

Engelstrompete in Gelb

Engelstrompete
Brugmansia suaveolens

   Höhe
1,5–4 m

Aussehen Engelstrompeten sind Klassiker für große Kübel. Sie wachsen aufrecht strauchförmig und brauchen Platz.

Pflege Engelstrompeten haben hohe Nährstoff- und Wasseransprüche bis August, daher sollten große Töpfe gewählt werden. Durchlässige Erde ist von Vorteil. Das starke Wachstum lässt sich durch Rückschnitt begrenzen. Vor der Überwinterung die Krone auf die Hälfte bis zwei Drittel zurückschneiden.

Überwinterung Bei 5 bis 7 °C an einem hellen Standort. Die Wassergaben den geringeren Temperaturen anpassen.

Gestaltung Engelstrompeten sind Blickfang und Star des Platzes. Sie brauchen einen Einzelplatz. Bitte beachten Sie, die Pflanzen sind stark giftig!

Arten Es gibt schwach, mittelstark und stark wachsende Arten. Viele Hybriden und Sorten sind erhältlich. Jährlich kommen neue dazu. Beispiele für weitere Arten sind *Brugmansia sanguinea* (schmale, orangerote Blüten), *B. aurea* (cremefarbene, hellgelbe Blüten), *B. candida* (30 cm lange, weiße Blüten, in den Abend- und Nachtstunden intensiv duftend).

Andere deutsche Namen Stechapfel, Datura

BLÜTENFARBE

   ungefüllte und halbgefüllte Trompetenblüten

BLÜTEZEIT

Jan *Feb* *März* *April* *Mai* **Juni** **Juli** **Aug** **Sept** *Okt* *Nov* *Dez*

Zylinderputzer mit den charakteristischen, namensgebenden Blüten.

Zylinderputzer
Callistemon citrinus

| | | | Höhe 1,2–3 m | pflege- leicht |

Aussehen Die ungewöhnlichen Blüten, die an Flaschenputzer erinnern, gaben dieser hübschen Pflanze einst ihren Namen. Der Wuchs ist aufrecht strauchförmig.

Pflege Der Nährstoffbedarf der Pflanze ist mittelhoch bis August, danach wird die Düngung eingestellt. Durchlässige bis sandighumose Erde ist von Vorteil. Gießen Sie regelmäßig. Lassen Sie den Boden nicht austrocknen und vermeiden Sie Staunässe. Die verwelkten Blüten werden weggeschnitten. Der Rück- und Formschnitt kann jeweils im Frühjahr erfolgen.

Probleme Blattläuse und Weiße Fliege

Überwinterung Hell, bei mindestens 5 °C, dabei trockener halten. Nicht austrocknen lassen.

Gestaltung Zylinderputzer sind klassische Pflanzen für den Einzelstand. Eine Unterpflanzung mit Blattpflanzen, auch blühenden Hängern ist möglich, aber nicht unbedingt nötig.

Arten Es gibt viele Arten und Sorten im Handel. Die Arten *C. speciosus*, *C. rigidus* und *C. macropunctata* sind in Verwendung und Pflege der beschriebenen Art ähnlich.

Anderer deutscher Name Schönfaden

BLÜTENFARBE

BLÜTEZEIT

| Jan | Feb | März | April | Mai | Juni | Juli | Aug | Sept | Okt | Nov | Dez |

Blumenrohr

Sorte 'Amundsen'

Sorte 'Sevilla'

Sorte 'Gold Ader'

Blumenrohr, Canna
Canna indica

   Höhe 1,2–2,2 m

Aussehen Die aufrechte Staude bildet Rhizome (bodennahe Wurzeln) und wächst schnell. Viele Blütenfarben, Formen und Blattzeichnungen lassen interessante Kombinationen zu.

Pflege Das Blumenrohr liebt durchlässige, frische bis feuchte Erde mit mittlerem bis hohem Nährstoffgehalt. In der Wachstumszeit nicht austrocknen lassen. Verwelkte Blüten sollten Sie regelmäßig entfernen, um die Blühdauer zu verlängern. Die Rhizome werden im Frühjahr zum Austreiben geschützt im Haus etwa 10 cm tief in einen Topf gelegt und ab Mitte Mai ausgepflanzt.

Überwinterung Vor dem ersten Frost schneidet man die Pflanzen 15 cm über dem Boden ab. Die Rhizome werden ausgegraben und frostfrei sowie fast trocken und in Sand eingelegt überwintert.

Gestaltung Nach den letzten Frösten Mitte Mai können diese vielfältigen Pflanzen nach draußen – entweder im Kübel oder ins Beet. Viele Sorten laden zu variantenreichen Pflanzungen ein.
Am besten pflanzen Sie das Blumenrohr in Einzelstellung in einen großen Topf. Schöne Nachbarn sind Ziergräser.

BLÜTENFARBE

auch zweifarbig

BLÜTEZEIT

Jan	Feb	März	April	Mai	Juni	Juli	Aug	Sept	Okt	Nov	Dez

Die Bartblume – ein schönes Ziergehölz!

Bartblume
Caryopteris × *clandonensis* 'Heavenly Blue'

| ☀ | ◯ | ⌂ | Höhe bis 1 m |

Aussehen Das hübsche Blüten- und Ziergehölz wächst straff aufrecht und bleibt insgesamt ein eher kleiner Strauch.

Pflege Bartblumen brauchen durchlässiges Erdreich mit mittlerem Nährstoffgehalt. Geben Sie dem hübschen Blüher einen geschützten Platz. Ein regelmäßiger (jährlicher) Schnitt ist empfehlenswert und fördert die Blütenfülle. Die Pflanze blüht am einjährigen Holz und wird daher im zeitigen Frühjahr geschnitten. Regelmäßig gießen.

Überwinterung Geschützt im Freien

Gestaltung Der niedrige Blütenstrauch wird einzeln in einen Kübel gepflanzt. Eine Unterpflanzung mit niedrigen Balkonpflanzen oder Hänge-Blattpflanzen ist möglich, aber nicht unbedingt nötig. Da Bartblumen konkurrenzschwach sind, sollten nur schwach wachsende und keinesfalls wuchernde Beipflanzen gewählt werden. Schön wirken Bartblumen neben Rosen-Töpfen. Auch in Steingärten fühlt sich das kleine Gehölz wohl.

Sorten Bei 'Kew Blue' sind die Blüten dunkler und tiefblau. Die hellblaue 'Arthur Simmonds' ist eine weitere Sorte, die man in unseren Gärten und Parks oft antrifft.

BLÜTENFARBE

BLÜTEZEIT

| Jan | Feb | März | April | Mai | Juni | Juli | **Aug** | **Sept** | **Okt** | Nov | Dez |

Citrus myrtifolia

Zitronenbäumchen und Co.

Citrus-Arten

| ☼ | ◯ | ◑ | ♣ 🏠 | Höhe 2–4 m (7 m) | ⤴ |

Aussehen *Citrus*-Arten gibt es als breite Sträucher oder kleine Bäume. Auch Hochstämmchen (Sorten und Arten) sind erhältlich.

Pflege Bis August haben *Citrus*-Gewächse einen mittleren bis hohen Nährstoffbedarf, danach wird die Düngung eingestellt. Die Pflanzen lieben durchlässiges, schwach saures Erdreich, am besten ist käufliche *Citrus*-Erde. Kein kalkhaltiges Gießwasser verwenden (sonst Eisenmangelsymptome möglich)! Sammeln Sie Regenwasser und gießen Sie gleichmäßig. Staunässe und Bodentrockenheit sind zu vermeiden. Ein Schutz vor starker Sonnenein-

Orange, *Citrus sinensis*

BLÜTENFARBE

BLÜTEZEIT

| Jan | Feb | März | April | Mai | Juni | Juli | Aug | Sept | Okt | Nov | Dez |

Martenblättrige Sauerzitrone

Mandarine, *Citrus reticulata*

Zitrone, *Citrus limon*   Kumquat, *Fortunella margarita*

strahlung ist wichtig. Alle *Citrus*-Arten werden im Winter oder Frühjahr in Form geschnitten.
Probleme Spinnmilben, Blattläuse, Weiße Fliege
Überwinterung Bei 5 bis 7 °C an einem hellen Standort, trocken halten. Lieber etwas zu wenig als zu viel gießen.
Vermehrung Halbverholzte Stecklinge oder Abmoosen (ist schwierig). Auch Aussaat ist möglich, allerdings bekommt man keine identischen Nachkommen und teilweise Pflanzen ohne schönen Fruchtschmuck.
Gestaltung Alle *Citrus*-Arten erfreuen sich großer Beliebtheit, erinnern sie doch an Urlaub und Sonnentage in den südlichen Ländern Europas. Sie werden einzeln in Kübel und Töpfe gestellt. Große Exemplare brauchen einen Einzelplatz, kleine stehen gerne in Gruppen zusammen, auch mit Vanille-Blumen, Margeriten und Rosen-Hochstämmchen. Die Früchte und die Blüten entwickeln sich gleichzeitig an einer Pflanze, was einen besonderen Blickfang bietet. Tolle Fruchtschmuckpflanzen!
Arten Es gibt viele verschiedene Arten, zum Beispiel Limette (*Citrus aurantiifolia*), Mandarine (*Citrus reticulata*), Orange (*Citrus sinensis*), Grapefruit (*Citrus × paradisi*), Martenblättrige Sauerzitrone (*Citrus myrtifolia*) und Kumquat (*Fortunella margarita* und *F. japonica*).

Korallenstrauch

Schöne Blütenstände

Korallenstrauch
Erythrina crista-galli

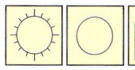

			Höhe 1,5–2,5 m	pflege-leicht

Aussehen Der locker aufrecht wachsende Strauch wirft sein Laub im Winter ab.

Pflege Der Korallenstrauch liebt gleichmäßige Bodenfeuchtigkeit, Staunässe bitte unbedingt vermeiden. Mittelhoher Nährstoffbedarf bis August, danach wird die Düngung eingestellt. Alte Blütentriebe werden im Herbst oder Frühjahr herausgeschnitten, um einen schönen Wuchs zu erreichen.

Probleme Spinnmilben

Überwinterung Ruheperiode nach Laubabwurf bei etwa 5 °C einhalten, dabei werden ältere Pflanzen trocken gehalten. Helle und dunkle Überwinterungsräume sind möglich.

Gestaltung Der Korallenstrauch kommt einzeln am besten zur Geltung. Er besticht durch auffällige Blüten am Ende der Jahrestriebe. Je älter die Pflanze ist, desto mehr Blütentriebe entwickeln sich und desto schöner ist die gesamte Pflanze. Die Äste und auch die Blattstiele besitzen kräftige Stacheln, die einen gewissen dekorativen Aspekt haben.

Arten Gattung mit 100 Arten an Laub abwerfenden, halbimmergrünen und immergrünen Bäumen sowie Sträuchern. Die Sämlinge des Korallenstrauches blühen erst nach Jahren.

BLÜTENFARBE

BLÜTEZEIT

Jan	Feb	März	April	Mai	Juni	Juli	Aug	Sept	Okt	Nov	Dez

Sorte 'Woodbrige'

Strauch-Eibisch, Sorte mit rotem Auge

Es gibt zahlreiche Sorten.

Strauch-Eibisch
Hibiscus syriacus

   | Höhe 1,5–2 m | pflege-leicht |

Aussehen Dieser wunderschöne und beliebte Blütenstrauch wächst breit trichterförmig, im Alter ist er genauso breit wie hoch.

Pflege Der Strauch-Eibisch bevorzugt durchlässige Substrate mit mittlerem bis hohem Nährstoffgehalt. Gießen Sie regelmäßig und vermeiden Sie Staunässe. Wählen Sie einen warmen, windgeschützten Platz. Das Gehölz kann in sehr kalten Wintern zurückfrieren. Man schneidet es dann kräftig zurück und der Strauch treibt wieder vital aus. Junge Pflanzen benötigen einen guten Winterschutz.

Gestaltung Der Garten-Eibisch kommt einzeln in Kübel und Töpfe. Ältere Pflanzen brauchen viel Platz, nur dort können sie ihre ganze Pracht entwickeln.

Sorten 'Aphrodite' hat dunkelrosarote Blüten mit tiefrotem Auge. 'Hamabo' mit streifig-rosa Blüten blüht spät bis September. 'Lady Stanley' schmückt sich mit gefüllten Blüten in Weiß mit rosa Schimmer. 'William R. Smith' blüht reinweiß. 'Woodbridge' ist blaurot bis malvenfarben mit kleinem, dunkelrotem Mittelfleck.

Anderer deutscher Name Garten-Eibisch

BLÜTENFARBE

 auch mehrfarbig, ungefüllt, gefüllt

BLÜTEZEIT

| Jan | Feb | März | April | Mai | Juni | Juli | Aug | Sept | Okt | Nov | Dez |

![Hortensien bezaubern mit ihren großen Blütenbällen.]

Hortensien bezaubern mit ihren großen Blütenbällen.

Bauern-Hortensie, Ball-Hortensie
*Hydrangea-Macrophylla-*Sorten

| ☀ | ◯ | ◐ | ♣ | Höhe 0,6–1,5 m | pflege-leicht |

Aussehen Hortensien wachsen dicht buschig, breit kugelig oder trichterförmig und werden breiter als hoch.

Pflege Saures bis neutrales, durchlässiges Erdreich mit mittlerem Nährstoffgehalt wird bevorzugt. Rhododendron-Dünger ist ratsam. Die Farbskala der Blüten ist vom pH-Wert des Erdreichs abhängig. Für blaue Blütenbälle bedarf es einen gleichmäßig sauren Boden. Während der Blütezeit Verblühtes regelmäßig herausschneiden.

Probleme Frostschäden werden im Frühjahr zurückgeschnitten. Man kann die Pflanze sogar bis zum Boden zurücknehmen, dann blüht sie aber erst wieder im späten Folgejahr.

Gestaltung Hortensien sind in ihrer Sommerblüte kaum zu schlagen. Am besten stehen sie einzeln oder in Gruppen und verleihen diesem Platz einen Bauerngarten-Charme.

Sorten Es gibt eine unglaubliche Sorten-Fülle. Jedes Jahr kommen neue dazu. Es gibt Formen, die blühen von Juli bis Oktober, andere nur 2 Monate. Einige entwickeln ballförmige Blumen, andere tellerförmige.

BLÜTENFARBE

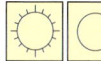

BLÜTEZEIT

| Jan | Feb | März | April | Mai | Juni | **Juli** | **Aug** | **Sept** | **Okt** | Nov | Dez |

Wandelröschen, ein echter Balkon-Klassiker.

Wandelröschen, Lantane
Lantana camara

| ☀ | ○ | ⌂ | Höhe 0,30–1 m (1,40 m) | pflege-leicht |

Aussehen Dieser Klassiker wächst aufrecht buschig bis rundlich und ist auch als Hochstämmchen erhältlich. Wandelröschen sind starkwüchsig, die Früchte giftig.

Pflege Lantanen haben bis August einen hohen Nährstoffbedarf. Wählen Sie durchlässige, humose Erde. Gleichmäßige Bodenfeuchte ohne Staunässe ist zu empfehlen. Suchen Sie einen windgeschützten Platz aus. Verblühtes muss regelmäßig und frühzeitig entfernt werden, um Blütenfülle und eine lange Blütezeit zu erzielen. Vor dem Einräumen ins Winterquartier können Wandelröschen zurückgeschnitten werden. Der Formschnitt findet im Frühjahr statt.

Probleme Weiße Fliege, Spinnmilben, Blattläuse

Überwinterung Bei 5 bis 10 °C an einem hellen Standort, hier nur wenig gießen.

Vermehrung Stecklinge

Gestaltung Im Kübel oder Topf können Wandelröschen einzeln stehen oder auch in kleinen Kübelgruppen zusammen. Im Balkonkasten werden sie als Begleitpflanze verwendet. Empfehlenswerte Nachbarn sind Fächerblumen, Goldmarie, Mehl-Salbei und Ziergräser.

BLÜTENFARBE

BLÜTEZEIT

| Jan | Feb | März | April | Mai | Juni | Juli | Aug | Sept | Okt | Nov | Dez |

Echter Lavendel sorgt für mediterranes Flair.

Echter Lavendel
Lavandula angustifolia

| | | | Höhe 0,40–0,60 m | pflege-leicht | |

Aussehen Ein beliebtes mehrjähriges Duftkraut mit aufrecht buschigem Wuchs.

Pflege Der Echte Lavendel liebt durchlässige, mäßig trockene, leicht alkalische Substrate mit mittlerem Nährstoffgehalt. Staunässe wird nicht vertragen, der Wasserbedarf ist eher gering. Lavendel braucht Platz und verdrängt leicht konkurrenzschwache Nachbarn. Das „Dreamteam" Rose und Lavendel ist für die Rose nicht vorteilhaft, weil der Lavendel großen Druck ausübt. Man kann beide aber gut in getrennten Töpfe nebeneinanderstellen.

Überwinterung Der Echte Lavendel gilt als frosthart, allerdings ist das nur in Weinbaugebieten sicher. Außerdem reagiert er besonders empfindlich auf austrocknende, kalte Winterwinde. Geben Sie daher vorsichtshalber Winterschutz oder überwintern Sie ihn in frostfreien, aber kühlen und hellen Räumen.

Vermehrung Aussaat (Frühjahr), Stecklinge

Gestaltung Der Echte Lavendel ist mit seinen blauen Blüten und seinem wunderbaren Duft etwas für Herz, Auge und Seele. Eine schöne Heilpflanzenkombination ist: Hundsrose, Rosmarin und Lavendel – am besten im Terrakotta-Topf.

BLÜTENFARBE

BLÜTEZEIT

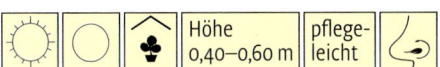

| Jan | Feb | März | April | Mai | Juni | **Juli** | **Aug** | Sept | Okt | Nov | Dez |

Schopf-Lavendel

Schopf-Lavendel
Lavandula stoechas

☀ ○ 🏡 | Höhe bis 0,80 m | 👃

Aussehen Dieser Kleinstrauch mit den auffälligen Blüten, wächst aufrecht buschig und erfreut sich seit einiger Zeit ständig wachsender Beliebtheit.

Pflege Durchlässiges, saures bis neutrales Erdreich mit einem mittleren Nährstoffgehalt ist für diese Pflanzen geeignet. In zu nährstoffreichen Substraten lässt die Blüte zu wünschen übrig. Der Schopf-Lavendel hat nur einen geringen Wasserbedarf. Staunässe ist unbedingt zu vermeiden. Verwenden Sie kalkarmes Wasser, am besten Regenwasser. Verblühtes wird regelmäßig ausgeputzt. Im zeitigen Frühjahr für kompakten Wuchs in Form schneiden.

Vermehrung Stecklinge

Gestaltung Der Schopf-Lavendel ist eine Duftpflanze und kann einzeln oder zusammen mit anderen Pflanzen in einem Topf gesetzt werden, die die gleichen Ansprüche stellen (Sonne, geringer Wasserbedarf). Außerdem wächst der Schopf-Lavendel in Steingärten und im Steppenbeet. Die ungewöhnlichen Blüten, die von Juli bis Oktober die Pflanze zieren, locken Bienen und andere Insekten an.

Sorte Eine sehr bekannte Sorte ist 'Red Kew', die purpurrot blüht.

BLÜTENFARBE

BLÜTEZEIT

| Jan | Feb | März | April | Mai | Juni | Juli | Aug | Sept | Okt | Nov | Dez |

Sommer-Margerite 'White Mountain'

Margerite, Garten-Margerite
Leucanthemum-Superbum-Gruppe (syn. Leucanthemum maximum)

| | | | Höhe 0,60 – 1 m (1,40 m Hochstämmchen) | pflege- leicht |

Aussehen Der Klassiker wächst buschig-aufrecht.

Pflege Margeriten lieben nährstoffreiche Erde. Achten Sie auf gute Bodenfeuchte und vermeiden Sie Staunässe. Verblühtes sollte man regelmäßig entfernen, das sieht schöner aus. Alle paar Jahre empfiehlt es sich, die Margeriten umzupflanzen.

Probleme Weiße Fliege, Blattläuse, Spinnmilben und Mehltau

Vermehrung Die Pflanze kann durch Teilung (im Frühling) oder Risslinge im Spätsommer vermehrt werden.

Gestaltung Margeriten wirken am besten in größeren Gruppen. Große Exemplare bekommen einen entsprechenden Einzeltopf. Gute Nachbarn sind Rittersporn, Phlox und Ziergräser. Die dekorativen, großen Blüten eignen sich gut für den Vasenschnitt.

Sorten Im Handel bekommen Sie meistens Sorten, nicht die reine Art. Beispiele sind die weiße und ungefüllte 'Beethoven', die gefüllte und reinweiße 'Christine Hagemann'. 'Dwarf Snow Lady' blüht weiß und 'Harry Pötschke' ist eine gute Schnittsorte.

Anderer deutscher Name Sommer-Margerite

BLÜTENFARBE

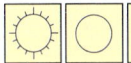 ungefüllt, gefüllt

BLÜTEZEIT

| Jan | Feb | März | April | Mai | Juni | **Juli** | **Aug** | **Sept** | Okt | Nov | Dez |

Enzianstrauch-Hochstämmchen, unterpflanzt mit Margeriten.

Enzianstrauch, Enzianblume
Lycianthes rantonnettii (syn. *Solanum rantonnetii*)

Weißer Schwan

| ☀ | ◯ | 🏠 | Höhe 1–2 m | pflege-leicht |

Aussehen Der Strauch wächst aufrecht bis ausladend und recht schnell.

Pflege Der Nährstoffbedarf während der Wachstumszeit ist mittel bis hoch, genauso wie die Wasseransprüche. Staunässe wird nicht vertragen. Ab August muss die Düngung eingestellt werden, um die Pflanzen auf den Winter vorzubereiten. Um eine gute Verzweigung zu erreichen, sollten die Triebe junger Pflanzen im Winter und auch während der Wachstumsphase öfter gestutzt werden.

Überwinterung Bei mindestens 5 bis 7 °C an einem hellen Standort. Nur wenig gießen.

Gestaltung Diese reich und zuverlässig blühende Pflanze kann man gut an einem Topfspalier hochziehen. Eine Unterpflanzung mit Hängepflanzen ist möglich. Schön sind auch die Stämmchen, die man entweder selbst zieht oder schon fertig kauft.

Art Der Weiße Schwan oder Kartoffelwein (*Solanum jasminoides*) ist eine verwandte Art, die in Weiß von Juni bis September reich und viel blüht. Sie wird ähnlich gepflegt wie der oben genannte Enzianstrauch, kann allerdings deutlich höher werden. Sie wird im Haus überwintert.

BLÜTENFARBE

BLÜTEZEIT

| Jan | Feb | März | April | Mai | **Juni** | **Juli** | **Aug** | **Sept** | Okt | Nov | Dez |

Oleander – der Klassiker – rechts neben rot blühendem Elfensporn.

Oleander
Nerium oleander

			Höhe 2–5 m (6 m)	pflege-leicht

Aussehen Der immergrüne Kübel-Klassiker wächst locker aufrecht. Er kann mit zunehmendem Alter sehr ausladend werden und braucht dann einen großen Kübel und entsprechend viel Platz.

Pflege Der Oleander besitzt bis August einen mittleren Nährstoffbedarf. Danach nicht mehr düngen. Nährstoffreiche und durchlässige Erde ist vorteilhaft. Im Sommer muss oft gegossen werden, am besten über den Untersetzer. Dort kann auch Wasser stehen bleiben – aber nur im Sommer. Verblühte Blütenstände werden regelmäßig entfernt. Unerwünschte Triebe nimmt man im zeitigen Frühjahr heraus.

Probleme Blattläuse, Spinnmilben, Schildläuse und Oleander-Krebs

Überwinterung Bei 5 bis 10 °C an einem hellen, gut gelüfteten Standort. Dort wird nur wenig gegossen.

Vermehrung Stecklinge

Gestaltung Der Oleander gehört zu den raumbildenden Pflanzen und kommt einzeln in große Töpfe. Er besticht durch seine Blütenfülle, die man schon von Weitem sehen kann. Im Alter braucht er viel Platz. Achtung: Die Pflanze ist giftig!

BLÜTENFARBE

 ungefüllt, gefüllt

BLÜTEZEIT

Jan	Feb	März	April	Mai	Juni	Juli	Aug	Sept	Okt	Nov	Dez
						Juli	Aug	Sept			

Granatapfel

Granatapfel
Punica granatum

| | | | Höhe 2–4 m |

Aussehen Das Laub abwerfende Blüten- und Ziergehölz wächst aufrecht strauchförmig und verzweigt sich dicht. Zwergformen bleiben niedrig und sind für kleine Flächen gut geeignet.

Pflege Granatäpfel haben einen mittleren Nährstoffbedarf. Doch schon Ende Juli muss die Düngung eingestellt werden, damit das Gehölz ausreifen kann. Ein durchlässiges Erdreich wird gewünscht. Außerdem ist bis Anfang September auf eine gleichmäßige Bodenfeuchtigkeit zu achten. Das Gehölz toleriert allerdings auch eine kurzzeitig trockenere Haltung. Der Rückschnitt wird meist vor dem Einwintern vorgenommen, kann aber auch im zeitigen Frühjahr stattfinden.

Probleme Spinnmilben

Überwinterung Bei mindestens 5 bis max. 10 °C an einem dunklen Platz möglich. Die Pflanzen brauchen hier kaum Wasser.

Gestaltung Große Pflanzen bekommen einen Einzelplatz, kleinere setzen Sie in Kübelgruppen zusammen. Schöner Fruchtschmuck!

Sorten 'Nana' und 'Nana Gracilissima' bleiben mit 20 bis 50 cm deutlich kleiner. Sie blühen reicher und haben einen großen Fruchtansatz, allerdings mit recht kleinen Früchten.

BLÜTENFARBE

BLÜTEZEIT

| Jan | Feb | März | April | Mai | Juni | Juli | Aug | Sept | Okt | Nov | Dez |

Wählen Sie aus dem riesigen Angebot nur die kleinbleibenden Rhododendren.

Rhododendron
Rhododendron

  Höhe
1–3 m (5 m)

Aussehen Die beliebten Blütengehölze wachsen sortenabhängig breit buschig bis kugelförmig zu stattlichen Größsträuchern.

Pflege Rhododendren brauchen saure bis schwach saure, durchlässige Substrate (Rhododendron-Erde). Wählen Sie einen vor Wind und Mittagssonne geschützten Platz. Hohe Boden- und Luftfeuchtigkeit wird verlangt. Bitte verwenden Sie Rhododendron-Dünger. Nach der Blüte werden abgeblühte Triebspitzen vorsichtig zurückgeschnitten. Rhododendren dürfen im Winter nicht austrocknen und müssen in frostfreien Perioden gegossen werden.

Gestaltung Die beliebten Klassiker kommen einzeln in Töpfe oder Kübel. Zur Blütezeit sind Rhododendren phänomenal schöne Pflanzen, leider bieten sie den Rest des Jahres nur den grünen Rahmen für die anderen Blütenpflanzen.

Sorten und Arten Es gibt sehr viele Sorten auf dem Markt. Erkundigen Sie sich nach kleinbleibenden Formen, die sich für Balkon und Terrasse eignen. *Rhododendron-Repens*-Hybriden sind kompakt wachsende Sorten in Kissenform. Sie werden bis 1 m hoch und 1,5 m breit. Es gibt auch etliche Azaleen, die sich für kleine Plätze anbieten.

BLÜTENFARBE

auch mehrfarbig

BLÜTEZEIT

| Jan | Feb | März | April | **Mai** | **Juni** | Juli | Aug | Sept | Okt | Nov | Dez |

Gewürzrinde

Gewürzrinde
Senna corymbosa var. corymbosa (Cassia corymbosa)

			Höhe 1,5–4 m	pflege-leicht

Aussehen Dieses hübsche Blüten- und Ziergehölz wächst breit strauchförmig bis ausladend mit langer Blütezeit.

Pflege Die Gewürzrinde besitzt mittelhohe Nährstoffansprüche bis August, danach wird die Düngung eingestellt. Durchlässiges, sandig-humoses Substrat ist vorteilhaft. Der Boden darf nicht austrocknen, die Pflanze reagiert darauf mit Blütenabwurf. Verwelktes muss ab und zu entfernt werden. Unerwünschte Äste und Triebe werden im Spätwinter herausgeschnitten.

Probleme Blattläuse, Weiße Fliege

Überwinterung Bei 5 bis 10 °C an einem hellen Standort, hier wird nur mäßig gegossen.

Gestaltung Die immergrüne Gewürzrinde wirkt am schönsten im Einzelstand. Sie kann mit Hängepflanzen unterpflanzt werden. Die Blätter sind nachts in „Schlafstellung" gefaltet.

Art Der Kerzenstrauch, *S. didymobotrya*, ist eine verwandte Art. Sie besitzt ausgesprochen auffallende, nach oben stehende, goldgelb bis schwarzbraune Blüten. Die Fiederblätter duften bei Berührung nach Erdnussbutter. Die Pflege entspricht etwa der oben genannten Art.

Anderer deutscher Name Kassie

BLÜTENFARBE

BLÜTEZEIT

Jan	Feb	März	April	Mai	Juni	Juli	Aug	Sept	Okt	Nov	Dez
				Mai	Juni	Juli	Aug	Sept			

Zwergrose 'Knirps®'

Rosen
Rosa

| | | Höhe 0,2 – 1.2 m | | pflege-leicht |

Wissenswertes

Rosen in Kübel und Töpfen haben die Herzen der Balkon- und Terrassenfreunde im Sturm erobert. Nicht zuletzt haben die Rosenzüchter einen großen Anteil daran, weil sie gesunde, kleinbleibende und üppige blühende Sorten gezüchtet haben. Wenn Sie Rosen im Topf kaufen, achten Sie unbedingt darauf, dass Sie eine gesunde Sorte kaufen. Auf den nächsten Seiten geben wir Ihnen dafür viele Beispiele. Das sind aber natürlich nicht alle. Wenn eine Sorte das ADR-Prädikat trägt (steht meist auf dem Etikett), dann lässt das auf gute Gesundheit schließen (mehr auf Seite 58). Für gewöhnlich haben Sie mit diesen Sorten kaum Probleme. Dennoch lohnt ein Blick auf das ganze Sortiment.

Rosengruppen

Wir stellen Ihnen im Folgenden vier Rosengruppen vor, die für Balkon und Terrasse geeignet sind: Zwergrosen, Beetrosen, Kleinstrauchrosen, Topfrosen und Edelrosen. Die Kletterrosen finden Sie auf S. 188.

BLÜTENFARBE

    mehrfarbig, gefüllt, ungefüllt

BLÜTEZEIT

| Jan | Feb | März | April | Mai | **Juni** | **Juli** | **Aug** | **Sept** | **Okt** | Nov | Dez |

Zwergrosen

Die Sorten dieser Gruppe bleiben mit bis zu 40 cm (50 cm) recht klein und eignen sich auch für größere Kästen oder Einfassungen auf den Terrassenbeeten. Sie finden Sorten in allen Farben und Formen. Sie sind öfterblühend, entwickeln also von Juni bis Oktober immer wieder neue Blumen. Eine kleine Sortenauswahl finden Sie auf Seite 61.

Beetrosen

Beetrosen erreichen in der Regel Wuchshöhen von 60 bis 80 cm. Der Busch bleibt kompakt. Die Blüten erscheinen meist in Dolden. Es gibt offene einfache und nostalgisch verspielte, gefüllte Blüten. Die Farbpalette reicht von Weiß bis Blauviolett oder Mehrfarbig – eine vielseitige Gruppe mit mannigfaltigen Möglichkeiten.

Kleinstrauchrosen

In dieser Gruppe haben wir ganz flachwachsende Sorten, auch Bodendeckerrosen genannt, die nur 10 bis 20 cm hoch werden und die sich charmant über Topfränder oder Steine legen. Und es gibt Vertreter, die einen Meter Wuchshöhe erreichen. Es sind kleine Sträucher, die meist üppig blühen und die robust und gesund sind. Auch in dieser Gruppe finden Sie nostalgische Formen, halbgefüllte Schönheiten oder einfache Blüten mit Wildrosencharakter.

Edelrosen

Früher durften sich nur Rosen mit einer Blüte pro Stiel Edelrosen nennen. Das hat sich längst verändert und wir kennen auch Sorten mit doldenblütigen Blumen. Dennoch sind es Vertreter mit edlen Blüten, die zudem oft noch sehr groß sind. Viele duften. Mit 0,70 bis 1,20 m Höhe braucht diese Gruppe mehr Platz als die vorher genannten, mit Ausnahme einiger hoher Kleinstrauchrosen.

Topfrosen

Überwiegend für den gut temperierten Innenbereich gezüchtete, niedrig bleibende Rosen, die sehr gut im Topf zurechtkommen und sich in den Sommermonaten sehr gut auf Balkon und Terrasse machen.

Pflege

Rosen sind Sonnenkinder. Auf dem Nordbalkon sind sie nicht gut aufgehoben und werden nicht gelingen. Achten Sie auch darauf, dass von Nachbarpflanzen nicht zu viel Schattendruck herrscht. In Trockenperioden muss durchdringend gegossen werden. Staunässe wird nicht vertragen. Wenn die Wurzeln zu lange unter Wasser stehen, kann das zum Absterben der gesamten Pflanze führen. Achten Sie auf eine gute Nährstoffversorgung bis August, danach nicht mehr düngen, damit das Holz ausreifen kann. Winterschutz wird durch Anhäufeln mit Erde und Abdecken mit Fichtenzweigen empfohlen.

Topfgröße

Mindestens 20 Liter sollte der Topf fassen, besser mehr.

Sommerschnitt

Zunächst schneidet man die verblühte Einzelblüte aus. Wenn die ganze Blütendolde abgeblüht ist, nimmt man sie direkt über dem ersten Laubblatt weg.

Winterschnitt

Wenn die Forsythien blühen, ist der beste Schnittzeitpunkt gekommen. Entfernen Sie zuerst kranke, erfrorene oder abgestorbene Triebe. Die restlichen Triebe werden bei Edel-, Kleinstrauch- und Beetrosen so gekürzt, dass nur noch 20 bis 30 cm stehen bleiben. Bei den Zwergrosen sind es 10 bis 15 cm.

Probleme

Gegen Sternrußtau und Mehltau gibt es gut widerstandsfähige Sorten. Wenn Blattläuse auftreten, werden sie mit Wasser abgespritzt.

Gestaltung

Zwergrosen können gut mit Balkonpflanzen, Hänge-Blattpflanzen oder Ziergräsern kombiniert werden. Kleinstrauchrosen bekommen keine Beipflanzung. Auch Beet- und Edelrosen brauchen keine weiteren Pflanzen im gleichen Topf. Stellen Sie aber andere Töpfe dazu, zum Beispiel bepflanzt mit Lavendel, Salbei oder

Schönes Duo: Beetrose 'Gebrüder Grimm®' mit lila Verbenen

'Pepita®', eine Zwergrose

Buchs. Wählen Sie keine auffälligen Blüten-pflanzen, die würden nur unnötigerweise mit den Rosen konkurrieren.

Duftrosen

Duftrosen sind für Balkon und Terrasse beson-ders geeignet. Achten Sie beim Kauf auf die verschiedenen Duftrichtungen. An einem klei-nen Platz sollte man sich jeweils nur für einen Duft entscheiden. Wenn man sich nicht ent-scheiden kann und mehr Platz zur Verfügung hat, sollte man die verschiedenen Sorten jedoch so weit voneinander wegstellen, dass sich die Düfte nicht vermischen.

Es gibt mittlerweile viele verschiedene Duftrichtungen: von schwerem Rosenduft bis leichtem Himbeerduft. Sie haben die Wahl, sollten aber darauf achten, dass es sich nicht um zu hochwachsende Sorten handelt.

An wärmebegünstigten Standorten und war-men Tagen entwickelt sich mehr Duft als an kühlen. Sorten mit leichtem Duft werden in kühlen Gegenden kaum wahrgenommen. Beachten Sie das bei der Sortenwahl.

ADR – Die Allgemeine Deutsche Rosen-neuheitenprüfung

Das ADR-Prädikat ist eine Auszeichnung, die von der Allgemeinen Deutschen Rosenneuheitenprüfung (ADR) verliehen wird. Die ADR ist ein Arbeitskreis aus Ver-tretern des Bundes deutscher Baumschulen (BdB), von Rosenzüchtern und unabhängigen Prüfungsgärten mit anerkannten Prüfern. An elf Standorten in Deutschland werden die eingeschickten Rosensorten auf Merkmale wie Winterhärte, Reichblütigkeit, Wirkung der Blüte, Duft oder Wuchsform über mehrere Jahre hin bewertet. Besonderer Wert wird dabei auf die Gesundheit gelegt. Demnach verzichtet man in diesen elf Gärten auch auf eine Behandlung mit Pflanzenschutzmitteln, um die Widerstandsfähigkeit objektiv prüfen zu können.

Rosen, die das ADR-Prädikat verliehen bekom-men haben, sind gleichermaßen robust, ge-

Weiße Kleinstrauchrose 'Escimo®'

sund und attraktiv. Es sind vor allem Sorten, die sich für Anfänger besonders gut eignen.

Tipps für die Pflege

Um die Rosenpracht lange zu erhalten, sollten Sie die Erde alle zwei Jahre austauschen. Im Handel gibt es spezielle Rosenerde, die auf diese Pflanzengruppe abgestimmt ist. Rosen benötigen viele Nährstoffe und brauchen daher nach der ersten Blüte Düngegaben. Damit die Pflanzen ausreifen können, sollte man mineralischen Dünger jedoch nicht mehr nach dem 15. Juli geben.

Achten Sie außerdem darauf, dass Rosen in Terrakotta- oder Tonkübeln mehr Wasser verbrauchen als in Plastiktöpfen.

Sorgen Sie für ausreichend Licht und Luft. Das danken Rosen mit gesundem Wachstum und reicher Blütenpracht.

Im Winter dürfen die Kübel nicht durchfrieren. Wenn die Gefahr dafür besteht oder wenn die Töpfe sehr klein sind, sollten Sie diesen Winterschutz geben (möglichst trocken halten, mit Jutesack umhüllen) oder ins Winterlager räumen.

'Aprikola®', eine ADR-Rose

Zwei die sich mögen: frisch grüne Gräser und nostalgische Rosen.

Wunderschönes Ambiente mit Zwergrose 'Roxy®', Efeu und Petunien

Zwergrosen
Rosa

'Apricot Clementine'®' Edle, aprikot-orange-
farbene Blüten, 30 bis 40 cm hoch, kompakter
kräftiger Wuchs.
'Bambino'®' Pinkfarbene Blüte mit leuchtend
gelben Staubgefäßen. 20 bis 30 cm hoch.
'Charmant'®' Nostalgisch gefüllte Zwergrose
mit rosa Pompomblüten. 40 bis 50 cm hoch.
ADR-Rose 2004.
'Little Sunset'®' Farbenfrohe Rose in Orange-
gelb, 20 bis 30 cm hoch.
'Sonnenröschen'®' Einfache, cremeweiße
Blüten, dunkelgelbe Staubgefäße, 20 bis 30 cm
hoch, breiter niederliegender Wuchs.
ADR-Rose 2003.
'Medley® Red' Rote, reichblühende Sorte mit
gelben Staubgefäßen. 30 bis 40 cm hoch.
'Roxy'®' Nostalgische, karminrosarote Sorte.
30 bis 40 cm hoch. ADR-Rose 2008.

'Bambino®'

'Medley® Red'

'Aprikola®'

Beetrosen
Rosa

'Aspirin-Rose®' Weiße Blüten, die bei kühler Witterung rosa werden. 60 bis 80 cm hoch, breit buschig. ADR-Rose 1992.
'Aprikola®' Aprikosengelb bis leicht rosa, gefüllte Dolden. 60 bis 80 cm hoch, breit buschig. ADR-Rose 2001.
'Isarperle®' Cremeweiße bis zartrosa Blüten, edelrosenartige Knospen. 60 bis 80 cm hoch, aufrechter, buschiger Wuchs. ADR-Rose 2004.
'KOSMOS®' Aus edlen Knospen entfalten sich nostalgische Blüten. Zarter Duft bei warmem Wetter. 60 bis 70 cm hoch, breitbuschig. ADR-Rose 2007.
'Mariatheresia®' Zartrosa, geviertelte Form wie historische Rosen. 70 bis 90 cm hoch, stark buschig.
'Pomponella®' Romantische Blüten in Rosa, 70 bis 90 cm hoch, aufrecht buschig. ADR-Rose 2006.

'Lions-Rose®'

'Isarperle®'

'Resonanz®' Leuchtend rote, farbbeständige Sorte. Bis 1 m hoch, breit buschig. ADR-Rose 2004.
'Westzeit®' Orange, aprikot bis rosa, halbgefüllt. 60 bis 70 cm hoch, aufrecht buschig. ADR-Rose 2007.

'Gärtnerfreude®'

Kleinstrauchrosen
Rosa

'Apricot Meidiland®' Aprikot, rosa-gelbe, offene Blüten. 30 bis 40 cm hoch, aufrecht buschig.

'Celina®' Cremegelbe Blüten mit zartem Duft, 60 bis 80 cm hoch, niedrig buschig bis bogig überhängend. ADR-Rose 1999.

'Diamant®' Reinweiße, halbgefüllte Dolden. 50 bis 50 cm hoch, breit buschig.

'Gärtnerfreude®' Himbeerrote, beliebte Sorte, breit buschig, legt sich auch auf den Boden, bis 50 cm hoch. ADR-Rose 2001.

'Heidetraum®' Leuchtend karminrosarot, halbgefüllte Dolden. Berühmte Sorte. 70 bis 80 cm hoch, niedrig buschig, kompakt. ADR-Rose 1990.

'Schneeflocke®' Leuchtend weiße, halbgefüllte Blumen. 40 bis 50 cm hoch, buschig kompakt. ADR-Rose 1991.

'Sweet Haze®' Rosa mit auffälligen Staubgefäßen, 50 bis 70 cm hoch, buschig. ADR-Rose 2004.

'Celina®'

'Sweet Haze®'

'Augusta Luise®'

'Ambiente®'

'Beverly®'

Edelrosen
Rosa

'Ambiente®' Cremeweiße Edelrose, leichter Duft, 70 bis 80 cm hoch, aufrecht buschig.

'Augusta Luise®' Rosé bis aprikot mit rot und gelb, große Blüten, beliebte Sorte. 0, 80 bis 1,2 m hoch, aufrecht buschig.

'Beverly®' Bekannte Duftrose, kräftig- bis zart-rosa. 80 bis 100 cm hoch, aufrecht buschig, reich verzweigt.

'Gloria Dei' Eine der bekanntesten Rosen der Welt, gelb mit rötlichem Rand, Duft. 60 bis 80 cm hoch, aufrecht buschig.

'Johann Wolfgang von Goethe®' Weinrot bis lila, Edelrose mit herbwürzigem bis süßem Duft. 0, 80 bis 1,20 m hoch, aufrecht buschig.

'Parole®' Pinkfarbene Rose mit großen, edlen, stark duftenden Blüten, 0,80 bis 1 m hoch, aufrecht buschig.

'Gloria Dei®'

'Bonanza Kordana®'

Rosa Rosen in blauem Topf

'Aloha Kordana®'

Topfrosen
Rosa

Wissenswertes Topfrosen sind keine eigene Rosengruppe, sondern es handelt sich um Sorten, die speziell für den Innen-Wohnbereich gezüchtet wurden. Die Sorten sind meist nicht sehr lange auf dem Markt. Es kommen jedes Jahr neue, verbesserte in den Handel. Daher verzichten wir auf ihre explizite Sorten-Nennung.

Pflege Topfrosen blühen einige Wochen und können dann zurückgeschnitten werden, damit die Pflanze neue Blüten bilden kann. Das dauert allerdings wiederum einige Wochen und in dieser Zeit sind die Pflanzen nicht sehr

schön. Daher ist es empfehlenswert, sich fortlaufend neue blühende Topfrosen im Handel zu besorgen. Man kann Topfrosen auch im Garten auspflanzen. Leider sind viele aber für diese Verhältnisse nicht vorgesehen und werden schnell von Krankheiten befallen oder erfrieren im Winter.

Etwas Besonderes Topfrosen sind immer ein willkommenes Geschenk für Balkon- und Terrassenfreunde und verzaubern mit ihren edlen nostalgischen oder gefüllten Blüten schnell auch sehr kleine Plätze. Wählen Sie Gefäße, die zum Stil der Möbel und Architektur (Wände) passen.

BLÜTENFARBE

mehrfarbig, gefüllt, ungefüllt

BLÜTEZEIT

| Jan | Feb | März | April | **Mai** | **Juni** | **Juli** | **Aug** | **Sept** | **Okt** | Nov | Dez |

Wunderschöner Blickfang: Blaues Gänseblümchen (oben) und Duftsteinrich (unten).

Balkonkästen & Ampeln

Für Balkonkästen gibt es eine Vielfalt an Sommerblumen, Kräutern und Stauden, die gerne im Balkonkästen wachsen und dort sogar kleine Lebensbereiche schaffen können. Ob Ton in Ton oder kunterbunt – der Gestaltungsfreude sind kaum Grenzen gesetzt. Mit der Ausnahme, dass die Pflanzen in einem Kasten alle ähnliche Standort- und Pflegebedingungen haben müssen.

Bauen Sie die Kästen wie eine Kulisse auf. Die hohen Pflanzen kommen in den Hintergrund (vom Betrachter weg), die mittleren in die Mitte und die Hänger nach vorn und an die Seiten der Gefäße. Pflanzen Sie nicht zu dicht. Wenn die Blumen und Kräuter nicht genügend Platz haben, wirkt der Kasten schnell überladen und irgendwie zu voll.

Ampeln können ganz zauberhafte Blickpunkte werden. Eine weiße Ampel mit blauen und weißen Lobelien oder eine fruchtige Erdbeer-Ampel können ein echter Hingucker sein, wenn man freie Sicht darauf hat und sie genug Platz um sich herum haben.

Schöne Kombination: Lila Leberbalsam mit orangerosa blühendem Löwenmäulchen.

Leberbalsam
Ageratum houstonianum

			Höhe 15–35 cm	pflege-leicht

Aussehen Beliebter Klassiker und einjährige Balkonpflanze, die buschig wächst, dicht verzweigt und dabei schön kompakt bleibt.

Pflege Der Leberbalsam hat einen mittleren Nährstoffbedarf und liebt durchlässiges Erdreich. Staunässe bitte unbedingt vermeiden. Die Pflanze muss jedoch immer gut feucht gehalten werden, weil sie sonst leicht von Spinnmilben befallen werden kann. Leberbalsam ist eine einjährige Sommerblume und muss jährlich neu gepflanzt werden.

Probleme Spinnmilben, Weiße Fliege

Vermehrung Aussaat, Stecklinge

Gestaltung Die fast kissenartigen Einsteiger-Blumen, in vielen Farben, geben Balkonkästen und Ampeln eine besondere Note. Leberbalsam ist Begleitpflanze in Kästen und Unterpflanzung in Töpfen und Kübeln. Gelbe Pantoffelblumen, Kapkörbchen, Pelargonien, weiße Strauchmargeriten, Nemesien und silberlaubige Blattschmuckpflanzen sind gute Nachbarn.

Leberbalsam gehört schon seit Jahrzehnten zum klassischen Balkon- und Beetsortiment des Gartenfachhandels.

Anderer deutscher Name Blausternchen

BLÜTENFARBE

BLÜTEZEIT

Jan	Feb	März	April	Mai	Juni	Juli	Aug	Sept	Okt	Nov	Dez

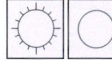

Schöne Gestaltung mit Hänge-Bambus (rechts neben dem gelben Sonnenschutz).

Hänge-Bambus
Agrostis stolonifera

| ☼ | ○ | ◑ | Höhe bis 1,8 m hängend | pflege-leicht |

Aussehen Der sogenannte Hänge-Bambus ist eine attraktive Blattschmuckpflanze. Sie ist kein Bambus im eigentlichen Sinne, sondern gehört zu den Süßgräsern. Er sieht allerdings einem Bambus sehr ähnlich, daher stammt der deutsche Name.

Pflege Durchlässiges, humoses Erdreich ist von Vorteil. Die Pflanze hat einen hohen Wasser- und mittleren Nährstoffbedarf, das sollte beachtet werden.
Staunässe und Ballentrockenheit sollten Sie auf jeden Fall vermeiden.

Vermehrung Teilung

Gestaltung Eine schöne Hängepflanze für Ampeln und Kästen. Sie wird in der Regel als Strukturpflanze verwendet. Bunte Sommerblumen sind schöne Begleiter. Das Gras kann aber auch als Einzelpflanze in eine Ampel gesetzt werden. Bitte beachten Sie, dass es sehr wüchsig ist und immer wieder durch Rückschnitt in die Grenzen gewiesen werden muss.

Überwinterung Im Freien

Sorte 'Green Twist' ist einer der Stars der letzten Jahre.

Andere deutsche Namen Weißes Straußgras, Straußgras, Flechtgras

Pflegeleichtes Gras, das stark an Bambus erinnert.

Dukatenblume

Dukatenblume
Asteriscus maritimus

			Höhe 15–20 cm	pflege- leicht

Aussehen Die Dukatenblume ist eine ausdauernde Pflanze mit kompakt buschigem Wuchs. Sie ist mehrjährig, wird bei uns aber nur einjährig gezogen.

Pflege Die beliebte Balkonpflanze muss ausreichend gedüngt werden. Staunässe wird nicht vertragen. Für das gewünschte buschig verzweigte Wachstum werden die Triebe frühzeitig entspitzt. Entfernen Sie regelmäßig Verblühtes, damit verlängern Sie die Blütezeit und erhöhen die Blütenfülle.

Überwinterung Ist im Haus an einem hellen, kühlen Standort, in sehr milden Regionen auch im Freiland (mit Winterschutz) möglich.

Vermehrung Stecklinge, Aussaat

Gestaltung Eine Einsteigerpflanze für Kästen, Töpfe und Kübel, Ampeln und Beete. In Balkonkästen und Ampeln wird die Dukatenblume als Begleit- und Hängepflanze verwendet. Sie besticht durch die leuchtenden Strahlenblüten, die dem deutschen Namen alle Ehre machen. Schwach wachsende Arten sind als Nachbarn ungeeignet, weil sie schnell verdrängt werden.

Andere deutsche Namen Strandstern, Goldmünze, Goldtaler

BLÜTENFARBE

BLÜTEZEIT

Jan	Feb	März	April	Mai	Juni	Juli	Aug	Sept	Okt	Nov	Dez

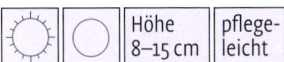
Lila Blaukissen

Blaukissen
Aubrieta-Cultivars

| ☀ | ◯ | Höhe 8–15 cm | pflege-leicht |

Aussehen Eine hübsche, kleine Polsterstaude, die uns schon zeitig im Jahr mit ihrer reichen Blütenpracht erfreut.

Pflege Blaukissen lieben durchlässige, mäßig trockene bis frische Erdsubstrate mit eher niedrigem Nährstoffgehalt. Nach der Blüte wird zurückgeschnitten. Das fördert Wuchs und Blühfreudigkeit.

Vermehrung Stecklinge und Teilung, die reinen Arten der Gattung auch durch Aussaat

Gestaltung Der Klassiker wird gerne in Verbindung mit Steinen (Kiesel, Findlinge …) verwendet. Die bunten Polster hängen über den Topfrand oder größeren Steinen, die man im Topf platziert hat. Es ist eine ideale Pflanze für Mauerfugen und Mauerkronen oder Trockenmauern. Sie wird in Steingärten gesetzt oder als Einfassungspflanze verwendet. Gänsekresse und Berg-Steinkraut sind gute Nachbarn. Die kleinen Blütchen locken Bienen und andere Insekten an.

Sorten und Arten Es gibt zahlreiche Sorten. 'Leichtlinii' blüht karminrosa, 'Royal Red' kardinalrot, 'Whitewell Gem' dunkelpurpur und 'Royal Blue' blau. 'Blaumeise' ist ein blauvioletter Massenblüher, 'Red Carpet' blüht tief karminrot.

BLÜTENFARBE

BLÜTEZEIT

| Jan | Feb | März | April | Mai | Juni | Juli | Aug | Sept | Okt | Nov | Dez |

Freiland-Elatior-Begonien in Lachs und Gelb

Freiland-Elatior-Begonien
Begonia-Cultivars (Elatior-Gruppe)

| ☀ | ◯ | ◐ | ⌂♣ | Höhe 20–60 cm | pflege-leicht |

Aussehen Die ausdauernde Pflanze wird bei uns einjährig gezogen. Man kann sie aber auch im Haus überwintern. Sie wächst aufrecht, buschig und kompakt.

Pflege Freiland-Elatior-Begonien brauchen einen hellen Platz, der gut vor Mittagssonne geschützt ist. Sie haben einen mittleren Nährstoffbedarf und wollen regelmäßig gegossen werden. Durchlässige und humose Substrate sind günstig. Staunässe führt zu Wurzelschäden. Verblühtes wird regelmäßig entfernt, um den Befall mit *Botrytis* (Grauschimmel) zu vermeiden.

Probleme Spinnmilben, Blattläuse, Schnecken, Echter Mehltau und Grauschimmel

Gestaltung Die Elatior-Begonien sind echte Klassiker und seit Jahren im Balkon-Sortiment zu finden. Sie sind Leitpflanzen in Misch- und Kastenpflanzungen, zusammen mit niedrig wachsenden und hängenden Sorten und Arten. Pelargonien, Buntnesseln, Petunien, Salbei und Löwenmäulchen sind gute Nachbarn. Nicht nur die Blüten, auch die Blätter in Mittel-, Dunkel- oder Purpurgrün, sortenabhängig auch Bronzefarben und Smaragdgrün, bezaubern in Töpfen, Kästen, Beeten und Rabatten.

BLÜTENFARBE

 ungefüllt, gefüllt

BLÜTEZEIT

| Jan | Feb | März | April | **Mai** | **Juni** | **Juli** | **Aug** | **Sept** | **Okt** | Nov | Dez |

Knollen-Begonie

Knollen-Begonien
Begonia-Cultivars (*Tuberhybrida*-Gruppe)

| ☀ | ◯ | ◐ | ♣ | Höhe 30–70 cm | pflege-leicht |

Aussehen Je nach Sorte wachsen die Pflanzen aufrecht, halb- bis ganz hängend.

Pflege Knollen-Begonien haben mittlere Nährstoffansprüche bis August, danach wird nicht mehr gedüngt. Durchlässiges, humoses Erdreich ist günstig, genauso wie eine gleichmäßige Wasserversorgung. Wählen Sie einen windgeschützten Platz aus und achten Sie darauf, dass sich die Hitze am Standort nicht staut. Frühzeitiges Entspitzen der Triebe bewirkt einen kompakteren und buschigeren Wuchs. Abgeblühtes muss regelmäßig entfernt werden, um Grauschimmel vorzubeugen.

Überwinterung Knollen ausgraben, reinigen und trocknen lassen. Dann kommen sie an ihren dunklen, kühlen (ca. 5 °C) Winterplatz.

Gestaltung Knollen-Begonien sind vielseitig einsetzbar: Als Hänger in dekorativen Ampeln, als Leitpflanze im Balkonkasten sowie überall in Beeten und Rabatten. Verbenen, Petunien und Dukatenblumen sind gute Nachbarn.

Sorten Es gibt viele Sorten-Serien, z. B. die aufrecht wachsende 'Ornament'-Serie mit braun oder smaragdgrün geadertem Laub oder die 'Panorama'-Serie mit halbhängendem Wuchs.

BLÜTENFARBE

 ungefüllt, gefüllt

BLÜTEZEIT

| Jan | Feb | März | April | Mai | **Juni** | **Juli** | **Aug** | **Sept** | Okt | Nov | Dez |

Goldmarie

Goldmarie
Bidens ferulifolia

| | | Höhe 30–45 cm | pflege-leicht |

Aussehen Die blühfreudige Pflanze wächst aufrecht buschig bis überhängend. Sie ist wuchsfreudig und konkurrenzstark.

Pflege Düngen Sie ausreichend, andernfalls lässt die Blühfreudigkeit nach. Außerdem muss man viel gießen, denn bei Trockenheit wirft die Goldmarie ihre Blüten ab. Durchlässiges Erdreich ist von Vorteil. Wegen der Wachstums- und Wasseransprüche sind größere Töpfe empfehlenswert. Frühzeitiges Entspitzen fördert ein buschiges Wachstum.

Probleme Blattläuse, Schnecken, Thripse und Spinnmilben

Vermehrung Aussaat

Gestaltung Die Goldmarie eignet sich sehr gut für dekorative Ampeln, Kästen und Töpfe. Kombinieren Sie die Goldmarie nur mit anderen stark wachsenden Pflanzen. Schwach- oder auch mittelwüchsige Arten werden schnell überwuchert und verdrängt. Hänge-Petunien und Hänge-Verbenen, aber auch Ruhrkraut als Blattschmuckpflanze sind gute Nachbarn für diese schöne, reichblühende Blütenpflanze.

Andere deutsche Namen Zweizahn, Goldzweizahn, Bidens

BLÜTENFARBE

BLÜTEZEIT

| Jan | Feb | März | April | **Mai** | **Juni** | **Juli** | **Aug** | **Sept** | **Okt** | Nov | Dez |

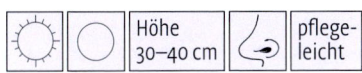

Blaues Gänseblümchen

Blaues Gänseblümchen
Brachyscome multifida

| ☼ | ◯ | Höhe 30–40 cm | 👃 | pflege-leicht |

Aussehen Die einjährige und dankbare Balkonpflanze hat einen kompakt buschigen Wuchs.
Sie wächst in die Breite, allerdings ist sie konkurrenzschwach und darf nur mit anderen schwachwachsenden Arten kombiniert werden.
Pflege Die hübsche Pflanze mit den margeritenähnlichen Blüten hat mittlere Nährstoffansprüche und liebt durchlässiges, sandig-humoses, möglichst leicht saures Erdreich.
Mit steigendem pH-Wert kommt es leicht zu Eisenmangelsymptomen (Triebspitzen werden auffällig gelb).

Auf gleichmäßige Wasserversorgung ist zu achten, nicht zu feucht oder trocken halten. Regelmäßig muss Verblühtes ausgeputzt werden, damit ständig neue Blüten gebildet werden können.
Gestaltung Als Hänger wirkt die Pflanze sehr dekorativ in Ampeln. In Kästen und Kübeln zur Lücken- und Unterpflanzung ideal.
Art Die einjährige Art *B. iberidifolia* (Australisches Gänseblümchen) besitzt blaupurpurne, rosaviolette bis weiße Blüten von Juni bis September und ist der genannten Art in Pflege und Verwendung ähnlich.

BLÜTENFARBE

BLÜTEZEIT

| Jan | Feb | März | April | Mai | Juni | Juli | Aug | Sept | Okt | Nov | Dez |

Die typischen „Pantoffel"-Blüten

Attraktive Unterpflanzung von Hochstämmchen mit roten Pantoffelblumen.

Calceolaria-Hybride

Pantoffelblume
Calceolaria integrifolia

Höhe
20–50 cm

Aussehen Die ausdauernde Pflanze wird bei uns einjährig gezogen und hat einen aufrechten bis überhängenden Wuchs.

Pflege Wählen Sie einen regengeschützten Platz und gießen Sie nicht über die Blüte. Durchlässiges Erdreich ist wichtig. Bitte nicht austrocknen lassen. Regelmäßig wird Verblühtes entfernt, um die Blütezeit zu verlängern und gegen *Botrytis* (Grauschimmel) vorzubeugen.

Probleme Weiße Fliege, Dickmaulrüssler, Blattläuse und Spinnmilben. Grauschimmel, wenn nicht ausreichend ausgeputzt wird.

Überwinterung Wenn die Pflanze überwintert werden soll, dann stellt man die Düngung ab August ein. Sie wird hell, kühl und frostfrei überwintert.

Gestaltung Die auffallenden Pantoffelblüten sind schön in gemischten Kästen und Töpfen oder als Hänger und auch in Ampeln. In Kästen werden sie als Leit- oder Begleitpflanzen verwendet. Außerdem sind Pantoffelblumen eine Bereicherung für bunte Beete und gemischte Rabatten. Gute Nachbarn sind Pelargonien, Leberbalsam, Lobelien (*Lobularia erinus*) und Fleißiges Lieschen.

BLÜTENFARBE

BLÜTEZEIT

| Jan | Feb | März | April | Mai | Juni | Juli | Aug | Sept | Okt | Nov | Dez |

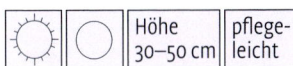

Ringelblumen

Ringelblume, Garten-Ringelblume
Calendula officinalis

☀	○	Höhe 30–50 cm	pflege-leicht

Aussehen Die einjährigen Sommerblumen wachsen aufrecht und teils buschig. Sie werden etwa einen halben Meter hoch.

Pflege Ringelblumen lieben durchlässige, sandig-lehmige Erden. Regelmäßig verblühte Pflanzenteile entfernen, um die Blütezeit zu verlängern.

Probleme Echter Mehltau

Vermehrung Man kann ab April direkt ins Freiland säen. Oder die Pflanzen werden ab Februar/März im Haus vorgezogen. Dann kann man im Mai schon größere Ringelblumen ins Freie setzen.

Gestaltung Ringelblumen sind Klassiker und leuchten schon von weither. Sie passen in bunte Bepflanzungen und gemischte Terrassen-Rabatten, am besten in kleinen oder großen Gruppen. Die beliebten Pflanzen zaubern schnell einen Bauerngarten-Charme auf Balkon und Terrasse. Schöne Heilpflanzen-Töpfe sind: Ringelblumen in die Mitte und Zitronen-Thymian hängend drumherum. Oder Ringelblumen mit Fenchel und wenig Pfefferminze. Die Pflanzen können auch schön mit Rittersporn, Sonnenhut, *Tagetes* und Sonnenauge kombiniert werden.

BLÜTENFARBE

 ungefüllt, gefüllt

BLÜTEZEIT

Jan	Feb	März	April	Mai	Juni	Juli	Aug	Sept	Okt	Nov	Dez
				Mai	Juni	Juli	Aug	Sept			

Das Zauberglöckchen lässt sich sehr schön mit Blattschmuckpflanzen kombinieren.

Zauberglöckchen
Calibrachoa

☀	○	Höhe 25–70 cm	pflege-leicht

Aussehen Zauberglöckchen wachsen je nach Sorte niederliegend oder kugelig, aber auch hängend.

Pflege Die Pflanzen, die oft mit Mini-Petunien verwechselt werden, haben mittlere Nährstoffansprüche und lieben durchlässiges Erdreich. Die Blüte ist regenfester als die der Petunien. Leicht saure Petunien-Erden sind empfehlenswert, um gelbe Triebspitzen, die durch Eisenmangel bedingt sind, vorzubeugen. Sie müssen die Pflanzen regelmäßig ausputzen und gleichmäßig gießen. Sie dürfen aber nie zu nass stehen! Das führt zu Erkrankungen im Wurzelbereich und welken Trieben bis hin zum Absterben der ganzen Pflanze.

Gestaltung Zauberglöckchen blühen sehr intensiv in 3 bis 4 cm großen petunienähnlichen Blüten. Sie werden als Begleitpflanze in Kästen und Töpfen verwendet, oft überhängend am Topfrand. In Ampeln machen sich diese Blumen besonders schön, so können die hübschen Pflanzen zu richtigen Blütenmeeren heranwachsen. Zauberglöckchen können mit fast allen Pflanzen des Balkon-Sortiments kombiniert werden. In Ampeln brauchen sie keine Nachbarn.

BLÜTENFARBE

  auch zweifarbig

BLÜTEZEIT

Jan	Feb	März	April	Mai	Juni	Juli	Aug	Sept	Okt	Nov	Dez

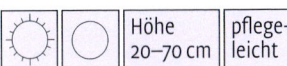
Sommer-Aster mit Pelargonien (vorn)

Sommer-Aster
Callistephus chinensis

| ☀ | ◯ | Höhe 20–70 cm | pflege-leicht |

Rosa Sorte

Aussehen Diese einjährige Sommerblume wächst aufrecht bis ausladend.

Pflege Sommer-Astern lieben durchlässige, sandig-humose Erdsubstrate mit mittlerem bis hohem Nährstoffgehalt. Entfernen Sie regelmäßig Verblühtes, um die Blütezeit zu verlängern. Hohe Sorten brauchen eine Stütze.

Probleme Wählen Sie Sorten, die gegen die Asternwelke resistent sind. Falls diese Krankheit doch auftritt, dann werden die Pflanzen in die Mülltonne gegeben (nicht auf den Kompost!). Blattläuse, Blattwanzen, Schnecken und Grauschimmel können auch auftreten.

Vermehrung Ab Mai wird direkt ins Beet gesät. Oder man zieht Jungpflanzen ab Februar im Haus vor. Dann können größere Pflanzen ab Mitte bis Ende Mai ins Freiland gesetzt werden.

Gestaltung Sommer-Astern sind pflegeleichte Einsteiger-Pflanzen, die sich auch für den Vasenschnitt eignen. Man setzt sie in kleine oder größere Gruppen in Kästen und Töpfe. Eine Pflanze mit Bauerngarten-Charakter. Verschiedene Farbsorten ergeben ein buntes Blütenmeer. Gute Nachbarn sind Duftsteinrich und Strauch-Margeriten, Sommergräser und Kosmeen.

BLÜTENFARBE

🌼 🌸 🌸 🌸 ungefüllt, gefüllt

BLÜTEZEIT

| Jan | Feb | März | April | Mai | Juni | **Juli** | **Aug** | **Sept** | **Okt** | Nov | Dez |

Zauberschnee

Zauberschnee
Chamaesyce hypericifolia

| ☀ | ○ | ◑ | Höhe 30–60 cm | pflege-leicht |

Aussehen Die bei uns einjährig gezogene Beet- und Balkonpflanze besticht durch ihre unermessliche Blütenpracht. Die Pflanze sieht aus, als hätte man Zauberschnee über sie gepudert. Die weißen Blätter sind die Hochblätter, die die Blüte umschließen (wie beim Weihnachtsstern). Die Blüten selbst sind unscheinbar. Die Pflanze wächst buschig aufrecht.
Pflege Wählen Sie durchlässige Erden. Auf gleichmäßige Bodenfeuchte achten. Staunässe und Ballentrockenheit aber meiden. Kurze Trockenzeiten verträgt die Pflanze. Sorgen Sie für ausreichende Nährstoffgaben,

damit der Zauberschnee seine ganze Pracht entfalten kann.
Probleme Spinnmilben, Graufäule, bei zu nassem Stand Wurzelschäden und Fäulnis
Überwinterung Ist bei 10 °C möglich, aber nicht empfehlenswert.
Gestaltung Der Zauberschnee kann wunderbar als Solist auf Balkon und Terrasse verwendet werden. Als Nachbarn haben sich Eis-Begonien bewährt, aber auch andere Sommerblumen können gut dazugesetzt werden. Durch die Fülle an weißen Blättchen sorgt die Pflanze für Leichtigkeit.

BLÜTENFARBE

BLÜTEZEIT

| Jan | Feb | März | April | **Mai** | **Juni** | **Juli** | **Aug** | **Sept** | **Okt** | Nov | Dez |

Coreopsis lanceolata 'Sterntaler', das Kleine Mädchenauge.

Großblumiges Mädchenauge

Coreopsis grandiflora

| ☀ | ◯ | Höhe 60–90 cm | pflege-leicht |

Großblumiges Mädchenauge

Aussehen Die auffällige mehrjährige und winterharte Pflanze wächst aufrecht buschig und bildet Horste. Schön auch in der Vase!

Pflege Wählen Sie durchlässige, sandig-leh-mige Erdsubstrate mit mittlerem Nährstoffge-halt. Hohe Stauden brauchen eine Stütze. Die Pflanze schneidet man im späten Herbst oder zeitigen Frühjahr zurück.

Vermehrung Teilung nach der Blüte, Aussaat im Frühling

Gestaltung Die Klassiker können zu mehre-ren in Töpfe gesetzt werden. Sie beleben au-ßerdem bunte Beet- und Staudenpflanzungen.

Sie werden in Gruppen gesetzt und können auch in Töpfen kultiviert werden. Das Großblu-mige Mädchenauge ist zudem eine wertvolle Schnittblume. Rittersporn, Sommer-Salbei, Garten-Margerite und Montbretie sind gute Nachbarn.

Sorten und Arten 'Badengold', 'Schnittgold' und 'Sonnenkind' blühen goldgelb, 'Early Sun-rise' ist gefüllt. 'Sunray' hat schöne gefüllte bis halb gefüllte Blüten von Juni bis Oktober. Das Kleine Mädchenauge (*C. lanceolata*) bleibt etwas kleiner als die beschriebene Art. Eine be-kannte Sorte ist 'Sterntaler'.

BLÜTENFARBE

ungefüllt, gefüllt

BLÜTEZEIT

| Jan | Feb | März | April | Mai | **Juni** | **Juli** | **Aug** | Sept | Okt | Nov | Dez |

Weiße Kosmeen-Sorte

Schokoladen-Kosmee

Rosa Kosmeen-Sorte

Kosmee, Schmuckkörbchen
Cosmos bipinnatus

| ☀ | ○ | Höhe 80–150 cm | pflege-leicht |

Aussehen Das einjährige Schmuckkörbchen wächst aufrecht und hat tolle Blüten.

Pflege Die pflegeleichte Sommerblume liebt durchlässige, sandig-humose Erden. Putzen Sie die Pflanzen regelmäßig durch und entfernen Sie Verblühtes, das verlängert die Blütezeit.

Vermehrung Entweder ab Mai direkt in den Topf säen. Oder im Haus ab März vorziehen und Mitte Mai nach draußen pflanzen.

Gestaltung Der Klassiker wird in kleineren oder größeren Gruppen gesät oder gepflanzt. Da die Stängel sehr hoch werden, müssen Sie – zumindest teilweise – gestützt werden. Setzen Sie stets verschiedene Farbsorten zusammen. Oder kombinieren Sie mit Spinnenblume, Phlox, Stockrose und Löwenmäulchen.

Art Die Schokoladen-Kosmee (*Cosmos atro-sanguineus*) ist eine nicht winterharte Pflanze, eine Rarität mit schwarzbraunen Blüten, die in der Sonne leicht nach Schokolade duftet. Sie blüht von Juli bis September. Verblühtes wird abgeschnitten, die Blätter können erst ausgeputzt werden, wenn sie welk geworden sind. Sonst verhungert die Knolle. Die Knolle wird frostfrei, kühl und dunkel überwintert (siehe Dahlien, Seite 215).

BLÜTENFARBE

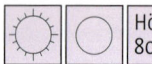

BLÜTEZEIT

| Jan | Feb | März | April | Mai | Juni | Juli | Aug | Sept | Okt | Nov | Dez |

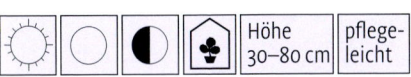

Zigarettenblümchen

Zigarettenblümchen
Cuphea ignea

| ☼ | ◐ | ◑ | ♣ | Höhe 30–80 cm | pflege- leicht |

Mickymauspflanze

Aussehen Die zigarettenähnlichen Blüten mit den grauweißen Spitzen gaben dem Balkon-Klassiker den deutschen Namen. Die Pflanze wächst ausladend und verzweigt sich dicht.

Pflege Zigarettenblümchen haben mittlere Nährstoffansprüche und müssen regelmäßig gegossen werden. Für eine bessere Verzweigung kürzt man die Triebe bei einer Länge von 8 bis 10 cm ein. Während der Blütezeit regelmäßig ausputzen. Wenn die Pflanze überwintert werden soll, dann muss man die Düngung ab August einstellen.

Probleme Schnecken, Spinnmilben, Blattläuse

Überwinterung Eine frostfreie Überwinterung ist möglich. Die Pflanzen werden im Herbst oder im Frühjahr zurückgeschnitten.

Vermehrung Stecklinge

Gestaltung Zigarettenblümchen werden als Begleitpflanze oder Hänger in Misch- und Kastenpflanzungen verwendet. Schöne Ampelpflanze. Zigarettenblümchen können mit fast allen Balkonpflanzen gut kombiniert werden.

Art Die Mickymauspflanze, *Cuphea llavea*, zeigt von Mai bis Oktober ihre interessanten Blüten, die an ein Mausgesicht erinnern.

BLÜTENFARBE

 mit gelblichen oder grau-weißen Spitzen

BLÜTEZEIT

| Jan | Feb | März | April | **Mai** | **Juni** | **Juli** | **Aug** | **Sept** | Okt | Nov | Dez |

Elfensporn

Elfensporn
Diascia barberae

Höhe
20–50 cm

Aussehen Diese Pflanze wächst aufrecht bu-schig bis überhängend – eine grazile Schönheit für schöne Ecken und Plätze.

Pflege Mittlerer Nährstoffgehalt und durchlässiges, leicht saures Erdreich sind ideal. Sowohl Staunässe als auch Ballentrockenheit werden nicht vertragen. Frühzeitiges Entspitzen der Triebe bewirkt einen kompakteren Wuchs. Im Sommer Verblühtes regelmäßig entfernen, um den Samenansatz zu verhindern und die Blühfreudigkeit zu erhalten. Alternativ kann man die Pflanzen bis Ende Juli kräftig zurückschneiden, um im Spätsommer einen starken Blütenflor zu erzielen. Sollen die Pflanzen überwintert werden, dann stellt man die Düngung ab August ein.

Überwinterung Hell und kühl

Gestaltung Die pflegeleichten Dauerblüher eignen sich für Ampeln, Kästen und Töpfe als Begleitpflanze. Schön ist auch eine Unterpflanzung von höher wachsenden Arten wie zum Beispiel Oleander und Enzianblume. Vanilleblumen, Husarenknopf, Salbei oder Duftpelargonien sind gute Nachbarn.

Andere deutsche Namen Doppelhörnchen, Doppelsporn

BLÜTENFARBE

BLÜTEZEIT

| Jan | Feb | März | April | Mai | Juni | Juli | Aug | Sept | Okt | Nov | Dez |

Epimedium × perralchicum 'Frohnleiten', ist eine beliebte Hybride.

Großblumige Elfenblume
Epimedium grandiflorum

  Höhe 20–25 cm

Großblumige Elfenblume

Aussehen Die hübsche Staude mit den filigranen Blütchen wächst breit polsterförmig und kriechend. Wildblumen-Charakter.

Pflege Die Pflanzen lieben durchlässige, humose, frische bis feuchte Erdsubstrate mit mittlerem Nährstoffgehalt. Vermeiden Sie stets Staunässe, Nässe und Ballentrockenheit.

Vermehrung Teilung, aber auch Aussaat

Gestaltung Im Garten wachsen diese Pflanzen gerne unter Gehölzen und am halbschattigen Gehölzrand. Ähnliche Standorte wären auch auf der Terrasse von Vorteil. Aber auch auf schattigen Plätzen kommen Großblumige

Elfenblumen gut zurecht. Die Pflanzen können gut mit Kaukasus-Vergissmeinnicht und Gemswurz kombiniert werden.

Arten Die Elfenblume (*E. pinnatum* ssp. *colchicum*) blüht sehr schön in Gelb und bildet dichte Bestände. Die Zierliche Elfenblume (*E. × youngianum* 'Niveum') erreicht eine Höhe von etwa 20 cm und blüht in Weiß. *Epimedium × rubrum* wird etwa 30 cm hoch und blüht in sehr hübschen, roten Blüten mit weißlichgelbem Hauch.

Anderer deutscher Name Großblütige Sockenblume

BLÜTENFARBE

BLÜTEZEIT

| Jan | Feb | März | **April** | **Mai** | Juni | Juli | Aug | Sept | Okt | Nov | Dez |

Gelbe Strauchmargerite

Gelbe Strauchmargerite
Euryops chrysanthemoides

☼	◯	⌂	Höhe 30–60 cm	pflege-leicht

Aussehen Die Gelbe Strauchmargerite entwickelt einen aufrechten, buschig verzweigten Wuchs.

Pflege Achten Sie in der Wachstumszeit auf regelmäßige Wassergaben und mittlere Nährstoffgaben. Durchlässiges Erdreich ist von Vorteil. Während der Blütezeit wird regelmäßig ausgeputzt. Hochstämmchen müssen immer wieder geschnitten werden, damit die Pflanze in Form bleibt. Will man sie überwintern, wird ab August nicht mehr gedüngt.

Überwinterung Heller Platz bei 6 bis 10 °C. Wenig gießen, aber nicht austrocknen lassen.

Gestaltung Der dankbare Blüher macht sich in Einzelstellung genauso gut wie mit Begleitern in Kästen und Töpfen.
In Kästen wird er als Leitpflanze verwendet. In gemischten Beeten und Rabatten leuchten die vielen gelben Blüten von weither und werden gerne von Bienen besucht.
Die Gelbe Strauchmargerite verträgt sich im Prinzip mit allen anderen Balkonpflanzen, zum Beispiel mit Strohblumen und Goldmarie. Eine interessante lang blühende Pflanze mit Bauerngarten-Charme.

BLÜTENFARBE

BLÜTEZEIT

Jan	Feb	März	April	Mai	Juni	Juli	Aug	Sept	Okt	Nov	Dez
				Mai	Juni	Juli	Aug	Sept	Okt		

Fuchsien-Sorte in Weißrot

Gefüllte Sorte

Fuchsien-Sorte in Rotweiß

Fuchsien
Fuchsia-Cultivars

  | Höhe 30–120 cm | pflege-leicht |

Aussehen Die ausdauernde Pflanze wächst aufrecht strauch- oder baumförmig oder halb-hängend bis hängend.

Pflege Windgeschützte Standorte, eine regelmäßige Wasserversorgung und eine kontinuierliche Düngung sind Eckpunkte für den Erfolg. Düngen Sie niedrig konzentriert, dafür regelmäßig. Verblühtes entfernt man im Sommer laufend. Vor dem Einwintern im Herbst oder im Spätwinter wird die Pflanze „in Form" geschnitten. Nicht ins alte Holz schneiden. Will man Fuchsien überwintern, dann wird ab August nicht mehr gedüngt.

Probleme Weiße Fliege, Blattwanzen, Grauschimmel und Rost

Überwinterung Bei mindestens 3 °C an einem hellen Standort, mäßig feucht halten.

Vermehrung Stecklinge

Gestaltung Fuchsien eignen sich im Alleinstand für Ampeln, außerdem als Leitpflanze für Kästen und Kübel. Auch als Hochstämmchen können Sie viele Formen käuflich erwerben. Wenn Sie verschiedene Farbsorten zusammen kombinieren, können Sie interessante Akzente setzen. Gute Nachbarn sind Edellieschen, Vanilleblumen und Knollen-Begonien.

BLÜTENFARBE

 auch mehrfarbig, ungefüllt, gefüllt

BLÜTEZEIT

| Jan | Feb | März | April | **Mai** | **Juni** | **Juli** | **Aug** | **Sept** | Okt | Nov | Dez |

Winterharte Fuchsie

Winterharte Fuchsie
Fuchsia magellanica

| | | Höhe 60–90 cm | pflege-leicht |

Aussehen Die ausdauernde Pflanze wächst aufrecht strauchförmig. Die Blüten sind lange nicht so auffällig wie die der *Fuchsia*-Cultivars.

Pflege Die Winterharte Fuchsie liebt ein durchlässiges, humoses Erdreich und hat mittlere Nährstoffansprüche. Sorgen Sie für eine gleichmäßige Bodenfeuchtigkeit. Alle Triebe schneidet man im zeitigen Frühjahr bis auf etwa 30 cm zurück. Verblühtes wird während der Wachstumsperiode regelmäßig entfernt.

Probleme Weiße Fliege und Blattwanzen sowie Grauschimmel und Rost können auftreten.

Überwinterung Die Winterharte Fuchsie kann im Freiland bleiben, ein Winterschutz ist jedoch anzuraten.

Vermehrung Stecklinge im Frühling

Gestaltung Diese Fuchsien-Art wird als Leitpflanze in Misch- und Kastenpflanzungen verwendet. Auch in Einzelstellung ist sie empfehlenswert. Sie passt gut in Gärten mit Bauerngarten-Charakter. Setzen Sie mehrere Exemplare zusammen. Oder kombinieren Sie mit Fleißigem Lieschen und Edellieschen, Vanilleblumen und Knollen-Begonien sowie Pflanzen mit Bauerngarten-Charme.

BLÜTENFARBE

BLÜTEZEIT

| Jan | Feb | März | April | Mai | Juni | Juli | Aug | Sept | Okt | Nov | Dez |

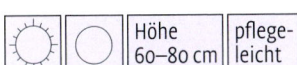

Prachtkerze

Prachtkerze
Gaura lindheimeri

| ☼ | ○ | Höhe 60–80 cm | pflege-leicht |

Aussehen Diese hübsche Pflanze mit ihren grazilen, leichten Blüten wächst buschig und locker aufrecht. Sie erscheint immer ein wenig zerbrechlich, was sie in Realität aber nicht ist.

Pflege Die Prachtkerze liebt durchlässige, kalkhaltige Erdsubstrate mit mittlerem Nährstoffgehalt. Sorgen Sie für gleichmäßige Bodenfeuchtigkeit. Staunässe ist jedoch zu vermeiden.

Vermehrung Aussaat

Gestaltung Die Prachtkerze hat sich bereits fest im Balkonpflanzensortiment etabliert, gehört aber zu den jüngeren Mitgliedern und sorgt daher für neue – natürliche – Akzente. Sie wird oft als Begleitpflanze in Kästen und Kübeln verwendet. Außerdem passt sie gut in bunte Sommerblumenbeete und zwischen Stauden auf Terrassenbeeten.

Die zarten Blüten verleihen ihr einen filigranen Charakter. Sie erinnern an kleine Schmetterlinge.

Mit der Prachtkerze sorgen Sie auf Balkon und Terrasse für zarte, luftige und natürlich wirkende Farbtupfer.

Andere deutsche Namen Gaura, Präriekerze

BLÜTENFARBE

BLÜTEZEIT

| Jan | Feb | März | April | Mai | Juni | **Juli** | **Aug** | **Sept** | **Okt** | Nov | Dez |

Gazanie in Gelb

Gazanie, Mittagsgold
Gazania-Cultivars in vielen Sorten

☀	◯	♣ Höfe 20–50 cm	pflege-leicht

Aussehen Die farbenfrohen Pflanzen wachsen flach bis aufrecht buschig und gut verzweigt.
Pflege Gazanien lieben durchlässige, sandig-humose Erdsubstrate. Am besten sind gleichmäßige Bodenfeuchtigkeit und regelmäßige Nährstoffgaben. Um die Blütezeit zu verlängern, muss Verblühtes regelmäßig entfernt werden. Die Düngung wird allerdings ab August eingestellt, wenn man die Pflanzen überwintern möchte.
Überwinterung Bei mindestens 3 °C an einem hellen Standort. Die Gießmenge muss der Temperatur angepasst werden.

Vermehrung Aussaat
Gestaltung Die Bauerngarten-Pflanze wird als Begleitpflanze in Kästen und Töpfen verwendet oder auch als Hänger. Und natürlich passen die hübschen Pflanzen in gemischte Beete und Rabatten vor Terrassen. Gazanien werden gerne von Bienen besucht. Setzen Sie stets mehrere Farbsorten zusammen. Schön ist auch eine einzige Farbsorte im Topf. Ansonsten lassen sich die pflegeleichten Pflanzen mit vielen Balkon- und Sommerblumen kombinieren, zum Beispiel mit Wandelröschen, Zauberglöckchen, Geranien und Kapkörbchen.

BLÜTENFARBE

   zweifarbig

BLÜTEZEIT

Jan	Feb	März	April	**Mai**	**Juni**	**Juli**	**Aug**	**Sept**	**Okt**	Nov	Dez

Allseits beliebt – die Vanilleblume.

Vanilleblume
Heliotropium arborescens

| | | | | Höge 30–120 cm | | pflege-leicht |

Aussehen Die ausdauernde Pflanze wächst aufrecht bis kompakt buschig. Auch als Hochstämmchen erhältlich.

Pflege Vanilleblumen lieben sandig-humoses Erdreich. Gießen Sie regelmäßig, lassen Sie die Pflanzen nicht austrocknen und vermeiden Sie unbedingt Staunässe. Achten Sie auf ausreichende Nährstoffzufuhr. Ein windgeschützter Platz ist von Vorteil. Vanilleblumen sind für einen Schutz vor zu starker Mittagssonne dankbar. Ein frühzeitiges Entspitzen der Triebe führt zu einem buschigen Wuchs. Abgeblühtes muss regelmäßig entfernt werden. Stellen Sie die Düngung ab August ein, wenn Sie die Pflanzen überwintern wollen.

Überwinterung Heller Platz bei etwa 10 °C, wenig gießen.

Gestaltung Vanilleblumen werden als Leitoder Begleitpflanzen in bunten Blumenbeeten, Rabatten sowie in Kästen verwendet. Große Exemplare sehen auch im Kübel sehr schön aus. Die hübschen Blüten duften nach Vanille (Name) und werden auch von Bienen geliebt. Die Blätter sind eher dunkelgrün, zerknittert, teilweise purpurn überlaufen. Fast alle Balkonpflanzen sind gute Nachbarn.

BLÜTENFARBE

BLÜTEZEIT

Jan *Feb* *März* *April* **Mai** **Juni** **Juli** **Aug** **Sept** *Okt* *Nov* *Dez*

Klassiker! Fleißiges Lieschen.

Fleißiges Lieschen, Impatiens
Impatiens walleriana

		Höhe 20–60 cm	pflege- leicht

Aussehen Fleißige Lieschen wachsen aufrecht und buschig.

Pflege Die Klassiker sind verdientermaßen beliebte Balkon- und Sommerblumen. Wie der Name schon sagt, entwickeln sie fleißig Blüte um Blüte, oft bis zum Oktober. Gießen Sie die Pflanzen gleichmäßig, die Nährstoffansprüche sind mittelhoch. Staunässe und Ballentrockenheit werden nicht vertragen. Wählen Sie bitte keine heißen Plätze. Während der Wachstumszeit wird Verblühtes regelmäßig ausgeputzt.

Probleme Blattläuse können vorkommen.

Vermehrung Aussaat ab März im Haus, die Pflanzen kommen Ende Mai nach draußen.

Überwinterung Heller Platz bei mind. 3 °C

Gestaltung Der unermüdliche Blüher ist ein Universaltalent. Für Töpfe und Kübel, Kästen, Ampeln und in gemischten Beeten, die Pflanzen kommen einfach überall klar und bringen schnell Farbe in jedes Eck. Schön wirken verschiedene Farbsorten zusammen in einem Gefäß, die sich so zu einem bunten Farbenmeer entwickeln. Aber auch viele andere Pflanzen sind gute Nachbarn, z. B. Vanilleblumen, Fuchsien und Edellieschen.

BLÜTENFARBE

  zweifarbig, ungefüllt, gefüllt

BLÜTEZEIT

Jan	Feb	März	April	Mai	Juni	Juli	Aug	Sept	Okt	Nov	Dez
				Mai	Juni	Juli	Aug	Sept			

Edellieschen mit großen Blüten

Edellieschen
Impatiens-Neuguinea-Gruppe

| ☀ | ◐ | ◑ | ♣ | Höhe 20–40 cm | pflege-leicht |

Aussehen Edellieschen wachsen aufrecht buschig.

Pflege Achten Sie auf gleichmäßige Wassergaben. Vermeiden Sie Staunässe und Ballentrockenheit. Die hübschen Pflanzen haben geringe bis mittlere Nährstoffansprüche. Wenn die Pflanze überwintert werden soll, wird nur bis August gedüngt. Putzen Sie regelmäßig durch, besondere nach einem Regenguss, um den Befall mit Grauschimmel zu vermeiden.

Probleme Grauschimmel, Blattläuse

Überwinterung Überwinterung ist an einem hellen Platz bei etwa 16 °C möglich.

Vermehrung Aussaat

Gestaltung Ein Vielblüher, der als Begleiter, aber auch als Leitpflanze verwendet wird. Er eignet sich außerdem zur Unterpflanzung von höher wachsenden Arten. Es empfiehlt sich, mehrere Farbsorten zusammenzupflanzen. Das Edellieschen kann aber auch mit fast allen Balkonpflanzen kombiniert werden.

Sorten Es gibt viele Sorten, die ständig verbessert werden. Sie unterscheiden sich in Wuchsform, Blüten- und Blattfarbe. Es gibt Sorten mit hell- bis bronzegrünen und gelbgrünen Blättern, die teils rötlich überlaufen sind.

BLÜTENFARBE

BLÜTEZEIT

| Jan | Feb | März | April | **Mai** | **Juni** | **Juli** | **Aug** | **Sept** | Okt | Nov | Dez |

Männertreu – eine schöne Ampelpflanze.

Männertreu, Lobelie
Lobelia erinus

| ○ | ◐ | Höhe 15–25 cm | pflege-leicht |

Aussehen Die hübsche Pflanze wächst rundlich buschig bis überhängend. Sie verzweigt sich gut.

Pflege Die Lobelien lieben durchlässiges, humoses bis sandig-humoses Erdreich. Auf gleichmäßige Bodenfeuchtigkeit achten. Vermeiden Sie Staunässe und Ballentrockenheit. Nach der Blüte können die Pflanzen zurückgeschnitten werden, dann kommt es meist zur Nachblüte.

Probleme Blattläuse, Zwergzikaden, Spinnmilben

Vermehrung Aussaat im Haus.

Gestaltung Als Hänger ist der Männertreu eine wunderschöne, klassische Ampelpflanze. Die pflegeleichten Blüher sind zudem dankbare Begleiter in Kästen. Gerne werden die hübschen Pflanzen auch unter höhere Arten in Kübel und Töpfe gesetzt. Die hübschen Blütchen locken Bienen an. Männertreu ist mit fast allen Balkonpflanzen kombinierbar, z. B. Pelargonien, Gazanien, Hänge-Verbenen und Knollen-Begonien.

Sorten Es gibt sehr viele Sorten und Sorten-Serien und jährlich kommen neue dazu. Sie unterscheiden sich in der Blüten- und Blattfarbe sowie den Blütenmonaten.

BLÜTENFARBE

 zweifarbig

BLÜTEZEIT

| Jan | Feb | März | April | Mai | Juni | Juli | Aug | Sept | Okt | Nov | Dez |

Duftsteinrich im Terrakottatopf

Duftsteinrich
Lobularia maritima

| | | Höhe 10–30 cm | | pflege-leicht |

Aussehen Die einjährige Sommerblume wächst kompakt buschig bis polsterartig.
Pflege Der Duftsteinrich bevorzugt durchlässige Erden. Staunässe und Ballentrockenheit sind zu vermeiden. Nach der Hauptblüte wird durchgeputzt und Verblühtes entfernt. Dadurch erreicht man neues Wachstum und die Bildung weiterer Blüten. Nur wenig düngen.
Vermehrung Aussaat von Februar bis April im Haus. Ab Ende Mai kommen die Jungpflanzen ins Freiland. Säen Sie etwa sieben Samen pro Topf, damit kräftige Polster heranwachsen können. Auch die Direktsaat nach Mitte Mai ins

Freiland ist im Gefäß sehr gut möglich.
Gestaltung Die kleine und pflegeleichte Begleitpflanze kann zwischen andere Sommerblumen in Kästen und Töpfe gesetzt werden. Als Bodendecker auch zwischen einzelnen Sommerblumen oder Staudengruppen auf Terrassenbeeten schön. Duftsteinrich ist eine ideale Ampelpflanze. Durch die reiche Blüte verwandelt sie ganze Bereiche in bunte Teppiche. Gepflanzt wird immer in kleinen oder größeren Gruppen. Sommerastern, Eis-Begonien und viele andere Sommerblumen sowie Stauden sind gute Nachbarn.

BLÜTENFARBE

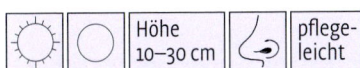

BLÜTEZEIT

| Jan | Feb | März | April | **Mai** | **Juni** | **Juli** | **Aug** | Sept | Okt | Nov | Dez |

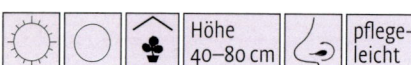

Levkojen

Levkoje
Matthiola incana

| | | | Höhe 40–80 cm | | pflege-leicht |

Aussehen Levkojen haben einen aufrechten, leicht buschigen Wuchs. Sie gehören seit Jahren zum klassischen Standardsortiment der Beet- und Balkonpflanzen.

Pflege Die pflegeleichte Sommerblume liebt durchlässige, frische Erdsubstrate mit mittlerem bis hohem Nährstoffgehalt. Wählen Sie keine zu nassen oder zu trockenen Plätze. Verblühtes wird regelmäßig entfernt, um die Blütezeit zu verlängern.

Überwinterung Geben Sie Winterschutz, zum Beispiel mit Reisig.

Vermehrung Ab Februar geschützte Aussaat im Haus. Die Jungpflanzen kommen ab Ende Mai an ihren endgültigen Platz in Topf, Kübel oder Kasten.

Gestaltung Levkojen sind beliebte Blüher für Kästen, Töpfe und Blumenbeete. Die auffälligen Blüten locken Bienen und andere Insekten an. Eine alte Bauerngartenpflanze, die man auch für die Vase schneiden kann. Es empfiehlt sich, verschiedene Farbsorten zusammenzusetzen. Aber auch in Kombination mit fast allen anderen Balkonpflanzen lassen sich schöne Effekte erzielen.

Anderer deutscher Name Garten-Levkoje

BLÜTENFARBE

ungefüllt, gefüllt

BLÜTEZEIT

| Jan | Feb | März | April | Mai | Juni | Juli | Aug | Sept | Okt | Nov | Dez |

Elfenspiegel in Sorten

Elfenspiegel
Nemesia fruticans

| ☀ | ◯ | ◐ | Höhe 30–50 cm | pflege-leicht |

Aussehen Der Elfenspiegel wächst aufrecht buschig bis hängend.

Pflege Die Pflanzen können leicht ganze Blütenmeere entwickeln, besonders, wenn man die Pflegeansprüche beachtet: mittlerer Nährstoffbedarf, leicht saures, durchlässiges, humoses Erdsubstrat, regelmäßige Wassergaben. Staunässe wird schlecht vertragen und kann zu Wurzelschäden führen. Für einen buschigen Wuchs werden die Triebe entspitzt. Verblühtes muss regelmäßig ausgeputzt werden. Wenn die Pflanzen im Sommer Samen ansetzen, erfolgt ein kräftiger Rückschnitt, um einen zweiten Blütenflor zu fördern.

Gestaltung Die farbenfrohen Pflanzen wirken einzeln sehr schön in Ampeln. Gerne werden sie auch als Begleiter in Kästen und Töpfen sowie zur Unterpflanzung von höher wachsenden Arten im Kübel verwendet. Der Elfenspiegel ist mit fast allen Balkonpflanzen kombinierbar.

Art *Nemesia strumosa* ist eine buschig wachsende, einjährige Art, die nur kurz mit gelben, roten, orangefarbenen und blauen Blüten blüht.

BLÜTENFARBE

 auch zweifarbig

BLÜTEZEIT

| Jan | Feb | März | April | Mai | Juni | Juli | Aug | Sept | Okt | Nov | Dez |

Ziertabak

Ziertabak
Nicotiana × sanderae

| ☀ | ◯ | Höhe 40–60 cm | pflege-leicht |

Aussehen Dieser einjährige Klassiker wächst aufrecht buschig. Die Blüten erinnern an kleine Sternchen und sind sehr hübsch. Das Laub ist groß und harmoniert gut zu den Blüten.

Pflege Ziertabak verlangt durchlässiges humoses Erdsubstrat. Staunässe und Ballentrockenheit sind zu vermeiden. Bitte regelmäßig düngen, da die Pflanze einen hohen Nährstoffbedarf hat. Ein windgeschützter Platz ist von Vorteil. Frühzeitiges Entspitzen führt zum gewünschten buschigen Wuchs. Putzen Sie Verblühtes regelmäßig aus. Im Juli werden verblühte Triebe zurückgeschnitten, das fördert den Neuaustrieb und damit eine weitere Blüte. Tragen Sie beim Rückschnitt Handschuhe, weil die Pflanze giftig ist!

Probleme Blattläuse

Vermehrung Aussaat

Gestaltung Eine Sommerblume mit Bauerngarten-Charakter. Pflanzen Sie in Gruppen, in Kästen, Töpfe oder gemischte Terrassen-Beete. Einzeln gepflanzt wird keine Wirkung erzielt.

Ziertabak ist mit fast allen Balkonpflanzen kombinierbar, etwa Petunien, Lobelien, Jungfer im Grünen und auch mit Chrysanthemen.

BLÜTENFARBE

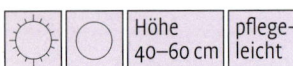

BLÜTEZEIT

| Jan | Feb | *März* | *April* | *Mai* | *Juni* | **Juli** | **Aug** | **Sept** | *Okt* | *Nov* | *Dez* |

Kapkörbchen

Kapkörbchen
Osteospermum ecklonis

| ☀ | ◯ | ♣ | Höhe 40–100 cm | pflege-leicht |

Aussehen Die Pflanze wächst aufrecht bis breit buschig. Sie wird meist einjährig kultiviert, kann aber auch überwintert werden.

Pflege Kapkörbchen brauchen gleichmäßige Bodenfeuchte; jedoch nicht zu feucht oder zu trocken halten. Fruchtbares, durchlässiges, sandig-humoses Erdsubstrat ist vorteilhaft. Will man die Pflanze überwintern, dann wird die Düngung ab August eingestellt. Ein frühzeitiges Entspitzen junger Triebe führt zum gewünschten buschigen Wuchs. Putzen Sie regelmäßig Verblühtes aus, das verlängert die Blütezeit. Hohe Sommertemperaturen können zu weniger Blüten führen. Wind wird vertragen.

Überwinterung Hell, 5 bis 15 °C

Vermehrung Aussaat, Stecklinge

Gestaltung Kapkörbchen sind auffällige Balkonpflanzen, die als Leit- und Begleitpflanze für gemischte Kästen und Töpfe verwendet werden. Pflanzen Sie in Gruppen.

Sorten Beispiele für Sorten-Serien sind die 'Cape Daisy'-Serie mit großen Blüten und dunkler Mitte sowie die kompakt wachsenden 'Symphony'- und 'Summerdaisy'-Serien, die im Sommer keine Blühpause machen. Die Sorten der 'Side'-Serie wachsen recht kompakt.

BLÜTENFARBE

 lanzettliche oder löffelartige Blütenblätter

BLÜTEZEIT

| Jan | Feb | März | April | Mai | Juni | Juli | Aug | Sept | Okt | Nov | Dez |

Pelargonium capitatum 'Purple-Unique' mit feinem Zitronen-Bonbon-Duft

Duftgeranie
Pelargonium in Arten und Sorten

| | | | Höhe 20–100 cm | | pflege-leicht |

Aussehen Duftgeranien sind ausdauernde Pflanzen mit buschigem Wuchs, aufrecht oder hängend – in Abhängigkeit von der Sorte.

Pflege Achten Sie bei diesen Pflanzen auf regelmäßige Wasserversorgung. Staunässe ist unbedingt zu vermeiden!
Die Nährstoffansprüche sind gering. Durchlässiges und sandig-humoses Erdsubstrat ist von Vorteil. Putzen Sie Verblühtes immer wieder aus. Im Herbst schneidet man den oberirdischen Teil um etwa $\frac{1}{3}$ zurück. Wenn die Pflanzen überwintert werden sollen, nur bis August düngen.

'Lemon Fancy' mit kräftigem Zitronenaroma.

BLÜTENFARBE

BLÜTEZEIT

| Jan | Feb | März | April | Mai | Juni | Juli | Aug | Sept | Okt | Nov | Dez |

'Royal Oak', die Eichenblatt-Geranie, mit harzigem Aroma.

Duftgeranie *Pelargonium blandfordianum*

Pelargonium fragrans, die Muskatnuss-Geranie.

Überwinterung Bei mindestens 3 °C an einem hellen Standort, relativ trocken halten. Nur kühl überwinterte Pflanzen blühen früh und ausdauernd.

Vermehrung Stecklinge, Aussaat

Gestaltung Duftgeranien sind oft Blatt- und Blütenschmuckpflanzen gleichermaßen. Die duftenden Blätter sind eine zusätzliche Besonderheit, die nur wenige Balkonpflanzen bieten können.

Verwenden Sie die Pflanzen als Leitpflanzen in Kästen und Töpfen, aber auch als Begleiter sind sie beliebt. Sie können sie in Gruppen pflanzen, ohne Nachbarn. Duftgeranien sind mit fast allen Balkonpflanzen gut kombinierbar.

Sorten und Arten Die bekannteste Sorte ist *P. crispum* 'Variegatum'. Die Zitronen-Geranie schmückt sich mit hellvioletten Blüten. Sie hat wunderbaren Duft nach fruchtigen Zitronen. 'Attar of Roses' duftet hingegen sehr schön nach Rosen. 'Clorinda' wiederum entwickelt eine starken Eukalyptus-Zedern-Duft. 'Lady Scarborough' duftet stark süßlich nach Himbeere.

'Robers Lemon Rose' besitzt einen Rosen-Zitronen-Duft.

Kapland-Pelargonie, *Pelargonium sidoides*, aus deren Wurzeln Heilmittel hergestellt werden.

Duftgeranie 'Chocolate Peppermint'

Hänge-Pelargonien in Rosaweiß und Rot

Hänge-Pelargonie
Pelargonium peltatum in Sorten

| | | | Höhe 30–70 cm | pflege-leicht |

Aussehen Hänge-Pelargonien bilden ganze Blütenmeere. Sie sind ausdauernd mit buschigem und überhängendem Wuchs.

Pflege Die Klassiker haben einen mittleren bis hohen Nährstoffbedarf und lieben durchlässiges, sandig-humoses Substrat. Vermeiden Sie Staunässe. Wenn Sie Verblühtes immer wieder ausputzen, sorgen Sie für lang andauernden Blütenschmuck. Will man die Pflanzen überwintern, dann muss ab August die Düngung eingestellt werden. Im Herbst vor dem Einwintern oder Frühjahr wird der Spross um etwa 1/3 zurückgeschnitten.

Überwinterung Bei mindestens 3 °C an einem hellen Standort, relativ trocken halten.

Vermehrung Stecklinge, Aussaat

Gestaltung Pelargonien gelten als die Balkonpflanzen schlechthin. Zahlreiche Sorten zeugen von der Beliebtheit dieser Pflanze. Blütenreichtum, Blütendauer und die Pflegeleichtigkeit machen sie für Balkonkästen fast unersetzlich. Durch ihren hängenden Wuchs eignen sie sich sehr gut für für dekorative Ampeln, dort gerne ohne Begleitpflanzen. Mancherorts kennt man sie auch unter dem „Volksnamen" Geranie.

BLÜTENFARBE

 auch zweifarbig, ungefüllt, gefüllt

BLÜTEZEIT

| Jan | Feb | März | April | Mai | Juni | Juli | Aug | Sept | Okt | Nov | Dez |

Sortenvielfalt der Stehenden Pelargonie

Pelargonie, Stehende Pelargonie
Pelargonium zonale in Sorten

| | | Höhe 30–40 cm | pflege-leicht |

Aussehen   Diese Art wächst buschig aufrecht.
Pflege   Pelargonien lieben durchlässiges, sandig-humoses Erdreich und haben mittlere bis hohe Nährstoffansprüche. Vermeiden Sie Staunässe. Putzen Sie verblühte Pflanzenteile regelmäßig aus, um die Blütezeit zu verlängern. Es gibt auch Sorten, die sich selbst putzen. Zu überwinternde Pflanzen darf man nur bis August düngen. Im Herbst vor der Überwinterung die Pflanzen um etwa ⅓ zurücknehmen.
Überwinterung   Bei mindestens 3 °C an einem hellen Standort, relativ trocken halten. Die starkwüchsigen, mittelgrünlaubigen Sorten eignen sich gut für eine Überwinterung.
Vemehrung   Stecklinge, Aussaat
Gestaltung   Der Klassiker für Balkon und Terrasse. Er wird als Leit- oder Begleitpflanze in Misch- und Kastenpflanzungen verwendet. Pelargonien können mit fast allen Balkonpflanzen kombiniert werden. Schön sind auch reine Pelargonien-Kästen oder -Töpfe.
Sorten   Es gibt viele Sorten, die sich in Blüten-, Blattfarbe und Wuchseigenschaften unterscheiden. Pelargonien mit teils mehrfarbigen Blättern werden oft auch als Blattschmuck-Pflanzen verwendet.

BLÜTENFARBE

  auch zweifarbig, ungefüllt, gefüllt

BLÜTEZEIT

Jan	Feb	März	April	Mai	Juni	Juli	Aug	Sept	Okt	Nov	Dez
				Mai	Juni	Juli	Aug	Sept	Okt		

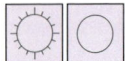

Blütenpracht der Cinerarie

Cinerarie
Pericallis × hybrida

| | | Höhe 25–60 cm | pflege-leicht |

Aussehen Die Pflanze wächst aufrecht und kompakt buschig.

Pflege Die Cinerarie benötigt durchlässige Erdsubstrate und darf nie austrocknen. Auch Staunässe muss man unbedingt vermeiden. Die Pflanzen haben einen mittleren Nährstoffbedarf. Putzen Sie Verblühtes regelmäßig aus, um die Blühfreudigkeit und Blütenfülle dauerhaft zu erhalten.

Probleme Leider werden die Pflanzen von Blattläusen förmlich geliebt, was ihnen den deutschen Namen „Läuseblume" eingebracht hat.

Überwinterung Überwinterung ist im kühlen Wintergarten (10 bis 15 °C) gut möglich.

Vermehrung Aussaat

Gestaltung Cinerarien sind Leit- oder Begleitpflanzen in Kästen und Töpfen. Gerne stehen sie auch alleine, weil sie sich mit ihrem buschigen Wuchs und ihrer bunten Farbenvielfalt oft schon selbst genügen und ein farbstarker Hingucker sind. Die schönen Blüher werden gerne im Zimmer gepflegt. Dort sollten Sie eher kühlere Plätze auswählen.

Sorten Es gibt viele Sorten mit den unterschiedlichsten Blütenfarben im Gartenfachhandel.

BLÜTENFARBE

 auch zweifarbig

BLÜTEZEIT

| Jan | Feb | *März* | *April* | *Mai* | *Juni* | Juli | Aug | Sept | Okt | Nov | Dez |

Hänge-Petunien sind schöne Ampelpflanzen.

Hänge-Petunie
Petunia × atkinsiana

| ☼ | ○ | Höhe 15–100 cm |

Aussehen Die Pflanzen wachsen niederliegend bis stark hängend.

Pflege Sorgen Sie für einen möglichst regengeschützten Ort und durchlässiges humoses Erdreich. Starkwachsende Sorten brauchen mehr Nährstoffe als die mittelstark wachsenden. Saure Erden schützen vor Eisenmangelsymptomen, die sich durch gelbe Triebspitzen und Blätter zeigen. Frühzeitiges Entspitzen der Triebe führt zum gewünschten buschigen Wuchs. Putzen Sie Verblühtes regelmäßig aus.

Probleme Weiße Fliege, Blattläuse, Echter Mehltau. Viele Sorten kommen mit Regengüssen nicht zurecht, die Blüten leiden darunter.

Vermehrung Stecklinge

Gestaltung Bestens für Ampeln geeignet, aber auch als Begleiter in Kästen und Töpfen. Schön als Unterpflanzung höherer Arten. Auch reine Petunien-Kästen sind sehr schön. Bewährt haben sich Kombinationen mit starkwüchsigen Pflanzen wie Goldmarie (*Bidens ferulifolia*) und Strauchmargerite.

Sorten Es gibt viele Sorten, z. B. ungefüllte und gefüllte, einfarbige und bunte, mit kleinen und großen Blüten. Sie werden laufend verbessert.

BLÜTENFARBE

  auch mehrfarbig, ungefüllt, gefüllt

BLÜTEZEIT

| Jan | Feb | März | April | **Mai** | **Juni** | **Juli** | **Aug** | **Sept** | Okt | Nov | Dez |

Kissen-Phlox

Phlox
Phlox

Hoher Stauden-Phlox

| ☀ | ◐ | ◑ | ♣ | Höhe 5–120 cm | pflege-leicht |

Aussehen Phlox sind bekannte Bauerngartenstauden, die je nach Art polsterartig klein oder aufrecht hoch wachsen.

Pflege Phlox bevorzugt sandig-humose Erden. Trockenheit und Staunässe sind zu vermeiden. Hohe Blütentriebe muss man stützen.

Gestaltung Die niedrigen Arten (*P-Douglasii*-Gruppe) sind sehr hübsch in kleinen Trögen, speziell in Steingarten-Töpfen. Die hohen Arten kommen in Gruppen in große Töpfe. Schöne Nachbarn sind hier Gaura und Ziergräser.

Sorten und Arten Viele Sorten sind im Handel erhältlich, die reine Art findet man kaum.

Der **Polster-Phlox** (*P-Douglasii*-Gruppe) wird nur 5 bis 15 cm hoch in den Farben Weiß, Rosa, rot und zartviolett. Der **Kissen-Phlox** (*P-Subulata*-Gruppe) ist eine andere niedrige Art mit 5 bis 15 cm Höhe, die teppichartige Polster bildet und hübsch an Mauern und Steinen herunterhängt. Der **Hohe Stauden-Phlox** (Hohe Flammenblume) ist die bekannteste Art. Sie entwickelt eine auffällige Blütenpracht bis in den Oktober hinein und ist daher für den Herbst-Balkon eine echte Bereicherung.

BLÜTENFARBE

   auch mehrfarbig

BLÜTEZEIT

| Jan | Feb | März | April | **Mai** | **Juni** | **Juli** | **Aug** | **Sept** | **Okt** | Nov | Dez |

![Farbenfrohe Ranunkeln]

Farbenfrohe Ranunkeln

Ranunkel
Ranunculus asiaticus

| ☀ | ◯ | ♣ | Höhe 20–30 cm |

Aussehen Ranunkeln bereichern das Frühjahr mit auffälligen Blüten in vielen Farben. Sie sind ausdauernde, aufrecht wachsende Pflanzen. Sie werden bei uns aber nur einjährig gezogen.

Pflege Die hübschen Pflanzen brauchen durchlässiges Erdreich und eine gleichmäßige Bodenfeuchtigkeit während der Wachstumszeit. Wählen Sie einen geschützten, frostfreien Platz. Verblühtes wird regelmäßig ausgeputzt.

Probleme Echter Mehltau

Überwinterung Die Rhizome kommen in einen Kasten mit Torf oder Sand, an einen gut durchlüfteten, frostfreien und kühlen (5 °C)

Platz. Kranke Knollen immer wieder entfernen. Ende März, Anfang April wird neu gepflanzt.

Vermehrung Ausgesät wird ab Oktober im Haus. Die weitere Anzucht erfolgt bei Temperaturen von 8 bis 10 °C. Im Frühjahr wird ausgepflanzt, aber Vorsicht: Ranunkeln sind sehr frostempfindlich!

Gestaltung Die hübschen Blüher passen in bunte Kästen und Töpfe. Sie werden als Leit- oder Begleitpflanze verwendet. Am besten pflanzt man sie in kleine Gruppen, gerne verschiedenfarbige Sorten. Schön zu frühjahrsblühenden Zwiebelblumen.

BLÜTENFARBE

 ungefüllt, gefüllt, becherförmig

BLÜTEZEIT

| Jan | Feb | **März** | **April** | **Mai** | **Juni** | Juli | Aug | Sept | Okt | Nov | Dez |

Husarenknopf

Husarenknopf
Sanvitalia procumbens

| ☼ | ○ | Höhe 10–20 cm | pflege-leicht |

Aussehen Die einjährige Balkonpflanze wächst niederliegend bis buschig. Sie verzweigt sich gut.

Pflege Der Husarenknopf liebt durchlässiges, humoses Erdsubstrat. Gleichmäßige Bodenfeuchtigkeit ist vorteilhaft. Vermeiden Sie Staunässe und Ballentrockenheit. Während der Wachstumsperiode sollte man verwelkte Pflanzenteile regelmäßig entfernen. Das führt zur Dauerblüte.

Gestaltung Die kleinen Blütchen des Husarenknopfes erinnern an Sonnenblumen in Miniatur und verzaubern durch ihren Bauerngarten-Charme. Der Blütenreichtum ist besonders wertvoll. Der hängende und stark verzweigte Wuchs macht *Sanvitalia* zu einer empfehlenswerten Pflanze für Ampeln, Kästen und zur Unterpflanzung in Kübeln. Setzen Sie stets mehrere Pflanzen zusammen. Vanilleblumen, Edellieschen, Blaue Fächerblume und Elfensporn sind gute Nachbarn.

Art Sehr schön ist auch Aztekengold (*Sanvitalia speciosa*). Die verwandte Art gleicht in Pflege und Verwendung der oben genannten. Großes Plus: Die Blütezeit ist ausgesprochen lang (Mai bis Oktober).

BLÜTENFARBE

  mit dunkelbrauner oder grüner Mitte

BLÜTEZEIT

| Jan | Feb | März | April | Mai | Juni | Juli | Aug | Sept | Okt | Nov | Dez |

Moos-Steinbrech

Moos-Steinbrech
Saxifraga-Arendsii-Gruppe

| | | | | Höhe 5–15 cm | pflege-leicht |

Aussehen Die dankbaren Stauden bilden entzückende Polster.

Pflege Wählen Sie durchlässige, sandig-humose Erde mit mittlerem Nährstoffgehalt. Im Herbst werden abgestorbene Blattrosetten vorsichtig herausgenommen. Bitte nicht dauerhaft der vollen Sonne aussetzen.

Vermehrung Die Pflanze wird durch das Abnehmen von Tochterrosetten vermehrt.

Gestaltung Der Moos-Steinbrech ist ein pflegeleichter Frühjahrsblüher, der einen bescheidenen, fast zarten Charakter besitzt. Er macht sich gut in Steintrögen mit Steinen (kleinere Kiesel ...) als Deko-Elemente. Gerne auch in absonnigen Mauern oder im Steingarten-Beet. Setzen Sie verschiedene Farbsorten zusammen oder kombinieren Sie mit anderen zarten Pflanzen wie Purpurglöckchen und Ziergräsern. Steinbrech ist auch für Anfänger gut geeignet.

Sorten und Arten Es gibt viele *Saxifraga*-Arten und -Sorten im Handel. Der Trauben-Steinbrech (*S. paniculata*) wird bis zu 20 cm hoch und blüht weiß von Mai bis Juni. Das Porzellanblümchen (*S. umbrosa*) erreicht eine Höhe von 10 bis 30 cm und besitzt filigrane, weiße bis weißrosa Blüten.

BLÜTENFARBE

BLÜTEZEIT

| Jan | Feb | März | April | Mai | Juni | Juli | Aug | Sept | Okt | Nov | Dez |

Blaue Fächerblume

Blaue Fächerblume
Scaevola saligna

| | | | | Höhe 30–50 cm | pflege-leicht |

Aussehen Die Blaue Fächerblume ist eine ausdauernde Pflanze, die bei uns oft nur einjährig gezogen wird. Sie wächst aufrecht buschig bis leicht überhängend.

Pflege Der Klassiker liebt durchlässiges, leicht saures und humoses Substrat. Achten Sie auf gleichmäßige Bodenfeuchtigkeit. Staunässe und Ballentrockenheit sollte man vermeiden.

Frühzeitiges Entspitzen der Triebe bewirkt einen kompakten buschigen Wuchs. Die Pflanze reinigt sich selbst, das heißt, dass Verblühtes nicht ausgeputzt werden muss.

Gut wetterfest. Will man die Pflanze überwintern, wird die Düngung ab August eingestellt.

Überwinterung Heller Platz bei mindestens 5 bis 7 °C, Gießmenge der verringerten Temperatur anpassen.

Gestaltung Fächerblumen gefallen durch die ungewöhnlichen Blüten, die an kleine Fächer erinnern. Sie passen sowohl in dekorative Ampeln als auch in gemischte Kästen. In Töpfen, Kübeln und Balkonkästen werden sie als Begleitpflanze verwendet. Sie sind mit allen Balkonpflanzen kombinierbar. Sehr schön zu Pflanzen mit Bauerngarten-Charme, wie Husarenknopf.

BLÜTENFARBE

BLÜTEZEIT

| Jan | Feb | März | April | Mai | Juni | Juli | Aug | Sept | Okt | Nov | Dez |

Schneeflockenblume

Schneeflockenblume
Sutera diffusa

| | Höhe 10–25 cm | pflege- leicht |

Aussehen Die Pflanze, die bei uns einjährig gezogen wird, bildet hübsche Polster und wächst niederliegend bis hängend.

Pflege Sorgen Sie für eine regelmäßige Wasserversorgung. Ballentrockenheit und Staunässe muss man vermeiden. Wählen Sie durchlässiges, leicht saures und humoses Erdreich. Die Pflanze ist selbstreinigend, das heißt, dass Verblühtes nicht ausgeputzt werden muss. Zu hohe Sommer-Temperaturen führen leider zu unerwünschten Blühpausen. Das betrifft vor allem die weiß blühenden Sorten.

Vermehrung Stecklinge

Gestaltung Die Schneeflockenblume ist unter guten Bedingungen ein dankbarer Dauer- und Vielblüher, der sich hervorragend als Begleitpflanze für Kästen und Töpfe sowie als Unterpflanzung in Kübeln eignet. Außerdem wird sie für die dekorative Ampelpflanzung verwendet. Sie verwandelt Bereiche in kleine Blütenteppiche. Die Pflanze ist mit fast allen Balkonpflanzen kombinierbar. Das betrifft im besonderen Maße die weißen Sorten, da die Farbe Weiß sehr gut zu allen anderen Farben und Tönen passt.

Anderer deutscher Name Bacope

BLÜTENFARBE

BLÜTEZEIT

| Jan | Feb | März | April | Mai | Juni | Juli | Aug | Sept | Okt | Nov | Dez |

Tagetes erecta (vorn) und T. tenuifolia, die Gewürz-Tagetes (hinten).

Kleine Studentenblume

Tagetes patula

  | Höhe 15–50 cm | pflege-leicht |

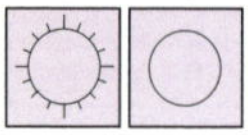

Kleine Studentenblume

Aussehen Die Kleine Studentenblume ist eine beliebte einjährige Sommerblume, die aufrecht buschig wächst und schön kompakt bleibt.

Pflege Wählen Sie durchlässige, humose Erden. Eine gleichmäßige Bodenfeuchtigkeit führt zum gewünschten üppigen Wuchs und Blütenreichtum. Das frühzeitige Entspitzen der Haupttriebe bewirkt einen buschigen Wuchs, der wiederum für den Blütenreichtum gebraucht wird. Verblühtes bitte regelmäßig ausschneiden.

Probleme Schnecken

Vermehrung Ausgesät wird im März/April im Haus. Ab Mitte Mai kommen die Jungpflanzen nach draußen. Auch eine Direktsaat ab Mai ist möglich, dann blühen die Pflanzen später.

Gestaltung Studentenblumen können als Leit- oder Begleitpflanzen in Kästen und Kübeln verwendet werden. Pflanzen Sie Gruppen.

Arten Von der Studentenblume (*T. erecta*) gibt es Schnittsorten, die bis zu 80 cm hoch werden können. Die Gewürz-Tagetes (*T. tenuifolia*) ist eine weitere hübsche Art, die nur bis ca. 30 cm hoch wird und ungefüllt in Gelb, Orange und Rotbraun blüht.

Anderer deutscher Name Sammetblume

BLÜTENFARBE

 auch zweifarbig, ungefüllt, gefüllt

BLÜTEZEIT

Jan	Feb	März	April	Mai	Juni	Juli	Aug	Sept	Okt	Nov	Dez
			April	Mai	Juni	Juli	Aug	Sept			

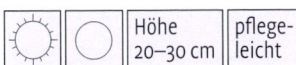

Gelbes Gänseblümchen

Gelbes Gänseblümchen
Thymophylla tenuiloba

| ☀ | ○ | Höhe 20–30 cm | pflege-leicht |

Aussehen Die einjährige Balkonpflanze wächst aufrecht buschig, teilweise auch breit und gedrungen.
Sie wirkt wegen der Blättchen zierlich und zart.
Pflege Sorgen Sie für eine regelmäßige Wasserversorgung. Staunässe und Ballentrockenheit sind aber stets zu vermeiden. Gut durchlässiges und humoses, leicht saures Erdreich ist von Vorteil. Regelmäßiges Ausputzen verlängert die Blütezeit und führt zu größerer Blühfreudigkeit.
Vermehrung Aussaat unter Glas von Januar bis März.

Gestaltung Die pflegeleichte Balkonblume wird gerne an den Rand als Begleiter in Balkonkästen und Töpfen gesetzt, weil sie leicht überhängt. Daher eignet sie sich auch sehr gut für Ampeln. Die zahlreichen Blüten sehen aus wie kleine gelbe Sterne und locken viele Bienen an. Eine hübsche Pflanze mit Bauerngarten-Charme. Sie ist mit vielen Balkonpflanzen kombinierbar, z. B. Pelargonien, Pantoffelblumen und Wandelröschen.
Gerne auch in Kombination mit anderen Bauerngarten-Pflanzen, wie etwa Zinnien, Studentenblumen und Ringelblumen.

BLÜTENFARBE

BLÜTEZEIT

| Jan | Feb | März | April | **Mai** | **Juni** | **Juli** | Aug | Sept | Okt | Nov | Dez |

Schöner Blütenschmuck

Sorte in Flieder, Lila und Gelb

Bauernorchidee

Bauernorchidee
Torenia fournieri

 Höhe
20–30 cm

Aussehen Die einjährige Balkonpflanze wächst aufrecht buschig und verzweigt. Sie gefällt besonders wegen des ungewöhnlichen Blütenschmucks.

Pflege Achten Sie auf regelmäßige Wassergaben und gut durchlässiges Erdsubstrat. Ein geschützter Standort ist von Vorteil. Die Nährstoffansprüche der Bauernorchidee sind mittel bis hoch. Sorgen Sie daher für genügende Düngegaben. Frühzeitiges Entspitzen führt zum gewünschten buschigen Wuchs. Verblühtes wird regelmäßig ausgeputzt, um den Blütenreichtum zu erhalten und die Blütezeit zu verlängern. Ein gut belüfteter Standort ist ratsam, um das rasche Abtrocknen der nässeempfindlichen Blüten nach einem Regenguss zu ermöglichen.

Vermehrung Aussaat

Gestaltung Die Bauernorchidee wird als Begleitpflanze in Kästen und Töpfen verwendet, außerdem dient sie der Unterpflanzung im Kübel. Ihr Bauerngarten-Charme macht sie zu einem geeigneten Partner von Ringelblumen und *Tagetes*. Schön auch mit weiß und rosa bis rot blühenden Nachbarpflanzen. Sie ist aber mit fast allen Balkonpflanzen gutkombinierbar.

Anderer deutscher Name Torenie

BLÜTENFARBE

 auch zweifarbig

BLÜTEZEIT

| Jan | Feb | März | April | Mai | **Juni** | **Juli** | **Aug** | Sept | Okt | Nov | Dez |

Verbenen

Verbenen, Eisenkraut
Verbena-Cultivars

| ☀ | ◯ | Höhe 20–70 cm | pflege-leicht |

Aussehen Verbenen wachsen niederliegend bis kriechend oder überhängend.

Pflege Die Nährstoffbedürfnisse sind mittel bis hoch. Achten Sie auf gleichmäßige Bodenfeuchte. Staunässe und Ballentrockenheit werden schlecht vertragen. Putzen Sie Verblühtes regelmäßig aus. Das verlängert die Blütezeit.

Probleme Weiße Fliege, Spinnmilben

Vermehrung Aussaat unter Glas

Gestaltung Der Hänger ist für dekorative Ampeln genauso gut geeignet wie als Begleiter in Kästen und Töpfen. Unterpflanzungen im Kübel sind möglich. In Beeten und Rabatten wirken Verbenen in kleineren Gruppen besser als einzeln. Strauchmargeriten, Kapkörbchen und Hängelobelien sind gute Nachbarn.

Sorten Es gibt viele Markenserien mit unterschiedlichen Blumendoldengrößen und Wuchscharakteren. Die Serie 'Tapien®' besitzt feingliedrige Blätter und ist wegen ihres niederliegenden bis kriechenden Wuchses für Ampeln und als Bodendecker gut geeignet. Die Sorten der Serien 'Temari®' und 'Lanai®' wachsen buschig aufrecht, haben lanzettliche Blätter und sind robust. 'Splash®'-Sorten haben oft außergewöhnliche Blüten-Farbkombinationen.

BLÜTENFARBE

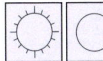 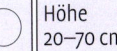 auch zweifarbig

BLÜTEZEIT

| Jan | Feb | März | April | **Mai** | **Juni** | **Juli** | **Aug** | **Sept** | **Okt** | Nov | Dez |

Hornveilchen

Hornveilchen
Viol cornuta

   | Höhe 10–15 cm | pflege-leicht

Duft-Veilchen

Aussehen Die beliebte Staude bildet Horste und wächst kriechend. Die hübschen Blüten wirken manchmal wie kleine Gesichter.

Pflege Hornveilchen sind genügsame, pflegeleichte Pflanzen. Wählen Sie durchlässige, humose Erdsubstrate mit mittlerem Nährstoffgehalt. Ballentrockenheit und Staunässe sind zu vermeiden.

Vermehrung Aussaat und Teilung

Gestaltung Setzen Sie dieses schöne Gewächs in bunte Töpfe und Kästen. Es ist sehr hübsch, wenn man nur eine Sorte in eine Ampel setzt und diese in einen lockeren Laubbaum an den Eingang hängt. Oft schauen die Blüten alle in eine Richtung, was einen besonderen Charme hat. Gute Nachbarn sind z. B. Nelkenwurz und Steingartenpflanzen.

Sorten und Art Es gibt zahlreiche Sorten, die sich in den Blütenfarben und den Wuchseigenschaften unterscheiden. Entscheiden Sie jeweils direkt am Einkaufsort, was Ihnen gefällt. Das Duft-Veilchen (*V. odorata*) verströmt von März bis April einen wunderbaren Duft. Es blüht lavendelblau und wird 10 bis 20 cm hoch.

Anderer deutscher Name Gehörntes Veilchen

BLÜTENFARBE

 auch mehrfarbig

BLÜTEZEIT

| Jan | Feb | März | April | Mai | Juni | Juli | Aug | Sept | Okt | Nov | Dez |

Gefüllte Zinnie

Zinnie
Zinnia elegans

| Höhe 40–100 cm | pflege- leicht |

Ungefüllte Zinnie

Aussehen Zinnien sind beliebte Bauerngartenpflanzen. Sie wachsen aufrecht und buschig. Im Handel gibt es sehr hohe Sorten, die sich für den Schnitt eignen, und niedrige für Töpfe, Kästen und Beete.

Pflege Zinnien sind pflegeleichte, einjährige Sommerblumen, die am besten in durchlässigen, sandig-humose Erden wachsen. Zu den Pflegearbeiten gehören: Gießen, Düngen und das regelmäßige Ausschneiden von Verblühtem, um die Blütezeit zu verlängern.

Probleme Blattläuse, Schnecken, Pilzkrankheiten

Vermehrung Ausgesät wird im April im Haus. Die Jungpflanzen kommen ab Mitte bis Ende Mai ins Beet.

Gestaltung Verwenden Sie niedrige Sorten. Zinnien passen gut in bunte Töpfe, Kästen und gemischte Terrassen-Rabatten. Nie einzelne Pflanzen, sondern immer in Gruppen setzen. Die auffälligen Blüten locken Bienen und Insekten an. Leberbalsam, Schmuckkörbchen und Feuersalbei sind gute Nachbarn.

Art Die Schmalblättrige Zinnie (*Z. angustifolia*) entwickelt haltbare, wetterfeste Blüten, was sie besonders wertvoll macht.

BLÜTENFARBE

ungefüllt, gefüllt

BLÜTEZEIT

|  |  | | | | | | |
| Jan | Feb | März | April | Mai | **Juni** | **Juli** | **Aug** | Sept | Okt | Nov | Dez |

Kräutervielfalt

Küchen-kräuter & Würzoasen

Es ist gar nicht so schwer, immer frische Küchenkräuter vom eigenen Balkon zu ernten. Da kann man abends ein frisches Schnittlauchbrot zaubern oder würzigen Oregano für die Pizza schneiden. Oder man erntet schnell einige frische Melissenblätter für einen selbst gemachten Eistee bei hochsommerlichen Temperaturen.

Kräuter und Gewürze sind in der Regel pflegeleichte Pflanzen, die auch von Anfängern gut gepflegt werden können. Der Duft – vielleicht ergänzt durch einige Rosen – verwandelt auch kleine Plätze in wunderbare Duftoasen, wo man gerne einige Mußestunden verbringt.

Haben Sie bereits Erfahrung, können Sie bei Spezial-Gärtnereien interessante Sorten auswählen: Apfel-Minze, Thai-Basilikum, Bananen-Minze, Kreta-Melisse und Griechischer Oregano sind einige außergewöhnliche Beispiele.

Schnittlauch

Schnittlauch
Allium schoenoprasum

  Höhe 20–30 cm pflege-leicht

Blütenschmuck

Aussehen Das mehrjährige Küchenkraut wächst aufrecht mit vielen, dicht stehenden Halmen und bildet Horste.

Pflege Die Pflanze liebt durchlässige, sandig-lehmige Erden mit mittlerem bis hohem Nährstoffgehalt. Schnittlauch eignet sich für alle Arten von Gefäßen und sorgt rund ums Jahr für frische Würze in der Küche. Im Winter können Sie das beliebte Küchenkraut auf der Fensterbank im Topf ziehen. Ein pflegeleichter und unkomplizierter Klassiker, der sich auch für Gartenanfänger eignet. Ideal auch für ganz kleine Plätze.

Probleme Mehltau

Vermehrung Aussaat, Teilung der ganzen Pflanze

Gestaltung Das intensiv duftende Küchenkraut ist besonders zur Blütezeit ein echter Augenmagnet. Die rosa Blüten sind weithin sichtbar und locken Bienen und andere Insekten an. Passende Nachbarn sind Pflanzen mit Bauerngarten-Charakter wie etwa Zinnien und Ringelblumen. Für einen Kräuterkasten setzen Sie zum Beispiel Petersilie, Borretsch, Bohnenkraut und Basilikum dazu. Pflanzen Sie immer mehrere Exemplare zusammen.

BLÜTENFARBE

BLÜTEZEIT

| Jan | Feb | März | April | Mai | **Juni** | **Juli** | **Aug** | Sept | Okt | Nov | Dez |

Estragon

Estragon
Artemisia dracunculus

| | | Höhe 60–120 cm | | pflege-leicht |

Aussehen Estragon ist eine mehrjährige Gartenpflanze, die aufrecht buschig wächst. Sie ist gut winterhart und kann draußen überwintert werden.

Pflege Die Pflanze bevorzugt durchlässige Erde mit mittlerem bis hohem Nährstoffgehalt. Vermeiden Sie Staunässe. Bitte auch nicht zu feucht halten. Die Pflanze wird im späten Herbst zurückgeschnitten.

Vermehrung Ausläufer, Stecklinge, Teilung

Gestaltung Estragon ist eine hohe Pflanze und sollte einen Einzelplatz im Topf bekommen. Wenn Sie ein richtiges Kräutereck gestalten wollen, stellen Sie verschiedene Töpfe mit Küchenkräutern zusammen, z. B. mit Schnittlauch, Petersilie und Basilikum. Estragon ist eine alte Pflanze und eignet sich auch für Garten-Anfänger.

Verwendung Estragon wird an Fleisch- und Gemüsegerichte sowie an Suppen und Soßen gegeben. Er fördert die Verdauung.

Arten Weitere bekannte *Artemisia*-Arten, die ähnliche Ansprüche haben: Wichtig sind die Eberraute (*A. abrotanum*), der Wermut (*A. absinthium*), der Römische Wermut (*A. pontica*) und der Beifuß (*A. vulgaris*).

BLÜTENFARBE

BLÜTEZEIT

| Jan | Feb | März | April | Mai | **Juni** | **Juli** | **Aug** | Sept | Okt | Nov | Dez |

Borretsch

Borretsch
Borago officinalis

| | | | Höhe 40–60 cm | | pflege-leicht |

Aussehen Das Küchenkraut wächst aufrecht buschig und schmückt sich mit wunderschönen Blütchen.

Pflege Diese Pflanze ist anpassungsfähig und unkompliziert. Sie bevorzugt durchlässige, mäßig trockene bis frische Erdsubstrate mit mittlerem bis hohem Nährstoffgehalt. Staunässe ist zu vermeiden. Bitte nicht zu feucht halten. Borretsch versamt sich leicht im ganzen Garten. Das kann aber sehr hübsch aussehen, weil die Pflanzen selbst in Wegspalten und Ritzen wachsen und hier ihre blauen Sternblütchen entfalten können.

Vermehrung Jährlich ab April neu aussäen.

Gestaltung Borretsch ist eine hübsche Pflanze, die auch unwirtliche Ecken verschönern kann. Er fühlt sich zwischen anderen Küchenkräutern genauso wohl wie zwischen Sommerblumen. Die Blüten werden gerne von Bienen besucht.

Verwendung Borretsch wird mit seinem gurkenähnlichen Geschmack an Fisch-, Gemüse- und Quarkgerichte gegeben und zum Einlegen von Gurken verwendet. Er sollte jedoch nicht oft genommen werden. Die zarten Blüten eignen sich bestens zum Garnieren.

BLÜTENFARBE

BLÜTEZEIT

| Jan | Feb | März | April | Mai | Juni | Juli | Aug | Sept | Okt | Nov | Dez |

Peperoni

Peperoni
Capsicum frutescens

  Höhe
0,8–1,5 m

Aussehen Peperoni entwickeln aufrechte Büsche mit je nach Sorte dekorativen gelben, orangefarbenen, roten, violetten oder schwarzen Früchten. Es gibt sogar Formen, die mehrere Farben nebeneinander tragen. Die unreifen Früchte sind grün.

Pflege Wählen Sie einen warmen, sonnigen Platz mit Windschutz. Durchlässiger, humoser Boden ist ratsam. Ballentrockenheit und Staunässe sind zu vermeiden. Die Früchte werden mit Handschuhen geerntet.

Überwinterung Hell und frostfrei, weniger gießen.

Vermehrung Aussaat mit Keimtemperaturen von mind. 24 °C. Die Keimung dauert recht lange (bis zu 8 Wochen).

Gestaltung Peperoni können sehr gut in Töpfen gepflegt werden. Wenn man mehrere zusammenstellt, kann man ein buntes, exotisches Bild gestalten. Terrakotta-Töpfe passen am besten zu dieser Pflanze.

Sorten Es gibt Sorten mit viel und wenig Capsaicin (sorgt für die Schärfe). Eine „scharfe" Sorte ist 'Thai Hot' ebenso 'Caribbean Red'. 'Piri-Piri' ist bekannt und mittelscharf. Sie eignet sich gut zum Einlegen in Essig und Öl.

Peperoni verzaubert durch vielfältige Früchte, ist aber recht anspruchsvoll.

Westindisches Zitronengras

Westindisches Zitronengras
Cymbopogon citratus

    | Höhe 0,8–1,2 m | | pflege-leicht

Aussehen Dieses locker und natürlich wachsende Zitronengras gehört zu den Süßgrasgewächsen und entwickelt lanzettliche, raue, hohe Blätter, die angenehm nach Zitrone duften (bei Berührung).

Pflege Wählen Sie einen warmen, geschützten Platz in durchlässiger, humoser Erde. Staunässe wird nicht vertragen.
Außerdem sollte das Gras vor Regen gut geschützt stehen.
Die Erntezeit ist rund ums Jahr.

Überwinterung Hell, bei etwa 10 °C

Vermehrung Aussaat, Teilung des Wurzelstocks

Gestaltung, Verwendung Das Gras verleiht seinem Standort durch seine natürliche Erscheinung, Ruhe und Ausgeglichenheit. Zitronengras ist wichtiger Bestandteil vieler thailändischer Gerichte. Außerdem ist es ein wichtiges Teekraut und wird dem Badewasser zugegeben.

Arten Das Ostindische Zitronengras (*C. flexuosus*) bildet feinere Grashalme, wirkt dadurch filigraner. Es wird für Salben und Badezusätze verwendet. Das Zitronellagras (*C. nardus*) entwickelt ein süßlicheres Aroma als die oben genannte Art und wird überwiegend in der Kosmetikindustrie gebraucht.

Zitronengras bringt Ruhe und Natürlichkeit in Gestaltungen.

Ysop

Ysop, Apotheker-Ysop
Hyssopus officinalis

		Höhe 30–60 cm		pflege-leicht

Aussehen Der Ysop ist ein ausdauernder Halbstrauch mit aufrecht buschigem, kompaktem Wuchs.

Pflege Das bekannte Heil- und Küchenkraut bevorzugt kalkhaltige, durchlässige, humose Erdsubstrate mit mittlerem Nährstoffgehalt. Staunässe wird nicht vertragen. Da es eine verholzende Pflanze ist, kommt sie auch mit knappen Wassergaben zurecht. Insgesamt ist Ysop anpassungsfähig und dankbar. Er wird im Herbst oder zeitigem Frühjahr zurückgeschnitten.

Vermehrung Aussaat, Stecklinge, Teilung

Gestaltung Der Ysop ist eine alte Heilpflanze, die besonders gut an Plätzen mit Bauerngarten-Charme wirkt. Sie eignet sich für eine Topf- und Kastenpflanzung gleichermaßen. Die hübschen Blüten, in den Monaten Juli bis September, locken zahlreiche Bienen und andere Insekten in den Garten.

Verwendung Als Heilkraut wird der Ysop zum Gurgeln und Spülen bei Rachenentzündungen sowie bei Heiserkeit und bei Verdauungsstörungen verwendet. Im Altertum war er „Mysterien-Pflanze" und diente als Reinigungspflanze von heiligen Plätzen.

BLÜTENFARBE

BLÜTEZEIT

Jan	Feb	März	April	Mai	Juni	**Juli**	**Aug**	**Sept**	Okt	Nov	Dez

Liebstöckel

Liebstöckel
Levisticum officinale

☀	○	◑	♣	Höhe 1–2 m	✍	pflege-leicht

Aussehen Das mehrjährige Küchenkraut wächst aufrecht buschig und kann zu einer stattlichen Gestalt heranwachsen. Es entwickelt stark verzweigende Wurzelstöcke.

Pflege Gut fruchtbare, sandig-lehmige Erdsubstrate mit mittlerem bis hohem Nährstoffgehalt sind für diese Pflanze geeignet. Achten Sie auf ausreichende Wassergaben. Ältere Pflanzen müssen eventuell gestützt werden. Liebstöckel kann im späten Frühling zurückgeschnitten werden, um den Wuchs in Grenzen zu halten.

Vermehrung Aussaat (Frühjahr), Teilung

Gestaltung Das intensiv duftende Küchenkraut entwickelt sich zu einer platzdominierenden Pflanze. Es braucht einen Einzelplatz in einem großen Topf oder Kübel mit genügend Platz außenherum. Liebstöckel wird sehr hoch und entwickelt eine enorme Blattmasse. Daher reicht in der Regel eine Pflanze für den Küchenbedarf völlig aus.

Verwendung Liebstöckel wird als Küchenkraut, die Wurzel zu Heilzwecken verwendet. Nebenwirkung: Durch Blätterkontakt kann Lichtempfindlichkeit entstehen.

Anderer deutscher Name Maggikraut

BLÜTENFARBE

BLÜTEZEIT

Jan	Feb	März	April	Mai	Juni	Juli	Aug	Sept	Okt	Nov	Dez
						Juli	Aug				

Zitronenmelisse

Zitronenmelisse
Melissa officinalis

  Höhe 50–80 cm pflege-leicht

Aussehen Dieses mehrjährige Tee- und Küchenkraut wächst aufrecht buschig. Nach der Blüte fallen die Pflanzen leicht auseinander, was immer ein wenig unordentlich wirkt.

Pflege Die Pflanze ist anpassungsfähig, bevorzugt aber durchlässige Erden mit mittlerem Nährstoffgehalt. Geben Sie ihr einen warmen, geschützten Platz. In rauen Lagen ist Winterschutz empfehlenswert. Der oberirdische Teil kann im späten Herbst zurückgeschnitten werden. Die Pflanze neigt (nur an zusagenden Plätzen) zum Wuchern und breitet sich so überall im Garten aus.

Vermehrung Stecklinge und Teilung

Gestaltung Das alte Heil- und Teekraut passt in Kästen und Töpfe zwischen andere Kräuter oder Sommerblumen. Wegen der Höhe sollte es nach hinten gesetzt werden. Ein „Topf gegen depressive Verstimmungen" lässt sich leicht bepflanzen: Johanniskraut, Melisse, Lavendel.

Verwendung Melisse wird in der Küche und der Volksheilkunde vielfältig verwendet: In Getränken, Tinkturen und Tees sowie als Badezusatz. Sie kann bei psychisch bedingten Magen-Darm-Problemen und Einschlafschwierigkeiten helfen.

BLÜTENFARBE

BLÜTEZEIT

| Jan | Feb | März | April | Mai | Juni | Juli | Aug | Sept | Okt | Nov | Dez |

Pfefferminz-Vielfalt

Pfefferminze
Mentha × piperita

| | | Höhe 30–60 cm | | pflege-leicht |

Aussehen Das mehrjährige Tee- und Küchenkraut wächst aufrecht und üppig.

Pflege Die Pfefferminze liebt nährstoffreiche, sandig-humose Erden. Staunässe und Ballentrockenheit sollten vermieden werden. Dieses alte Heil- und Teekraut neigt zum Wuchern, daher sollte es in Beeten in eingesenkte Töpfe gepflanzt werden. Im Topf und Kasten passt es sowohl zu reinen Kräuter- als auch zu Misch-Pflanzungen.

Vermehrung Stecklinge, Ausläufer, Teilung

Gestaltung Die seit Jahrhunderten angebaute Pflanze passt in Gemüse- und Kräutergärten. Sie kann auch erfolgreich in Töpfen und Kübeln gepflegt werden. Die Blüten locken Bienen und andere Insekten an. Man findet sie häufig in öffentlichen Kräutergärten.

Verwendung Pfefferminze wird für Tees, Tinkturen und Mundspülungen verwendet. Sie kann bei Problemen mit Magen und Darm, Krämpfen und Kopfschmerzen helfen. Außerdem findet sie mit den vielen Aroma-Richtungen in der Küche vielseitige Verwendung: Liköre, Schnäpse sowie zu Fisch, Braten und auch in Marmeladen. Sparsam und nicht zu oft verwenden.

BLÜTENFARBE

BLÜTEZEIT

| Jan | Feb | März | April | Mai | Juni | Juli | Aug | Sept | Okt | Nov | Dez |

Limonen-Minze 'Hillary's Sweet Lemon'

Kentucky-Spearmint

Sorte 'Nemorosa' mit kräftigem Aroma

Russische Minze 'Polymentha'

Sorten und Arten　Sie können viele interessante *Mentha*-Arten im Gartenfachhandel erwerben, nachfolgend eine kleine Auswahl.

Die **Bananen-Minze**, *M. arvensis* 'Banana', besitzt einen wunderbaren Bananenduft und wird etwa 30 cm hoch. Die Sorte ist bei uns in der Regel winterhart und wächst mit ihrem Wurzelstock in die Breite.

Die **Kärntner-Minze**, *M. austriaca*, besitzt glatte, spitze Blätter und rosa Blüten. Sie erreicht eine Höhe von 60 cm.

Der **Kentucky-Spearmint**, (*M.* × *cordifolia*), entwickelt den typischen Kaugummi-Geruch, was ihm den deutschen Namen gab.

Die Pflanze wird mit 70 cm ziemlich hoch. Die hellen Blätter stehen im schönen Kontrast zu den rosa Blüten.

Die **Schokoladen-Minze**, *M.* × *piperita* 'Chocolate', wird nur 20 cm hoch und entwickelt in ihren Blättern eine wunderbare Aroma-Komposition aus Schokolade und Pfefferminze. Die schwarz-braunen Blattstiele sind zudem etwas Besonderes und wirken sehr schön zu gelben Sommerblumen.

Die **Korsische Minze**, *M. requienii*, wächst niederliegend und breitet sich wie ein Teppich aus. Im Mai und Juni schmückt sich dieser grüne Teppich mit zahlreichen lila Blütchen. Diese Art braucht unbedingt Winterschutz. Man verwendet sie als „Duftrasen" oder in Duftkissen und Potpourris.

Die **Türkische Minze** oder Nane-Minze, *M. spicata* var. *crispa*, wird bis zu 90 cm hoch. Die gekräuselten Blätter entwickeln ein starkes

Die Japanische Minze ist reich an ätherischem Öl.

Pfefferminze

Blüte der Pfefferminze

Buntblättrige Ananasminze

Mentholaroma. Sie ist bei uns gut winterhart und wird gerne wegen der dekorativen Blättern zwischen Sommerblumen gesetzt.

Die **Marokkanische Minze**, auch Tunesische Minze genannt, wird bis zu 60 cm hoch und hat einen süßen, erfrischenden Geschmack. Sie eignet sich gut für Tees, aber auch salzige Gerichte.

Die rundlichen Blätter wirken sehr harmonisch zu den kleinen rosa Blütchen.

Die **Apfel-Minze**, *M. suaveolens*, ist vergleichsweise mentholarm und hat ein wunderbares Apfel-Aroma.

Die **Ananas-Minze**, *M. suaveolens* 'Bowles', bekam ihren deutschen Namen vom charakteristischen Ananas-Aroma der Blätter.

Basilikum

Frisch-grüner Buschbasilikum

Die rotblättrige Sorte 'Magic Blue'

Basilikum
Ocimum basilicum

| ☀ | Höhe 30–60 cm | 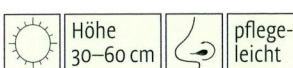 | pflege-leicht |

Aussehen Dieses einjährige Küchenkraut wächst aufrecht buschig. Je nach Sorte entwickelt die Pflanze grüne bis dunkelrotbraune Blätter. 'Rubin' ist eine weit verbreitete rotblättrige Sorte.

Pflege Die recht anspruchsvolle Pflanze bevorzugt durchlässige, frische Substrate mit mittlerem bis hohem Nährstoffgehalt. Geben Sie ihr einen warmen und geschützten Platz. Die Blätter werden vor der Blüte geerntet.

Vermehrung Jährliche Aussaat im Frühjahr geschützt unter Glas. Ins Freie dürfen die Jungpflanzen aber erst nach den Eisheiligen.

Lichtkeimer (Saatgut nicht bedecken).

Gestaltung Basilikum wächst gerne zwischen anderen Kräutern in Kästen, Töpfen oder in Beeten. Die zarten Blüten locken Bienen und andere Insekten an.

Verwendung Basilikum ist ein sehr aromatisches und appetitanregendes Küchenkraut für eine Vielzahl von Speisen. Es wird auch gern als Mundspülung und Badezusatz verwendet. Nur gelegentlich als Gewürzkraut in der Küche verwenden. Keine Anwendung während der Schwangerschaft und Stillzeit!

Anderer deutscher Name Basilienkraut

BLÜTENFARBE

BLÜTEZEIT

| Jan | Feb | März | April | Mai | Juni | **Juli** | **Aug** | **Sept** | Okt | Nov | Dez |

Gewöhnlicher Dost

Gewöhnlicher Dost
Origanum vulgare

  | Höhe 30–60 cm | | pflege-leicht

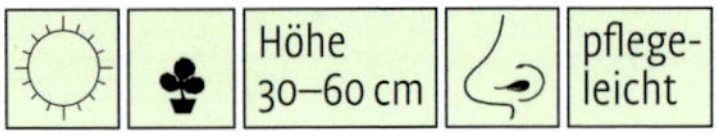

Aussehen Dieses mehrjährige, beliebte Küchenkraut wächst buschig, bildet Horste und breitet sich durch einen waagerecht kriechenden Wurzelstock in der Fläche aus.

Pflege Wählen Sie durchlässiges, sandig-lehmiges Erdreich mit mittlerem Nährstoffgehalt. Staunässe ist ebenso zu vermeiden wie Ballentrockenheit.

Vermehrung Aussaat im Frühjahr. Stecklinge im Mai oder Juni. Im Herbst kann der Wurzelstock geteilt werden.
Im Frühjahr vor dem Neuaustrieb wird kräftig zurückgeschnitten.

Gestaltung Der Gewöhnliche Dost fühlt sich in der Nachbarschaft von anderen Küchenkräutern wohl. Aber auch in gemischten Töpfen oder Kästen, zusammen mit Sommerblumen, ergibt sich ein stimmiges Bild. Die hellvioletten Blüten locken zahlreiche Bienen und Schmetterlinge an.

Verwendung Vielseitiges Küchenkraut für viele Fisch-, Fleisch- und Nudelgerichte. Es regt den Appetit an und kann als Tee bei Blähungen helfen. Das vielseitige Kraut wird getrocknet oder auch gerne frisch verwendet.

Anderer deutscher Name Oregano

BLÜTENFARBE

BLÜTEZEIT

Jan	Feb	März	April	Mai	Juni	Juli	Aug	Sept	Okt	Nov	Dez
						Juli	Aug	Sept			

Origanum majorana

Origanum vulgare 'Compactum'

Origanum dictamnus

Sorten und Arten Der **Kreta-Majoran** oder Diptamdost, *O. dictamnus*, ist eine anspruchsvolle Art und bei uns nicht sicher winterhart. Er muss frostfrei, hell und kühl überwintern. Die grauen Blätter stehen in schönem Kontrast zu den rosa Blüten. Wenig gießen, Staunässe vermeiden und den Topf vor Regen geschützt aufstellen – das sind wichtige Pflegemaßnahmen für diesen hübschen Majoran.

In der Küche wird er gerne zur Tee- und Kräuterschnapszubereitung verwendet, außerdem zum Aromatisieren von Wein. Er enthält einen hohen Anteil an ätherischen Ölen.

Den **Griechischen Oregano**, *O. heracleoticum* syn. *O. vulgare* ssp. *hirtum*, nennt man auch Pizza-Oregano. Er schmeckt besonders gut zu Pizza, Kartoffeln und Bohnengerichten. Die Pflanze wird bis zu 60 cm hoch und ist oft winterhart. Vermeiden Sie Staunässe, aber gießen Sie diese Art regelmäßig. Im Winter ist ein leichter Schutz anzuraten.

Der **Majoran**, *O. majorana*, das bekannte Küchenkraut, erreicht eine Höhe von 20 ist 40 cm. Die Blüten duften stark und locken Bienen und Schmetterlinge an. Eine schöne Sorte ist 'Crispy Gold' mit gelbgrünem, krausen Laub. Blätter und Triebe werden gerne in der Küche verwendet. Majoran fördert die Verdauung, regt die Magensäfte an und wirkt krampflösend.

Der **Kretische Dost**, *O. onites*, wird zwischen 30 und 50 cm hoch. Er ist nicht winterfest und sollte frostfrei überwintert werden. Die Blätter besitzen ein mildes Aroma, das sich für viele Fleisch- und Gemüsegerichte eignet.

Aromatisch, würzig, dekorativ: Kräuterpotpourris sind die Stars auf jedem Balkon und jeder Terrasse.

In der Volksheilkunde wird er bei Magen- und Darmbeschwerden eingesetzt.
Der **Winterfeste Majoran**, *O. × majoricum*, der im Handel auch als Sizilianischer Oregano erhältlich ist, erreicht eine Höhe von 80 cm. In den ersten Jahren sollte man Winterschutz geben, danach ist die Pflanze in der Regel winterhart. Achten Sie auf durchlässige, lockere Erde und vermeiden Sie Nässe und Staunässe.

In der Küche nimmt man diese milde Art zum Würzen von Eintöpfen und Fleisch. Oregano 'Hot and Spicy' ist eine neuere Sorte mit kompaktem Wuchs. Sie ist robust und winterhart und gleicht im Aroma dem Griechischen Oregano. Oregano 'Bristol Cross' ist ein **Zier-Oregano** mit wunderschönen lila Blüten zu türkisfarbenen Blättern. Er gibt Kästen und Töpfen eine besondere Note.

Glattblättrige Petersilie

Petersilie
Petroselinum crispum

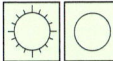 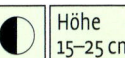 Höhe 15–25 cm   pflege-leicht

Aussehen Das zweijährige Küchenkraut bildet Rosetten und entwickelt im ersten Jahr rundliche, buschige Pflanzen und blüht dann im zweiten.

Pflege Wählen Sie fruchtbare, durchlässige Substrate mit mittlerem bis hohem Nährstoffgehalt. Wechseln Sie jährlich den Platz oder den Topf, um Nährstoffarmut zu vermeiden. Achten Sie auf genügend Wasser. Trockenheit wird nicht gut vertragen.

Vermehrung Aussaat im März oder Juni. Es dauert recht lange, bis die Samen aufgehen!

Gestaltung Petersilie ist ein sehr dankbares Küchenkraut, das gerne zwischen anderen Kräutern, Gemüse oder Blumen mit Bauerngartencharakter wächst. Es braucht allerdings ausreichend Platz und verdrängt schwachwachsende Nachbarn.

Verwendung Petersilie wird in Salate und zu Rohkost gegeben. Außerdem kann sie als Tee aufgekocht werden und kann bei Verdauungsstörungen und Blähungen helfen. Petersilie darf nicht bei entzündlichen Nierenerkrankungen oder während der Schwangerschaft eingenommen werden!

Sorten Glattblättrige und krause

BLÜTENFARBE

BLÜTEZEIT

Jan	Feb	März	April	Mai	Juni	Juli	Aug	Sept	Okt	Nov	Dez
						Juli	Aug				

Portulak

Portulak
Portulaca oleracea (syn. *P. sativa*)

☀	Höhe 20–30 cm	pflege-leicht

Aussehen Portulak ist eine kleine, dankbare einjährige Pflanze. Bitte beachten Sie, dass die meisten im Handel erhältlichen Portulake Zierformen sind und nicht in der Küche verwendet werden dürfen!

Pflege Wählen Sie durchlässige, sandig-humose Erdsubstrate. Während der Wachstumsphase muss ausreichend gedüngt und gegossen werden. Staunässe und Ballentrockenheit sind zu vermeiden.

Vermehrung Aussaat. Entweder man zieht die Pflanzen (geschützt) unter Glas im Frühjahr vor oder man sät ab etwa Mitte Mai, nach den Eisheiligen (nach dem 15. Mai), direkt ins Freiland aus.

Gestaltung Portulak ist eine unkomplizierte Pflanze, die gerne überall dazwischengesetzt werden kann. Sie passt zu Sommerblumen genauso gut wie zwischen andere Küchenkräuter. Gerne auch als „würzige" Unterpflanzung von Zwerg-Ziergehölzen.

Verwendung Aromatische Würze vieler Gemüse und Salate. Auch lässt sich aus Portulak eine pikante Kräutersuppe herstellen. Zudem hilft er bei Magen- und Darmbeschwerden sowie Harnwegsproblemen.

BLÜTENFARBE

BLÜTEZEIT

Jan	Feb	März	April	Mai	Juni	**Juli**	**Aug**	Sept	Okt	Nov	Dez

Rosmarin

Rosmarin
Rosmarinus officinalis

☀ | 🪴♣ | Höhe 1–1,5 m | 👃

Aussehen Das mehrjährige, immergrüne Heil- und Küchenkraut wächst aufrecht buschig.
Pflege Rosmarin bevorzugt durchlässiges, sandig-kiesiges, trockenes bis frisches Erdreich mit niedrigem Nährstoffgehalt. Wählen Sie einen geschützten Platz. Im Herbst oder im Winter wird bis ins alte Holz zurückgeschnitten.
Überwinterung Rosmarin ist frostempfindlich und muss daher vor dem ersten Frost in ein helles, frostfreies Winterquartier gebracht werden.
Vermehrung Aussaat im Frühling oder Stecklinge im Frühsommer.

Gestaltung Rosmarin gibt man am besten einen Einzelplatz in einem Topf oder Kübel. Die Blüten locken zahlreiche Bienen an.
Verwendung Rosmarin wird als Gewürz für viele Speisen und als Heilkraut in Kräutertees verwendet. Außerdem findet man ihn in der Naturkosmetik. Er kann bei Völlegefühl sowie Verdauungsproblemen helfen und wirkt anregend und entkrampfend (nicht während der Schwangerschaft verwenden!).
Sorten Schöne Sorten sind 'Benenden Blue', die tiefblau blüht, 'Majorca Pink' mit hellrosa sowie 'Prostratus' mit hellblauen Blüten.

BLÜTENFARBE

BLÜTEZEIT

| Jan | Feb | März | April | **Mai** | **Juni** | Juli | Aug | Sept | Okt | Nov | Dez |

Purpur-Salbei

Salbei

Gelbgrüner Salbei

Salbei, Garten-Salbei
Salvia officinalis

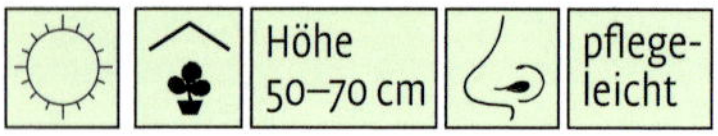

| ☀ | ♣ | Höhe 50–70 cm | 👃 | pflege-leicht |

Aussehen Der mehrjährige Salbei wächst aufrecht buschig. Es gibt viele Sorten in verschiedenen Grün- und Rottönen sowie schönen weißgrünen oder silbrigen Farben.

Pflege Die Pflanze bevorzugt durchlässige, kalkhaltige, sandig-lehmige Erden mit mittlerem Nährstoffgehalt. Staunässe wird nicht vertragen. Im Herbst oder Frühjahr wird der Salbei bis zum alten Holz zurückgeschnitten.

Überwinterung In rauen Lagen ist ein Winterschutz empfehlenswert.

Vermehrung Aussaat ab März direkt ins Freiland. Stecklinge im Frühsommer.

Gestaltung Der Salbei passt in bunte Kräuter-, Gemüse- und Bauerngarten-Gesellschaften.

Verwendung Die alte Heilpflanze wird für viele Speisen und in Tees verwendet.

Arten Der **Ananas-Salbei** (*S. elegans*) besitzt ein intensives Ananasaroma, ist allerdings frostempfindlich. Der **Pfirsich-Salbei** (*S. × jamensis*) mit pfirsichähnlichem Aroma ist ebenfalls frostempfindlich. Der **Gelbgrüne Salbei** (*S. officinalis* 'Icterina') hat auffallende, gelbgrüne Blätter. Der **Purpur-Salbei** (*S. officinalis* 'Purpurescens') entwickelt intensiv purpurgrüne Blätter.

BLÜTENFARBE

BLÜTEZEIT

| Jan | Feb | März | April | Mai | **Juni** | **Juli** | **Aug** | Sept | Okt | Nov | Dez |

Berg-Bohnenkraut

Bohnenkraut
Satureja hortensis

| ☀ | ◯ | ◑ | Höhe 20–30 cm | ✂ | pflege-leicht |

Bohnenkraut

Aussehen Das dankbare einjährige Küchenkraut wächst aufrecht buschig.

Pflege Wählen Sie fruchtbare, durchlässige Erden. Staunässe und Ballentrockenheit sind zu vermeiden. Ein frühzeitiges Entspitzen fördert den gewünschten buschigen Wuchs.

Vermehrung Aussaat im Frühjahr (Lichtkeimer).

Gestaltung Setzen Sie das Bohnenkraut zwischen andere Küchenkräuter oder Gemüse. Es wächst auch in Steingärten und Mauerritzen.

Verwendung Bohnenkraut ist ein Küchen- und Heilkraut, das zu Bohnengerichten gegeben wird. Es schmeckt beißend pfeffrig und kann frisch oder getrocknet verwendet werden. Sie können es auch einfrieren.

Es wirkt stimulierend, verdauungsfördernd und hilft bei Blähungen.

Art Genauso bekannt wie die oben genannte Art ist das Berg- oder Winter-Bohnenkraut (*S. montana*), das von Juni bis August in weißlichem Violett bis Hellviolett blüht. Es möchte einen sonnigen und windgeschützten Platz, ist mehrjährig und wird im Frühjahr zurückgeschnitten. Vermehrung durch Aussaat, Stecklinge oder Absenker.

BLÜTENFARBE

BLÜTEZEIT

| Jan | Feb | März | April | Mai | **Juni** | **Juli** | **Aug** | **Sept** | Okt | Nov | Dez |

Echter Thymian

Echter Thymian
Thymus vulgaris

| | | Höhe 20–30 cm | | pflege-leicht |

Zitronen-Thymian

Aussehen Thymian ist ein niedriges, kompaktes Halbgehölz aus dem Mittelmeerraum.

Pflege Die Pflanzen bevorzugen durchlässige, sandig-kiesige Erden mit niedrigem Nährstoffgehalt. Staunässe ist zu vermeiden. Im Frühjahr ist ein Rückschnitt anzuraten, weil das einem übermäßigen Verholzen der Triebe entgegenwirkt.

Vermehrung Aussaat (Frühjahr), Stecklinge (im Frühsommer), Absenker

Gestaltung Gute Nachbarn sind Küchenkräuter oder Blumen, die kiesige, eher trockene Plätze lieben. Gerne auch im Steingarten oder in den Trockenbereichen einer Kräuterspirale.

Verwendung Der Echte Thymian wird vielseitig in der Küche verwendet, ist Bestandteil zahlreicher Tees und kann als Badezusatz bei Erkältungen genutzt werden. Als Tee hilft er bei Husten und Rachenentzündungen.

Arten Zitronen-Thymian (*T. x. citriodorus*) hat ein intensives Zitronenaroma, Kümmel-Thymian (*T. herba-barona*) gutes Kümmelaroma, Lavendel-Thymian (*T. thracicus*) leichtes Fruchtaroma, Orangen-Thymian (*T. fragrantissimus*) ebenso.

BLÜTENFARBE

BLÜTEZEIT

| Jan | Feb | März | April | Mai | Juni | Juli | Aug | Sept | Okt | Nov | Dez |

Kapuzinerkresse

Kapuzinerkresse
Tropaeolum majus

| ☀ | ◯ | ◐ | Höhe 1,5–3,0 m | pflege-leicht |

Aussehen Die einjährige Kletterpflanze wird als Kletterpflanze am Spalier gezogen oder kriechend als Bodendecker.

Pflege Die Kapuzinerkresse bevorzugt fruchtbare, durchlässige Erden mit hohem Nährstoffgehalt. Trotzdem sollten Sie wegen der bestehenden Wuchsfreudigkeit starke Düngungen vermeiden. Ballentrockenheit wird nicht vertragen. Die Pflanze ist außerdem recht frostempfindlich, sie darf daher erst nach den Eisheiligen ins Freie.

Probleme Anfällig für Blattläuse

Vermehrung Jährlich neu durch Aussaat

Gestaltung Die Bauerngartenpflanze begrünt rasch Spaliere, Zäune und Gitter. Sie wird außerdem gerne als Hängepflanze an den Rand von Kübeln gesetzt. Eine außergewöhnliche Kombination: Meerrettich hinten und davor Kapuzinerkresse in einem hohen schlanken Terrakotta-Topf.

Sorten und Arten Es gibt Sorten mit panaschierten Blättern. Die Rankende Kapuzinerkresse (*T. peregrinum*) besitzt stark gefranste und ungewöhnliche Blüten von Juni bis Oktober. Samenansätze bitte regelmäßig entfernen, um die Blühfreudigkeit zu erhalten.

BLÜTENFARBE

BLÜTEZEIT

| Jan | Feb | März | April | Mai | Juni | Juli | Aug | Sept | Okt | Nov | Dez |

Süße Früchte, vitaminreiche Gemüse – auf kleinstem Raum.

Der Naschbalkon

Obst und Gemüse auf kleinstem Platz – das muss kein Traum bleiben.
Selbst für Kinder kann man ein kleines Gärtchen im Kasten oder Kübel zaubern: Mit Radieschen, Salat und Erdbeeren.

Es gibt einige Obst- und Gemüsearten, die sich sehr gut für den Anbau im Gefäß eignen. Tomaten, Salat und Kohlrabi können auch Anfänger erfolgreich im Topf kultivieren.
Wer besondere Hingucker pflanzen will, sollte es mit Stiel-Mangold probieren. Auch Andenbeeren, mit den hübschen Lampion-Früchten, sind etwas Besonderes.

Ein kleiner Beerengarten hat auch auf der Terrasse Platz. Bepflanzen Sie Töpfe jeweils mit Heidelbeeren, Stachelbeeren, Josta- und Johannisbeeren. Die Erdbeeren kommen darüber in Ampeln. Im Handumdrehen kann man süße und gesunde Vitamine aus dem eigenen Mini-Gärtchen ernten.

Ab Seite 146 beginnen die Porträts der Gemüsepflanzen, denen sich ab Seite 164 das Obst anschließt.
Innerhalb der Gruppe sind die Pflanzen nach botanischen Namen geordnet. Die Vielfalt ist groß und die Mischung macht's!

Zwiebeln

Zwiebel, Speisezwiebel

Allium cepa var. *cepa*

| | Höhe 25–50 cm | Erntezeit April bis Oktober | | pflegeleicht |

Aussehen Die Pflanze bildet aus einer Zwiebel grüne, runde, lanzettliche Blätter. Im Laufe der Wachstumszeit verdickt sich die Zwiebel, die schließlich geerntet werden kann.

Pflege Durchlässige, humose Erde und genug Wasser sind für eine gute Ernte unerlässlich. Staunässe und Nässe werden nicht vertragen. Steckzwiebeln gelingen auf Balkon und Terrasse auch dem Anfänger. Von Februar bis April setzt man die kleinen Zwiebeln (aus dem Gartenfachhandel) im Abstand von 20 × 10 cm in die Erde. Bitte mit der Spitze nach oben. Wenn das Laub abstirbt, holt man die Zwiebel heraus und trocknet sie im Schatten an einem luftigen Ort. Wer es kann, flechtet einen Zopf, was besonders Kindern großen Spaß macht.

Probleme Zwiebelfliegen, Falscher Mehltau, Grauschimmel

Gestaltung Buschbohnen, Kopfsalat, Tomaten und Zucchini sind gute Nachbarn. Probieren Sie ruhig auch einige Sommerblumen, die gerne etwas trockener stehen wollen.

Sorten Es gibt eine große Auswahl: kleine Perlzwiebeln, dicke Gemüsezwiebeln und Zwiebeln in Rot, bräunlichem Gelb und Weiß, rund oder flach rund, je nach Geschmack.

Sehr pflegeleichtes Gemüse. Viele verschiedene Sorten laden zum Ausprobieren ein.

Mangold in verschiedenen Sorten

Mangold
Beta vulgaris ssp. *cicla*

	Höhe	Erntezeit	pflege-
	bis 40 cm	Juni bis Oktober	leicht

Aussehen Wir unterscheiden spinatähnlichen Blattmangold und Stielmangold. Dieser ist ein echter Blickfang. Große, gekräuselte Blätter mit auffällig gefärbten Stielen sind eine echte Zierde auf allen Plätzen – und das nicht nur für die Kleinsten.

Pflege Wählen Sie durchlässige, humose Erdsubstrate mit mittlerem Nährstoffgehalt. Ab April bis Juni wird im Abstand von ca. 25 cm gesät. Stielmangold besser etwas mehr. Nach ca. 8 Wochen kann Blattmangold, nach 12 Wochen Stielmangold geerntet werden. Stets frisch verwenden!

Probleme Schnecken, Blattläuse, Falscher Mehltau

Gestaltung Stielmangold sollte aufgrund seiner charakteristischen Blätter eher unscheinbare Nachbarn bekommen, wie Buschbohne, Kopfsalat, Radieschen und Kohlrabi. Auch Studentenblumen, Zinnien und Ringelblumen passen gut dazu. Achten Sie stets auf ausreichend große Gefäße.

Sorten 'Vulkan' ist eine bekannte, rotstielige Sorte, ebenso 'Rhubarb Chard'. 'Bright Lights' entwickelt rote, gelbe, rosa- und orangefarbene Stiele.

Stielmangold ist ein ausgesprochen dekoratives Gemüse.

Rote Bete

Rote Bete
Beta vulgaris ssp. *vulgaris*

Höhe	Erntezeit
10–25 cm	Juni bis September

Aussehen   Die Rote Bete entwickelt eine purpurrote Wurzelrübe und schönes dunkelgrünes Laub mit purpurroter Aderung. Die Wurzelknollen sind je nach Sorte und Wachstumsbedingungen rund, länglich oder zylinderförmig.

Pflege   Diese Gemüse liebt durchlässige, sandig-lehmige, humose Erdsubstrate. Sorgen Sie für ausreichend Feuchtigkeit. Trockenheit wirkt sich sofort auf die Qualität aus.
Säen Sie das Wurzelgemüse ab Ende April bis Ende Juni mit einem Abstand von 15 bis 20 cm. Wenn die Knollen einen Durchmesser von ca. 6 cm erreicht haben, werden sie geerntet. Das ist etwa 12 bis 14 Wochen nach der Aussaat.

Verwendung   Frisch, gekocht, eingelegt oder als Saft. Rote Bete gilt als besonders gesundes Gemüse.

Sorten   'Kestrel' ist eine Sorte, die speziell für die Topfkultur ausgelesen wurde. Die 'Rote Kugel' entwickelt schöne rote runde Wurzelknollen. 'Forono' ist eher länglich.
Sehr dekorativ ist 'Chioggia', bei der sich weiße und rote Kreise in der Knolle zeigen, oder 'Bull's Blood' mit rosa und roten Kreisen.

Besonders gesund, aber der erdige Geschmack liegt nicht jedem.

Blumenkohl

Blumenkohl, Mini-Sorten
Brassica olearacea var. *botrytis*

	Höhe	Erntezeit
☀	10–20 cm	Juni bis November

Aussehen Blumenkohl entwickelt in der Mitte der grünen Kohlblätter cremeweiße Blütenstände, die schließlich geerntet werden.

Pflege Blumenkohl ist sehr pflegeintensiv und für Anfänger nicht geeignet. Für Balkon und Terrasse gibt es speziell gezüchtete Mini-Sorten. Säen Sie die Samen im Abstand von 50 × 50 cm unter Glas von Januar bis Mai. Mitte Mai, nach den Eisheiligen, dürfen die Pflanzen dann nach draußen. Wählen Sie durchlässige, nährstoffreiche, humose Erdsubstrate. Erntezeit ist Juli bis Oktober – je nach Aussaatzeitpunkt.

Achten Sie immer auf genügend Feuchtigkeit, Trockenheit wird nicht vertragen und führt sofort zu Wachstumsstörungen. Um die weiße Farbe der Blütenstände zu erhalten, knickt man ein oder mehrere Blätter in der Mitte um und legt sie über die Blütenstände. So bleiben diese auch bei voller Sonne schön hell.

Probleme Blattläuse, Erdflöhe, Kohlweißlinge

Gestaltung Blumenkohl steht gerne in der Nachbarschaft von Mangold, Erbsen und Spinat oder Zinnien.

Sorten Verwenden Sie Mini-Sorten für Töpfe, z. B. 'Vitaverde' oder 'Adelanto'.

Wählen Sie Mini-Sorten. Es lohnt sich!

Weißkohl

Weiß- und Rotkohl
Brassica oleracea var. *capitata*

	Höhe	Erntezeit
	10–30 cm	Juni bis November

Aussehen Weißkohl bildet schöne grüne Kohlköpfe, Rotkohl rotblaue, daher heißt er in manchen Gegenden auch Blaukraut (besonders, wenn er gekocht ist).

Pflege Frühe Sorten werden schon ab Februar unter Glas vorgezogen, späte ab März. Ab April bis Juni kommen die Jungpflanzen nach draußen. Wählen Sie einen Pflanzabstand von 30 bis 50 cm, je nach Größe der Sorte. Kopfkohl ist ein Starkzehrer und braucht durchlässige, humose und nährstoffreiche Erdsubstrate. Gießen Sie regelmäßig. Trockenheit führt rasch zu Wachstumsstörungen. Frühe Sorten kann man schon ab Juni ernten, späte im November.

Probleme Kohlweißlinge, Blattläuse, Erdflöhe

Gestaltung Große Sorten dürfen durchaus in einem Einzeltopf stehen. So kann man einen kleinen Topf-Kohl-Garten gestalten: Weiß-, Rot-, Blumenkohl und Brokkoli, die nebeneinander in Einzeltöpfen stehen. Setzen Sie einige Töpfe mit Sommerblumen dazwischen. So schafft man schnell ein stimmiges Bauerngarten-Ambiente.

Sorten Mini-Sorten sind für Balkon und Terrasse gut geeignet. Große Sorten kommen in Einzeltöpfe.

Mit Kopfkohl lässt sich schnell eine schöne Bauerngarten-Atmosphäre zaubern.

Grünkohl

Grünkohl
Brassica oleracea var. *sabellica*

	Höhe	Erntezeit	pflege-
	10–30 cm	Oktober bis Februar	leicht

Aussehen Grünkohl ist an sich ein dekoratives Gemüse und entwickelt stark gekräuselte, lange Blätter mit einem dicken Blattstiel. Die Blätter fallen leicht auseinander, was den Blick auf ein ungewöhnliches Blattspiel eröffnet.

Pflege Die Aussaat findet ab Mai bis Juni unter Glas statt. Im Juli kommen die Jungpflanzen an ihren endgültigen Platz. (40) 50 × (40) 50 cm Platz braucht etwa jede Pflanze. Die Erde sollte durchlässig, humos und nährstoffreich sein. Kalkhaltiges Substrat wird bevorzugt. Auf regelmäßige Wassergaben muss man unbedingt achten, ansonsten reagiert die Pflanze mit Wachstumsstörungen. Man darf Grünkohl nicht zu früh ernten. Der erste Frost macht ihn noch besser.

Ernten Sie die Blätter von außen nach innen.

Probleme Erdflöhe, Erdraupen

Gestaltung Da Grünkohl Frost gut verträgt, ist er eine willkommene Bereicherung für den Winter-Balkon. Einzeltöpfe mit Grünkohl, die mit Raureif oder Schnee überpudert sind, sind ein interessanter Blickfang.

In milden Gegenden können die Pflanzen den gesamten Winter draußen bleiben.

Grünkohl ist ein dankbares und vitaminreiches Wintergemüse.

Kohlrabi

Kohlrabi
Brassica oleracea var. gongylodes

☀	Höhe 10–15 cm	Erntezeit Mai bis November	pflege-leicht

Aussehen Kohlrabi bildet eine Sprossknolle, die sich oberhalb der Erdoberfläche zeigt. Sie ist grün oder violettblau und entwickelt einige große Blätter mit Stiel.

Pflege Kohlrabi ist auch für ungeübte Balkon- und TerrassengärtnerInnen sehr gut geeignet. Das unkomplizierte Gemüse wächst schnell und sicher. Gesät wird ab Februar, geschützt unter Glas oder ab April direkt ins Freiland. Es ist auch empfehlenswert, die Jungpflanzen zuzukaufen. Mit einem Vlies oder einer leichten Folie schützen Sie die Jungpflanzen. Sorgen Sie für gleichmäßige Bodenfeuchtigkeit, sonst platzen die Knollen leicht. Sie ernten Kohlrabi am besten mit einem Knollendurchmesser von 6 bis 8 cm. Wenn die Knollen zu groß sind, dann werden sie holzig. Kohlrabi hat als Mittelzehrer mittelhohe Nährstoffansprüche.

Probleme Erdflöhe, Kohlfliegen

Gestaltung Kohlrabi kann in Töpfe, Kästen und Kübel gesetzt werden. Viele Gemüsearten wie Salat, Erbsen, Gurken, Paprika, Radieschen und Rote Bete sind gute Nachbarn, aber auch Bauerngartenblumen, wie Studentenblumen und Zinnien.

Kohlrabi ist ein dankbares Gemüse, das sich auch für Anfänger oder Kinder-Gärtchen eignet.

Paprika – hier eine gelbe Sorte.

Paprika
Capsicum annuum

 | Höhe 40–80 cm | Erntezeit Juni bis November

Aussehen Paprika bildet kleine Büsche, die überall die bekannten Früchte in Grün, Gelb, Orange, Rot und Rotviolett ausbilden. Wir kennen eher rechteckige Formen, aber auch runde und längliche Sorten kann man käuflich erwerben.

Pflege Dieses anspruchsvolle Gemüse braucht durchlässige, sandig-humose Erde und regelmäßige Wassergaben. Es lohnt sich, Jungpflanzen zu kaufen und selber weiterzupflegen. Man kann Paprika auch selbst unter Glas aussäen (März/April), aber durch das noch wenige Licht bekommt man nicht so kräftige Pflanzen und muss länger bis zur Ernte warten. Professionelle Gärtner arbeiten mit Zusatzlicht. Nach den Eisheiligen bis Anfang Juni setzt man die Pflanzen in Einzeltöpfe. Geben Sie ihnen einen warmen Platz, es wird Ihnen mit mehr Früchten gedankt werden. Grüne Früchte können früher geerntet werden, andere voll ausgereift.

Probleme Weiße Fliege, Blattläuse, Spinnmilben, Grauschimmel

Gestaltung Paprika-Früchte sind sehr hübsch anzusehen. Ideal in Gruppen mit verschiedenen Farbsorten.

Paprika ist sehr anspruchsvoll – und daher ein Gemüse für Fortgeschrittene.

Gurke

Cucumis sativus

| | Höhe 0,2–2 m | Erntezeit Juni bis September | pflege-leicht |

Aussehen Gurken wachsen auf dem Boden liegend. Man kann sie auch am Spalier empor ziehen. Die Pflanzen entwickeln dekorative Blätter, unter denen sich die Früchte verstecken.

Pflege Ausgesät wird ab Mitte April unter Glas. Das können Sie selbst tun oder Sie kaufen ab Mitte Mai die Jungpflanzen auf dem Wochenmarkt. Alternativ sät man ab Mitte Mai direkt in den Topf ins Freiland (ein Exemplar pro Topf). Die Pflanze wird schnell über den Topfrand nach unten wachsen und sich auf dem Terrassenboden ausbreiten. Wählen Sie durchlässiges, nährstoffreiches Erdsubstrat.

Das Wichtigste an der Kultur ist: Gießen, gießen und noch einmal gießen. Die Fruchtbildung braucht viel Wasser und die großen Blätter verdunsten viel von dem kostbarem Nass. Nach dem fünften oder sechsten Blattpaar kappt man die Ranken jeweils mit einem scharfen Messer.

Probleme Weiße Fliege, Blattläuse, Echter Mehltau

Gestaltung Gurken brauchen einen Einzeltopf. Sie können sie natürlich auch in einen Kasten setzen, aber wegen der Starkwüchsigkeit auch hier besser ohne Nachbarn.

Gurken sind wunderbare „Kinderpflanzen"!

Kürbisse haben neben den Früchten auch sehr dekorative Blüten.

Kürbis
Cucurbita in Arten

☀	◑	Höhe 0,4–2 m	Erntezeit Juni bis Oktober	pflege-leicht

Aussehen Kürbisse bilden lange Ranken mit dekorativen, oft großen Blätter. Die Früchte sind sehr vielfältig. Es gibt große und kleine, runde, flache und ovale, glatte und gefaltete. Es gibt „Ufos" und Spaghetti-Kürbisse, Zier- und Halloween-Kürbisse. Lassen Sie Ihre Kinder entscheiden, denn Kürbisse sind eine echte Kinderfreude.

Pflege Wählen Sie nährstoffreiche, durchlässige, humose Substrate. Und gießen Sie regelmäßig und oft. Kürbisse haben einen sehr hohen Wasser- und Düngebedarf. Jede Pflanze bekommt einen einzelnen Topf oder Kübel.

Schnell wachsen die Ranken über den Topfrand hinunter und winden sich auf dem Boden entlang in alle Richtungen. So ein Kürbis-Teppich kann sehr dekorativ sein, allerdings braucht er Platz. Knipsen Sie den Haupttrieb etwa nach dem fünften oder sechsten Blatt ab. Dann verzweigt sich die Pflanze besser.

Probleme Schnecken, Echter und Falscher Mehltau

Gestaltung Eine Kürbispflanze pro Terrasse ist ausreichend. Sie braucht keine Beipflanzen im Topf. Wenn sie sich zu breit macht, kappt man einfach die Triebe.

Kürbisse sind pflegeleicht, brauchen aber viel Platz, reichlich Wasser und Nährstoffe.

Zucchinis brauchen ausreichend Platz.

Zucchini
Cucurbita pepo

	Höhe	Erntezeit	pflege-
	30–70 cm	Juni bis Oktober	leicht

Aussehen Zucchinis entwickeln eindrucksvolle Pflanzen mit dekorativen, großen Blättern. Wunderschön sind auch die gelben, großen Trichterblüten in der Pflanzenmitte, aus denen sich die typischen Früchte bilden. Sie können zwischen grüner, schwarzgrüner und gelber Fruchtfarbe wählen. Es gibt buschartige Formen und hängende, die man am Rankgerüst nach oben ziehen kann.

Pflege Zucchinis werden ab April auf der Fensterbank vorgezogen und kommen Mitte Mai nach draußen. Jede Pflanze braucht einen großen Topf oder Kübel (mindestens 45 cm Durchmesser). Gießen und Düngen sind für ein gutes Gedeihen entscheidend. Das Erdsubstrat sollte durchlässig, nährstoffreich und humos sein. Lassen Sie die Früchte nicht zu groß werden. Sie schmecken dann weniger aromatisch. Am besten ist eine Erntelänge von etwa 15 bis 20 cm je Frucht.

Probleme Schnecken, Echter Mehltau

Gestaltung Geben Sie der Zucchini-Pflanze einen Einzelplatz mit viel Licht und Luft. Sie verbreitet dort schnell eine typische Bauerngarten-Stimmung. Zucchini bilden große Pflanzen, die ca. 1 m² Platz brauchen.

Die attraktiven Blüten verzieren Salate.

Salat gelingt auch auf kleinstem Raum.

Salat-Vielfalt
Lactuca in Arten

☼	Höhe	Erntezeit	pflege-
	5–15 cm	April/Mai bis Oktober	leicht

Aussehen Bei Salaten ist die Vielfalt sprich-
wörtlich. Es gibt grüne, gelbe, rote, glattblättrige, gekräuselte, eichblattartige. Es gibt ge-
schlossene Salatköpfe oder Reihensalate ohne
Kopfbildung. Man könnte problemlos jeden Tag
einen anderen Salat auf den Tisch bringen.
Pflege Salate sind ausgesprochene Anfängerpflanzen. Wählen Sie durchlässige, humose
Erdsubstrate. Gießen Sie ausreichend und
regelmäßig und ernten Sie so rechtzeitig, dass
der Salat nicht schießt.
Kopfsalat, Eissalat und **Römischer Salat**
können als Jungpflanzen im Februar/März
zugekauft und ab April ausgepflanzt werden.

Schnittsalate sät man im März/April direkt in
das jeweilige Gefäß.
Feldsalat kommt für den Herbst- und Winter-
Kasten infrage. Man sät Mitte August bis Mitte
September. Gießen nicht vergessen! In kalten
Winternächten deckt man den Salat ab.
Die **Endivie** ist ein Spätsommer-Salat. Man
kann zwischen krausblättrigen Frisée- und
glatten Escariol-Formen wählen. Säen Sie
Mitte Juni bis Anfang Juli für eine Ernte bis in
den November hinein.
Die **Asia-Salate/-Gemüse** gibt es in viel-
fältigen Blattformen. Man sät je nach Art von
März bis September direkt ins Freie.

Salate sind pure vitaminreiche Vielfalt, die auf keinem Naschbalkon fehlen sollte.

Krauser Kopfsalat in Rotgrün

Kopfsalat mit glatten, rotgrünen Blättern.

Rotblättriger Kopfsalat

Klassiker: grüner Kopfsalat

Pak Choi wird erst ab Juli/August gesät, weil er ansonsten schießt.
Probleme   Echter und Falscher Mehltau, Schnecken, Blattläuse

Gestaltung   Salate sind ideale „Kinderpflanzen"! Sie können leicht verschiedene Formen in einen Kasten oder Topf setzen. Sie passen irgendwie alle zusammen. Ab und zu ein Radieschen oder eine Kapuzinerkresse dazwischen – fertig ist der Kinder-Kasten!

Die Salat-Vielfalt lädt zu farbenfrohen Gestaltungen ein.

Rote Cocktail-Tomaten

Tomate
Lycopersicon esculentum

	Höhe	Erntezeit	pflege-
	0,3–1,5 m	Juni bis Oktober	leicht

Aussehen Tomaten sind buschige Pflanzen. Es gibt außerordentlich viele Sorten zu kaufen: Runde Tomaten, Fleisch-, Eier-, Cocktail- und Balkontomaten. Die Farbpalette reicht von Hellgelb bis Dunkelrot und Violett.

Pflege Es ist ratsam, Jungpflanzen zu kaufen und nicht selbst auf der Fensterbank zu ziehen. Das Licht ist oft nicht ausreichend (professionelle Gärtner arbeiten mit Zusatzlicht). Tomaten lieben durchlässige, humos-sandige, nährstoffreiche Erde. Sie dürfen nie trocken stehen. Staunässe muss man aber vermeiden.

Die Pflanzen brauchen einen Stützstab, an dem sie hochgebunden werden. Seitentriebe (Blattachseln) und verbräunte Blätter regelmäßig entfernen bzw. ausputzen. Im Herbst

Gelbe Cocktail-Tomaten

kann man die letzten Früchte im Haus nachreifen lassen.

Probleme Weiße Fliege, Blattläuse, Kraut- und Braunfäule

Gestaltung Tomaten können auch auf kleiner Fläche im Topf leicht gepflegt werden. Sie können sehr gut mit Hängegewächsen unterpflanzt werden.

Tomaten sollten auf keinem Naschbalkon fehlen!

Buschbohnen im Kasten

Bohnen
Phaseolus vulgaris

Höhe	Erntezeit	pflege-
0,2–2 m	Juni bis Oktober	leicht

Aussehen Buschbohnen erreichen eine Höhe von etwa 20 cm, Stangen- und Feuerbohnen bis zu 2 m. Sie werden an Gerüsten nach oben geleitet. Die Feuerbohne entwickelt schöne feuerrote Blüten. Bei den Fruchtfarben gibt es dekorative Abwechslung, zum Beispiel durch blauhülsige Sorten oder gefleckte und gelblich gefärbte Bohnen.

Pflege Buschbohnen brauchen durchlässige, humos-sandige Erden an einem sonnigen Platz. Ab Mai wird ausgesät. Stangenbohnen brauchen ein gutes Gerüst. An die Stangen werden jeweils einige Samen eingebracht (Horstsaat). Will man die Pflanzen im Topf ziehen, braucht man ein großes standfestes Gefäß. Pflücken Sie immer wieder durch, wenn die Bohnen reif werden. Das fördert den Neuansatz.

Junge Bohnen schmecken besser als ältere.

Probleme Bohnenfliegen, Blattläuse, Grauschimmel

Gestaltung Buschbohnen stehen gerne in der Nachbarschaft von Kohlrabi, Salat, Mangold oder Tomaten. Stangenbohnen kann man mit Kapuzinerkresse dekorativ unterpflanzen. Bitte beachten Sie, dass man für Stangenbohnen (*P. vulgaris* var. *vulgaris*) sehr viel Platz braucht.

Stangenbohnen sind ein hervorragender Sichtschutz.

Erbsen

Erbse
Pisum sativum

 | Höhe 15–30 cm | Erntezeit Juni bis September | pflege-leicht

Aussehen Erbsen bilden kleine kompakte Büsche. Die Erbsenfrüchte liegen in Schoten. Wir unterscheiden Mark-, Schal- und Zucker-erbsen.
Markerbsen werden jung geerntet und schme-cken zart und süß. Schalerbsen erntet man erst, wenn die Hülsen ganz ausgereift sind. Die Erbsen werden getrocknet gelagert. Bei den Zuckererbsen wird die Hülse mitverzehrt.
Pflege Schalerbsen werden Ende März, Zucker- und Markerbsen Mitte April gesät. Reisig oder Maschendraht dient als Pflanzen-stütze. Wenn die Pflanzen ca. 10 cm hoch sind, häufelt man etwas Erde um sie herum an,

damit sie mehr Halt bekommen.
Je nach Sorte und Art beginnt die Ernte ab Ende Mai. Ernten Sie laufend, das führt zu ver-mehrtem Blütenansatz. Ballentrockenheit, aber auch Nässe und Staunässe müssen unbedingt vermieden werden. Regelmäßig gießen.
Probleme Vögel, Blattläuse, Echter Mehltau, Erbsenwickler
Gestaltung Salat, Kohlrabi, Radieschen und Zuckermais sind gute Nachbarn. Gerne auch *Tagetes* oder Ringelblumen.
Diese Kombinationen verbreiten schnell eine urige Bauerngarten-Stimmung.

Erbsen sind dankbare Pflanzen, die leicht in Töpfen und Kästen gepflegt werden können.

Radieschen

Radieschen
Raphanus sativus var. *sativus*

	Höhe 5–15 cm	Erntezeit Mai bis Oktober	pflege- leicht

Aussehen Radieschen bilden rote, seltener rotviolette oder weiße Wurzelknollen mit einem Blattschopf. Die Wurzelknollen sind rund oder länglich – in Abhängigkeit von der Sorte. Es gibt sehr große und eher kleinere Sorten. Platz und Geschmack entscheiden.

Pflege Radieschen sind die Anfängerpflanzen überhaupt! Kinder lieben sie. Und man kann sie frisch geerntet und gewaschen gleich roh verzehren. Von Mitte März bis August sät man direkt in den Kasten oder Topf. Jede Pflanze braucht später etwa 8 × 8 cm Platz im Topf oder Kasten. Nach vier bis acht Wochen sind die Radieschen erntereif. Es darf nicht zu spät geerntet werden, weil sie ansonsten pelzig werden. Achten Sie darauf, dass der Boden immer gut feucht ist, ansonsten leidet der Geschmack. Schwachzehrer.

Probleme Falscher Mehltau, Erdflöhe, Schnecken, Kohlfliege

Gestaltung Salat, Kohlrabi, Erbsen, Mangold, Weiß- und Rotkohl sowie Wirsing sind gute Nachbarn für Radieschen. Gerne aber auch Bauerngartenpflanzen, wie Studentenblumen, die nicht zu hoch werden. Für den Naschbalkon sind Radieschen fast unverzichtbar.

Radieschen sind jederzeit, für jeden zu empfehlen.

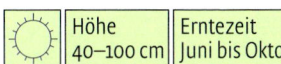
Kartoffen auf dem Balkon selbst ziehen.

Kartoffel
Solanum tuberosum

☀	Höhe	Erntezeit
	40–100 cm	Juni bis Oktober

Aussehen Die Pflanze bildet große gefiederte Blätter und kleine dekorative, weiße oder lilaweiße Blütchen, die später hübsche Früchte bilden. Kraut und Früchte sind giftig! An den Wurzeln bilden sich schließlich die Kartoffeln.

Pflege Auf dem Balkon werden Kartoffeln in Kübeln, Eimern, Säcken oder Kisten gezogen. Man braucht mind. 10 Liter Volumen. Das Gefäß braucht unten Löcher. Schwarze Gefäße sind gut geeignet, dürfen aber nicht in die pralle Sonne, weil sie sich zu sehr aufheizen, die Pflanzen können dann leicht „verbrennen". Ab März kommt etwa 20 cm durchlässige und nährstoffreiche Erde ins Gefäß. Darüber geben Sie die Saatkartoffeln, die mit Erde abgedeckt werden. Je 10 Liter Volumen legt man drei bis vier Knollen aus. Die Töpfe müssen unbedingt frostfrei stehen. Wenn die Triebe ca. 10 cm hoch sind, decken Sie so viel Erde darüber, dass das Grün komplett verschwindet. Nach kurzer Zeit kommen die Triebe wieder durch. Sie werden wiederum bei einer Länge von 10 cm abgedeckt. Das geht so lange weiter, bis das Gefäß voll ist.

Bitte achten Sie unbedingt auf genügend Wasser, nur Staunässe sollten Sie vermeiden.

Eigene Kartoffeln. Das gelingt mit etwas Ausdauer und Erfahrung gut.

Mini-Kiwi

Mini-Kiwi, Strahlengriffel
Actinidia arguta

				Höhe 3–7 m	Erntezeit Oktober bis November	pflege-leicht

Aussehen Das dekorative, durchsetzungs-fähige und robuste Obstgehölz begrünt schnell Wände, Pergolen und Klettergerüste. Eine stabile Kletterhilfe ist daher nötig. Die kleinen, schmackhaften grünen oder roten Früchte bilden sich in großen Mengen, wenn man den richtigen Standort gewählt hat.

Pflege Wählen Sie lehmig-humose, nährstoff-reiche Erden mit guter Durchlässigkeit, Ballen-trockenheit und Staunässe werden nicht gewünscht. Um die Früchte (Kiwis) ernten zu können, braucht man meist – mindestens – eine weibliche und eine männliche Pflanze.

Erst nach einigen Jahren ist ein Auslichtungs-schnitt nötig. Achten Sie beim Rückschnitt darauf, dass genügend Jungtriebe erhalten bleiben. Die Pflanze treibt am alten Holz nur schwer aus.

Gestaltung Sie brauchen stabile Kletter-gerüste und viel Platz für diese Pflanze. Ein großer Kübel ist ebenfalls nötig.

Sorten 'Ambrosia' bildet grüne Früchte, 'Maki' rote – beides sind weibliche Sorten. 'Nostino' ist eine männliche Form.
'Issai' und 'Weiki' sind zwei weibliche Sorten, die ohne Bestäubung Früchte ausbilden.

Mini-Kiwis sind nur für große Terrassen geeignet. Sie sind sehr vitaminreich!

Junger Feigenbaum

Echter Feigenbaum, Feige
Ficus carica

			Höhe	Erntezeit
☀	○	♣	2–3 m	Juli/August bis Oktober/November

Aussehen Ein mittelstark wachsendes Blattschmuckgehölz, das sich im Laufe der Jahre zu einem breit strauchförmigen bis ausladenden Baum entwickelt. Das Laub kann fotoallergische Reaktionen verursachen (Hautreizungen).

Pflege Der Nährstoffbedarf ist bis August mittelhoch, der Wasserbedarf hoch. Nicht austrocknen lassen. Damit junge Pflanzen einen schönen, verzweigten Aufbau entwickeln können, müssen sie mehrfach gestutzt werden.

Probleme Spinnmilben

Überwinterung Nach Laubabwurf wird ein dunkler Platz bei 0 bis 10 °C benötigt. In milden Regionen können die Pflanzen an einem geschützten Platz mit Winterschutz im Freien gehalten werden. Als besonders frosthart gilt die Sorte 'Violetta', die auch Bayern-Feige genannt wird.

Gestaltung Feigenbäume brauchen einen Einzelstand. Je älter sie werden, desto mehr Platz müssen Sie den Bäumen zur Verfügung stellen. Die Feige ist wegen ihrer dekorativen Blätter eine Blattschmuckpflanze. Die Blüten sind unscheinbar, die Früchte in Grün und Violett hingegen hübsch und auffällig. Die Pflanze passt ideal zu mediterranen Gestaltungen.

FRUCHTFARBE

FRUCHTZEIT

Jan	Feb	März	April	Mai	Juni	Juli	**Aug**	**Sept**	Okt	Nov	Dez

Erdbeeren im Kasten

Erdbeere
Fragaria × ananassa

| ☀ | ○ | ◐ | ♣ | Höhe 15–25 cm | Erntezeit Juni bis Oktober | pflege-leicht |

Aussehen Erdbeeren entwickeln kleine Büschel. Die Erdbeerblätter sind dekorativ. Teilweise bilden sich Ableger an langen „Stängeln". Sortenabhängig entwickeln sich große oder kleine rote Früchte.

Pflege Wählen Sie humose, durchlässige Erden in voller Sonne. Man unterscheidet einmal und mehrmals tragende Erdbeeren. Außerdem kleine, fruchtige Monats-Erdbeeren. Diese entwickeln einen überhängenden Wuchs und gehören in eine Ampel oder an den Rand von Kästen und Kübeln. Mehrmals tragende Erdbeeren werden im Frühjahr gesetzt, einmal tragende im August/September. Wichtig ist, dass die Pflanzen weder zu hoch noch zu niedrig ins Erdreich kommen. Das Herz der Pflanze muss knapp über der Erdoberfläche zum Liegen kommen. Achten Sie auf genügend Feuchte. Staunässe und Ballentrockenheit werden nicht vertragen. Die Ernte beginnt im Juni.

Probleme Grauschimmel, Erdbeerblütenstecher, Mehltau, Schnecken

Gestaltung Monats-Erdbeeren passen am besten in eine Ampel. Die anderen kommen in Kübel oder Kästen.

Erdbeeren: Für den Naschbalkon ideal uns besonders bei Kindern beliebt.

Eine reiche Apfelernte benötigt stets eine Befruchtersorte.

Apfel
Malus in Sorten

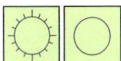 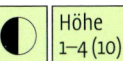

	Höhe 1–4 (10) m	Erntezeit August bis Oktober	pflege- leicht

Aussehen Es gibt einige gut geeignete Formen für Balkon und Terrasse, die als Mini-Apfelbäume, Ballerina-, Zwerg- oder Säulen-Äpfel angeboten werden. Sie werden jeweils etwa 2 bis 3 Meter hoch. Fruchtfarbe und Aroma sind sortenabhängig. Achten Sie bei der Sortenwahl auf krankheitsresistente Formen.

Pflege Wählen Sie durchlässiges, humoses Erdreich. Staunässe und Ballentrockenheit vermeiden. Schnittmaßnahmen führt man im späten Herbst oder zeitigen Frühjahr durch. Beachten Sie, dass immer zwei verschiedene Sorten gepflanzt werden müssen, um einen guten Fruchtansatz zu erreichen. Beide Sorten müssen zur gleichen Zeit blühen. Oft werden daher Duos angeboten. Oder sprechen Sie mit Ihren Nachbarn. Wenn dort ein Apfelbaum steht, brauchen Sie keinen zweiten.

Probleme Mehltau, Schorf, Apfelwickler, Spinnmilben, Blattläuse, Frostspanner und Apfelblütenstecher.

Überwinterung Töpfe sollten durch Frost-schutzvliese oder Reisig geschützt werden. Das Erdreich darf nicht völlig austrocknen.

Gestaltung Apfelbäume brauchen einen Einzeltopf an einem sonnigen Platz.

Beim Einkauf unbedingt auf die Eignung für Balkon und Terrasse achten!

Für Balkon und Terrasse werden spezielle Säulen-Apfel angeboten, hier die Sorte 'Ginover'.

Sie können zwischen vielen verschiedenen Sorten wählen.

Die Andenbeere, eine Köstlichkeit mit exotischer Note.

Andenbeere, Physalis
Physalis peruviana

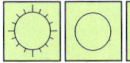

	Höhe	Erntezeit	pflege-
	0,5–2 m	September bis Oktober	leicht

Aussehen Andenbeeren sind raschwüchsige, aufrecht buschig wachsende Pflanzen mit großen Blättern und dekorativen Früchten. Sie sitzen in kleinen, grünen „Lampions".

Pflege Durchlässige, humos-lehmige Erdsubstrate sind für die Kultur dieser interessanten Pflanze nötig. Suchen Sie unbedingt einen warmen und geschützten Platz. Die Pflanze ist bei uns nicht winterhart. In Gegenden mit frühen Frösten reifen die Früchte daher oft nicht wie gewünscht aus. Ganzjährig mildes Weinbauklima eignet sich am besten für die Pflege der Andenbeeren.

Überwinterung Im Haus bei 5 bis 10 °C. Das ist wegen Lichtmangel und der fehlenden Luftzirkulation allerdings nicht empfehlenswert. Säen Sie lieber jedes Jahr neu aus.

Vermehrung Aussaat

Gestaltung Andenbeeren bekommen einen Einzelplatz im Topf. Wenn gewünscht, kann man auch kleinwüchsige Hängepflanzen an den Rand setzen. Die auffälligen Blüten sind ein echter Hingucker und man will gerne wissen, was sich hinter den Lampions versteckt.

Sorte 'Goldvital' entwickelt schöne orangerote Früchte.

Die interessanten Lampion-Früchte verleihen jedem Platz eine besondere Note.

Sauerkirschen sind für Balkon und Terrasse gut geeignet.

Sauerkirsche
Prunus cerasus

Höhe 1–4 m	Erntezeit Juni/Juli	pflege-leicht

Sonne fördert die Fruchtausbildung.

Aussehen Sauerkirschen sind schnell wachsende, baumartige Sträucher oder kleine Bäume. Die Fruchtfarben und -formen variieren je nach Sorte von hellrot bis dunkelbraunrot und von flach-rund bis länglich. Es gibt stark saure, mild saure und süß-säuerlich schmeckende Sorten.

Pflege Recht anspruchslos: Durchlässiges Erdreich wird gewünscht, Staunässe sollte vermieden werden. Es gibt selbstfruchtbare und selbstunfruchtbare Sorten (selten, zweite Bestäubersorte wird benötigt). Da Sauerkirschen am einjährigen Trieb fruchten, muss einer Verkahlung vorgebeugt werden. Man schneidet daher das Fruchtholz im August auf zwei bis drei Knospen zurück. Die auf der Astoberseite steil nach oben stehenden Triebe („Wasserschosse") werden ebenfalls entfernt. Die Ernte beginnt im Juni und endet im Juli. Nur vollreife Früchte entfalten ihr gutes Aroma.

Probleme Monilia-Spitzendürre

Gestaltung Einzeltopf oder -kübel.

Sauerkirschen sind auch für kleinere Balkone und Terrassen geeignet.

Jostabeere

Jostabeere
Ribes × nidigrolaria

| ☀ | ○ | ◑ | ♣ | Höhe 1–1,8 m | Erntezeit Juli | pflege- leicht |

Aussehen Die Jostabeere ist überwiegend als aufrecht wachsender Strauch zu bekommen, gelegentlich auch als Hochstämmchen.
Sie kann eine Breite vom 1 bis 1,5 m erreichen.
Die schwarzbraunen, rundlichen, mittelgroßen Beeren entwickeln sich von Juni bis Juli.
Die Blüten erscheinen ab April, sind creme-farben bis rötlich, aber recht unscheinbar.
Pflege Das Erdsubstrat sollte durchlässig, humos und nährstoffreich sein. Achten Sie auf ausreichend Wasser, besonders während der Blütezeit und Fruchtentwicklung. Jostabeeren sind selbstfruchtbar. Nach der Ernte werden alle Triebe an der Basis entfernt, die älter als 4 Jahre sind.
Überwinterung Geben Sie dem Topf oder Kübel einen guten Winterschutz mit Frost-schutzvlies oder Reisig.
Gestaltung Setzen Sie die Jostabeere in einen Einzeltopf.
Wenn Sie einige Beeren-Töpfe (Johannis-, Sta-chel- und Heidelbeeren) nebeneinander stel-len, können Sie leicht einen ganzen Beeren-Garten gestalten, der nicht nur schön aussieht, sondern Sie auch mit einer ausreichenden Menge an gesunden Vitaminen versorgt.

Jostabeeren sind pflegeleichtes „Anfänger-Obst".

Rote Johannisbeere

Schwarze und Rote Johannisbeere

Ribes nigrum, Ribes rubrum

Höhe	Erntezeit
1–1,5 m	Mai/Juni bis August

Schwarze Johannisbeere

Ausssehen Johannisbeeren kann man als Strauch oder Stämmchen ziehen. Die Roten, Rosa und Weißen Johannisbeeren fruchten schon ab Juni, die Schwarzen ab Juli.

Pflege Durchlässiges, humoses Erdreich wird geliebt. Achten Sie besonders während der Blüte und Fruchtentwicklungszeit auf genügend Bodenfeuchte. Die Triebe werden durch Schnittmaßnahmen nicht eingekürzt. Entfernen Sie stattdessen nach der Ernte alle Triebe an der Basis, die älter als 4 Jahre sind. Johannisbeeren sind selbstfruchtbar. Bei den Schwarzen ist allerdings eine Befruchtersorte zu empfehlen, das führt zu höherem Ertrag.

Gestaltung Dieses Obst bekommt jeweils einen Einzeltopf. Stellen Sie ruhig einige Töpfe mit Beerenobst zusammen – attraktiv und sehr lecker.

Sorten Gute schwarze Formen sind: 'Ben Lomond' (mittel bis spät), 'Bona' (früh), 'Ometa' (mittelspät) und 'Titania' (mittelspät). Ansonsten: 'Heinemanns Rote Spätlese' (hellrot, spät), 'Rolan' (mittelrot, mittelspät), 'Weiße Versailler' (weiß, mittelspät), 'Werdavia' (hellgelb, früh), 'Zitavia' (creme, früh).

Johannisbeeren sind gute „Anfängerpflanzen".

Stachelbeeren sind Blickfänger und Leckerbissen in einem.

Stachelbeere
Ribes uva-crispa

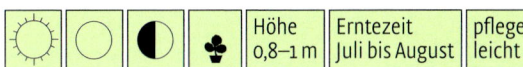

				Höhe	Erntezeit	pflege-
				0,8–1 m	Juli bis August	leicht

Aussehen Die Stachelbeere ist ein bekanntes Obstgehölz, welches als Strauch sowie Fuß- oder Hochstämmchen angeboten wird.
Die gelben, grünen oder rötlichen Beeren sind etwa ab Anfang Juli erntereif.

Pflege Geben Sie diesem Obstgehölz durchlässigen, humosen Boden. Während der Blütezeit und Fruchtentwicklung immer ausreichend gießen. Die meisten Sorten sind selbstfruchtbar. Befruchtersorten sind trotzdem empfehlenswert, denn sie erhöhen die Erntemenge. Nach der Ernte werden alle Basistriebe entfernt, die älter als 4 Jahre sind. Zu lange Triebe kürzt man entsprechend ein.

Gestaltung Stachelbeeren bekommen einen ausreichend großen Extratopf.
Hochstämmchen können gut mit Hängepflanzen unterpflanzt werden.
Wegen der Dornen sollte das Gehölz nicht im Weg stehen. Nicht jeder mag die Dornen, auch wenn sie charakteristisch – und namensgebend – sind.

Sorten Wenige Dornen haben 'Hinnonmäki gelb' mit gelben Früchten und 'Redeva' mit purpurroten. 'Rolanda' entwickelt dunkelrote, späte Früchte, 'Invicta' gelbgrüne.
Die letztgenannte Sorte hat leider eine starke „Bestachelung".

Stachelbeeren sind schmackhafte und vitaminreiche Leckerbissen.

Pepino

Pepino, Birnen-Melone
Solanum muricatum

  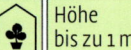

	Höhe	Erntezeit
	bis zu 1 m	Juni bis Oktober

Aussehen Pepino, auch als Birnen-Melone bekannt, bildet eine kompakte buschige Pflanze.
Die Blüten sind hübsch lilaweiß gestreift.
Die Früchte länglich bis rund und hell mit violetten Streifen – und sehr markant.

Pflege Durchlässiges, humoses Erdreich ist gut geeignet. Achten Sie stets auf genügend Feuchtigkeit, besonders während der Fruchtbildung. Staunässe ist stets zu vermeiden! Die Pflanzung erfolgt etwa Ende Mai in geschützter Umgebung. Gut angießen und Startdünger geben. Mittelzehrer.

Überwinterung In einem frostfreien Winterquartier bei ca. 10 °C gut möglich. Die Früchte können hier auch nachreifen.

Vermehrung Stecklinge in Wasser oder durch Bewurzelung der Erde.

Gestaltung Die Birnen-Melone entwickelt dekorative Früchte mit einer Birnen-Melonenform – wie der deutsche Name bereits verrät. Sie wächst im Kübel oder in einer großen Ampel. Bitte beachten Sie, dass Sie jeweils genügend große Gefäße wählen.
Die Sorte 'Pepino Gold' hat sich für die Kultur auf Balkon und Terrasse bewährt.

Die melonenartigen Beerenfrüchte sind interessante Hingucker.

Heidelbeere 'Bluecrop'

Garten-Heidelbeere
Vaccinium corymbosum

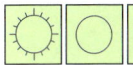

Höhe	Erntezeit
1–1,8 m	Juni bis August

Aussehen Heidelbeeren sind anspruchsvolle Obstgehölze mit schönen Blüten, zierenden Früchten und auffälliger Herbstfärbung. Sie wachsen buschig aufrecht und werden 1 bis 1,5 m breit.

Pflege Die Ernte eigener Heidelbeeren ist etwas Besonderes. Und das nicht nur, weil sie im Laden relativ teuer sind. Sie brauchen saures, durchlässiges und humoses Erdreich. Sie sind selbstfruchtbar, aber eine Befruchtersorte erhöht den Ertrag. Die Ernte beginnt je nach Sorte im Juni. In den ersten Jahren wird nicht geschnitten. Später lichtet man aus, indem man ältere Triebe bodennah abschneidet.

Gestaltung Heidelbeeren dürfen im Halbschatten stehen und ergänzen sich gut mit anderen Beerensträuchern.

Sorten 'Bluecrop' gefällt mit hellblauen, großen Früchten und intensiv feuerroter Herbstfärbung. 'Bluetta' bringt schon ab Juni die ersten Früchte und wächst kompakt. 'Patriot' entwickelt dunkelblaue, große Früchte, die schon ab Juni geerntet werden können.

Saures Erdreich fördert vitalen Wuchs.

Heidelbeeren im Kübel sind außergewöhnlich – und lecker!

Ton in Ton: Prunkwinde am Spalier, darunter Fächerblumen, vorn violettblauer Lavendel.

Farbenfroher Sichtschutz

Mit einfachen Mitteln können Sie einen Sichtschutz zum Nachbarbalkon pflanzen. Oder Sie trennen auf der eigenen Terrasse einzelne Bereiche mit einem lebenden Sichtschutz voneinander ab. So können Sie die Terrasse optisch vergrößern und nach verschiedenen Themen gestalten (Beerengarten, Kräutergarten, Blumengarten).

Clematis und Kletterrosen sind die unangefochtenen Stars unter den Blütenpflanzen. Die Schwarzäugige Susanne und Duftwicken sind schnellwüchsiger Sichtschutz. Schirmbambus verzaubert durch fernöstliches Flair.

Achten Sie auf standfeste Gefäße, die auch das Klettergerüst gut vertragen und nicht umkippen.
Die Triebe müssen meist regelmäßig angebunden werden, außer bei selbstkletternden Pflanzen (z. B. Wilder Wein).

Sorte 'Ashva'

Clematis, Waldrebe
Clematis-Hybriden

☀ ◐ ◑ ⌂ Höhe 1–2 (5) m

Aussehen Beliebte Blütenschmuckpflanze zur Begrünung von Spalieren, Zäunen und Mauern. Klettert auch in Bäume.

Pflege Die Clematis bevorzugt sandig-humose Erden mit mittlerem bis hohem Nährstoffgehalt. Trockenheit wird nicht vertragen. Je Pflanze braucht man ca. 8 Liter Erdvolumen. Nicht alle Sorten eignen sich für eine Topfpflanzung. Verblühtes wird während der Vegetationszeit regelmäßig entfernt. Alle zwei bis drei Jahre sollte die Erde im Topf erneuert werden. Der Rückschnitt erfolgt im Februar – je nach Sorte wenig bis stark.

Sorte 'Königskind'

Überwinterung Die meisten Sorten sind im Topf gut frostverträglich. Ab –10 °C an einen frostmilderen Ort bringen oder Winterschutz anbringen. Einige Sorten, wie z. B. 'Königskind' und 'Multi Blue', sowie Jungpflanzen brauchen generell Schutz.

BLÜTENFARBE

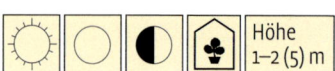 mehrfarbig, gestreift, ungefüllt, gefüllt

BLÜTEZEIT

| Jan | Feb | März | April | Mai | Juni | Juli | Aug | Sept | Okt | Nov | Dez |

Sorte 'Miniseelik'

Gestaltung Clematis benötigen im Topf eine Rankhilfe. Am besten platziert man sie in der Mitte und unterpflanzt mit Sommerblumen oder Kräutern. Sie dienen auch der Bepflanzung von Pergolen, Spalieren und Zäunen.

Sorten für Töpfe und Kübel Verwenden Sie keine starkwachsenden Sorten, sondern wählen Sie Zwergsorten mit langen Blütezeiten.

'Ashva' Eine violette Sorte mit roter Mitte und gewelltem Blütenrand.

'Königskind' Eine königsblaue Zwergform, die von Mai bis Oktober blüht.

'Multi Blue' Eine dunkelviolettblau gefüllte Sorte mit rotem Laubaustrieb.

'Ville de Lyon' Eine robuste, rubinrote bis tiefmagenta blühende Sorte.

Sorte 'Multi Blue'

'Miniseelik' Eine magentarote Zwergsorte mit weißer Mitte.

Erkundigen Sie sich vor Ort nach Sorten für kleine Plätze.

Glockenreben am Spalier zusammen mit Duftwicken. Unterpflanzung mit Fächerblumen und Männertreu.

Glockenrebe
Cobaea scandens

| | | | Höhe 2–3 m | pflege-leicht |

Aussehen Die Glockenrebe wird bei uns ein-jährig gezogen. Sie braucht ein stabiles Rank-gerüst und wächst daran zielstrebig hinauf. Schnellwachsende Pflanze.

Pflege Glockenreben bevorzugen durchläs-sige, sandig-humose Erden. Ballentrockenheit und Staunässe sind zu vermeiden. Die Pflanze hat mittlere Nährstoffansprüche. Glocken-reben sind pflegeleichte Kletterpflanzen, die auch von Garten-Anfängern gut gepflegt werden können.

Überwinterung Eine geschützte Überwinte-rung ist möglich, aber nicht empfehlenswert.

Vermehrung Aussaat

Gestaltung Diese Pflanze fällt besonders durch ihre wunderschönen Blüten auf. Wenn man rasch einen guten Sichtschutz haben will, dann ist die Glockenrebe die richtige Wahl, da sie schnell wächst: Spaliere, Zäune, Gitter und Pergolen dienen ihr als Kletterhilfe. Sie kommt idealerweise in einen großen Kübel und kann mit Kräutern oder Sommerblumen unterpflanzt werden. Am besten Hänger auswählen. Rosatöne und gelbliche Farben passen am besten zu den vio-lettblauen Glockenblüten.

BLÜTENFARBE

BLÜTEZEIT

| Jan | Feb | März | April | Mai | Juni | Juli | Aug | Sept | Okt | Nov | Dez |

Schönranke

Schönranke
Eccremocarpus scaber

☀ ◯ ♣ | Höhe 2–3 m

Aussehen Die Schönranke ist eine mehrjährige Kletterpflanze, die wegen ihrer Frostempfindlichkeit bei uns aber oft nur einjährig gezogen wird.
Sie wächst schlank aufrecht und braucht eine Kletterhilfe.

Pflege Die hübschen Pflanzen lieben durchlässige, sandig-lehmige Erdsubstrate. Wählen Sie einen möglichst regengeschützten Platz aus. Frühzeitig können lange Triebe eingekürzt werden, um einen dichten Wuchs zu erzeugen. Wenn man die Fruchtstände regelmäßig entfernt, wird dadurch die Blütezeit verlängert.

Überwinterung An geschützten Standorten in milden Klimagebieten kann die Schönranke sogar draußen überwintern. Ansonsten ist eine Überwinterung bei 5 bis 10 °C in einem hellen Raum gut möglich.

Vermehrung Aussaat

Gestaltung Geben Sie der Pflanze einen Einzelplatz und eine Kletterhilfe in Form eines Rankgerüstes, einer Pergola, eines Spaliers oder Zaunes. Sie wird gerne als Wind- und Sichtschutz zum Nachbarn gepflanzt. Eine Unterpflanzung mit Hängepflanzen ist sinnvoll und zudem sehr schmückend.

BLÜTENFARBE

BLÜTEZEIT

| Jan | Feb | März | April | Mai | Juni | Juli | Aug | Sept | Okt | Nov | Dez |

Schirm-Bambus mit weißen Rosen

Schirm-Bambus
Fargesia murieliae

    | Höhe 2,5–4 m | pflege-leicht |

Aussehen Ein imposantes, immergrünes Gras, das aufrecht wächst und stattliche Horste bildet.
Pflege Der Schirm-Bambus braucht viel Wasser und viele Nährstoffe. Staunässe wird nicht vertragen, ebenso wenig wie Ballentrockenheit. Wählen Sie vorzugsweise durchlässiges, humoses Erdsubstrat.
Überwinterung Die verschiedenen Sorten sind unterschiedlich winterhart. Viele können draußen bleiben, allerdings sollte der Topf nicht durchfrieren, sondern einen geeigneten Winterschutz bekommen.
Vermehrung Teilung

Gestaltung Der Schirm-Bambus braucht einen Einzeltopf ohne Beipflanzung. Gerne steht er im Hintergrund und bildet einen schönen Abschluss zu bunten Töpfen und Kästen. Bambus verleiht den Plätzen immer ein wenig asiatisches Flair.
Sorten Es gibt mittlerweile viele Sorten. 'Jumbo' ist eine bewährte Sorte mit 2 bis 4 m Höhe. Sie steht gerne windgeschützt und wird auch oft als Hecke verwendet.
'Simba' bleibt bei uns mit 2,5 m kleiner und hat – genauso wie die erstgenannte Art – markante, grüne bis gelbe Halme.

BLÜTENFARBE

unscheinbar, blüht nur sehr selten und stirbt nach der Blüte ab.

Schirm-Bambus ist bei uns auch als Muriels Schirm-Bambus bekannt.

Panaschierte Sorte

Die seltenen Blüten und Früchte

Efeu wird am Geländer entlang gezogen.

Efeu, Gewöhnlicher Efeu
Hedera helix

| ◐ | ● | ♣ | Höhe 0,2–20 m | pflege-leicht |

Aussehen Die mehrjährige Kletterpflanze wächst bodendeckend und kletternd. Sie braucht keine Kletterhilfe, da sie Haftwurzeln besitzt.
Pflege Efeu ist anpassungsfähig und pflege-leicht – an ihm zusagenden Plätzen. Er ist stadtklimafest und verträgt Wind. Achten Sie auf gleichmäßige Bodenfeuchtigkeit. Stau-nässe ist zu vermeiden, ebenso Trockenheit. Rissige Mauern und Fassaden sollten nicht mit Efeu begrünt werden, da die Wurzeln in das Mauerwerk eindringen können. Ein gelegent-licher Korrekturschnitt ist nötig.
Probleme Spinnmilben

Vermehrung Stecklinge von Frühling bis Herbst
Gestaltung Diese einheimische Pflanze wird gerne als Hängepflanze in Kübeln und Töpfen verwendet, genauso wie zur Fassaden- und Wandbegrünung. Efeu ist ein Vogelschutzgehölz und eine gute Bienenweide. Efeu mit Topf-Chry-santhemen und Glockenheide sind eine schöne Kombination für den Herbst-Balkon.
Sorten 'Goldheart' mit immergrünen dunkel-grünen Blättern und goldgelber Mitte sowie 'Woerner' mit fünflappigen Blättern und weiß-lich-grünen Blattadern.

BLÜTENFARBE

  blüht meist erst nach 8 bis 10 Jahren

BLÜTEZEIT

| Jan | Feb | März | April | Mai | Juni | Juli | Aug | **Sept** | **Okt** | Nov | Dez |

Die weiße *Ipomoea alba*

Prunkwinde

Die auffällige *Ipomoea grandiflora*

Prunkwinde
Ipomoea tricolor

| | | Höhe 2–3 m | pflege-leicht |

Aussehen Die hübsche Kletterpflanze braucht eine stabile Kletterhilfe. Sie begrünt schnell Spaliere und Zäune und eignet sich für einen schnellen Sichtschutz. Sie ist mehrjährig, wird bei uns wegen ihrer Frostempfindlichkeit jedoch nur einjährig gezogen.

Pflege Wählen Sie durchlässige, sandig-humose Erden mit hohem Nährstoffgehalt. Achten Sie auf einen möglichst wind- und regengeschützten Platz. Staunässe und Bodentrockenheit sollte man stets vermeiden. Geben Sie der Pflanze rechtzeitig ein gut strukturiertes Klettergerüst oder einen straffen Drahtzaun, damit die Triebe nicht durcheinanderwachsen. Binden Sie die Triebe regelmäßig in der gewünschten Ordnung an.

Vermehrung Aussaat

Gestaltung Prunkwinden werden gerne als Sichtschutz an Sitzplätzen und zum Nachbarn verwendet. Leicht lassen sich auch zwei Räume auf der Terrasse damit gestalten.

Arten Hier sollen die weiße *I. alba* und die purpurblaue bis blaue *I. indica* erwähnt werden. Beide blühen von Juni bis September. *I. purpurea* blüht in Magentarot, Purpurblau, Rosa und Weiß.

BLÜTENFARBE

BLÜTEZEIT

| Jan | Feb | März | April | Mai | Juni | Juli | Aug | Sept | Okt | Nov | Dez |

Sichtschutz mit Duftwicken

Duftwicke
Lathyrus odoratus

| | | | Höhe 1,5–2,5 m | | pflege-leicht |

Aussehen Die einjährige Kletterpflanze wächst rankend, ist recht dankbar und eine gute Einsteigerpflanze. Es gibt auch buschig wachsende Sorten, die nur eine Höhe von 60 cm erreichen.

Pflege Duftwicken lieben durchlässige Erden mit mittlerem Nährstoffgehalt. Gießen Sie regelmäßig, vermeiden Sie aber Staunässe. Suchen Sie einen windgeschützten Platz. Im Frühjahr werden lange Triebe gekürzt, um den gewünschten buschigen Wuchs zu erzeugen. Verblühtes wird regelmäßig ausgeputzt, was die Blütenbildung anregt.

Vermehrung Aussaat im Frühjahr

Gestaltung Mit diesen bunten Duftpflanzen lassen sich schnell Spaliere, Zäune, Gitter und Pergolen begrünen. Sie werden gerne als Sichtschutz zum Nachbarn verwendet, oder um kleine Räume abzutrennen. Die auffallenden – angenehm duftenden – Blüten werden oft von Bienen besucht.

Arten Dieser Einjährigen verwandt sind die mehrjährigen Staudenwicken. Zum Beispiel die hübsche Frühlings-Platterbse (*L. vernus*), die zweifarbig, purpurviolett und blauviolett von April bis Mai blüht.

BLÜTENFARBE

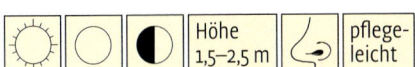 auch vielfarbig

BLÜTEZEIT

Jan	Feb	März	April	Mai	Juni	Juli	Aug	Sept	Okt	Nov	Dez
						Juli	Aug	Sept			

Eine exotische Schönheit: Die Passionsblume.

Wunderschöne Blüten

Passiflora alata

Passionsblume
Passiflora caerulea

			Höhe bis 2 m

Aussehen Die ungewöhnlichen Blüten symbolisieren in ihrer Gestalt die Leiden Christi, daher stammt auch der deutsche Name.

Standort Sonnige, warme Plätze sind ideal. Bei kühlem und regnerischem Wetter blühen sie weniger reichlich bis gar nicht. Achten Sie auf gleichmäßige Wassergaben. Wählen Sie durchlässige Erden mit mittlerem Nährstoffgehalt.

Im Frühjahr wird die Passionsblume auf 10 bis 15 cm Trieblänge zurückgeschnitten. Das fördert die Blühwilligkeit. Wenn Sie umtopfen, dann ist das Frühjahr der richtige Zeitpunkt.

Bitte nehmen Sie nicht zu große Töpfe.

Probleme Wollläuse bei zu warmer Überwinterung, Spinnmilben bei Zugluft. Teilweiser Blattfall im Winter ist normal.

Überwinterung Ab Ende September hell, kühl und luftig stellen – mit Temperaturen unter 12 °C, besser zwischen 6 bis 8 °C. Leicht feucht halten. Nicht düngen!

Vermehrung Triebstecklinge mit ein bis zwei Blattknoten (Frühjahr bis August).

Gestaltung Passionsblumen werden an Spalieren und Klettergerüsten gezogen. Die Blüten sind unvergleichlich schön!

BLÜTENFARBE

    mit blauem Fadenkranz

BLÜTEZEIT

Jan	Feb	März	April	Mai	Juni	Juli	Aug	Sept	Okt	Nov	Dez
					Juni	Juli	Aug	Sept			

Wilder Wein, der Alleskönner.

Wilder Wein
Parthenocissus quinquefolia

| ☀ | ◯ | ◑ | ● | ♣ | Höhe 10–15 m | pflege-leicht |

Aussehen Die mehrjährige Kletterpflanze wächst aufrecht kletternd und entwickelt die typischen fünflappigen Blätter. Sie ist ein Selbstklimmer. In den ersten Jahren nach der Pflanzung benötigt sie etwas Halt.

Pflege Der Wilde Wein ist anpassungsfähig, bevorzugt aber durchlässiges, tiefgründiges Erdreich. Er hat einen hohen Nährstoffbedarf. Lange, aus der Form geratene Ruten werden im zeitigen Frühjahr in Form geschnitten. Bitte bei der Hausbegrünung beachten: nur an baulich intakten Hauswänden hochwachsen lassen.

Gestaltung Wenn Sie im Herbst Mauern, Hauswände oder Spaliere von weither sehen können, weil sie in ein rotes Blättermeer getaucht sind, dann wächst hier meistens der Wilde Wein. Die bekannte Kletterpflanze ist ein wichtiges Vogelnährgehölz.

Sorten und Art Die Sorte 'Engelmannii' (Engelmanns-Wein) ist bekannt und besitzt eine intensiv feuerrote Herbstfärbung. Die verwandte Art *P. tricuspidata*, besitzt im Vergleich zur beschriebenen, meist dreilappige Blätter. Bekannte Sorten sind hier 'Veitchii', 'Veitchii Robusta' und 'Green Spring'.

BLÜTENFARBE

BLÜTEZEIT

| Jan | Feb | März | April | Mai | **Juni** | **Juli** | Aug | Sept | Okt | Nov | Dez |

Kletterrose 'Amadeus®'

Kletterrosen
Rosa

| ☀ | ♣ | Höhe 1,5–6 m | 👃 | pflege-leicht |

Aussehen Bei den Kletterrosen unterscheidet man in Climber mit dicken, sparrig-steifen und aufrechten Trieben (bis etwa 3 m Höhe) und Rambler mit langen biegsamen (bis 6 m Höhe). In allen möglichen Blütenfarben und Formen sind gute Sorten erhältlich.

Pflege Wählen Sie einen sonnigen und luftigen Platz mit mindestens 5 Stunden Sonneneinstrahlung am Tag. Staunässe wird nicht vertragen. Achten Sie auf genügend Nährstoffe. Kletterrosen wollen keine starkwüchsigen Nachbarn. Öfter blühende Rosen werden im Frühjahr geschnitten, die einmal blühenden nach der Blüte im Sommer. Sie werden nur ausgelichtet. Ein zu kräftiger Rückschnitt mindert die Blütenfülle im Folgejahr.

Probleme Sternrußtau, Mehltau und Rosenrost bei anfälligen Sorten

Vermehrung Stecklinge, Veredelung

Gestaltung Kletterrosen sind unvergleichliche Pflanzen an Obelisken, Rosenbögen, Spalieren, Lauben und an der Hauswand. Duftende Sorten können kleine Plätze leicht in kleine grüne Oasen verwandeln. Clematis und Kletterrosen sind zwei, die sich richtig lieben.

Sorten Kleinwüchsige Sorten sind geeignet.

BLÜTENFARBE

    auch mehrfarbig gefüllt, ungefüllt

BLÜTEZEIT

| Jan | Feb | März | April | Mai | **Juni** | **Juli** | **Aug** | **Sept** | **Okt** | Nov | Dez |

Schwarzäugige Susanne

Schwarzäugige Susanne
Thunbergia alata

			Höhe 1,2–2 m	pflege-leicht

Aussehen Die schnellwachsende Kletterpflanze wächst windend und schlingend und braucht eine stabile Kletterhilfe.

Pflege Die hübschen Pflanzen mit den auffälligen Blüten, die Pate für den deutschen Namen standen, brauchen regelmäßige Wasser- und Düngergaben. Nässe wird schlecht vertragen. Wählen Sie einen warmen und windgeschützten Platz und geben Sie der Pflanze frühzeitig eine Kletterhilfe, damit die einzelnen Triebe nicht mit denen der Nachbarpflanzen zusammen verwachsen. Im Frühjahr werden überlange Triebe eingekürzt. Putzen Sie regelmäßig Verwelktes und Verblühtes aus.

Vermehrung Aussaat im Frühjahr

Gestaltung Mit der Schwarzäugigen Susanne lassen sich Gitter, Zäune, Obelisken und Spaliere sowie kleine Wandflächen begrünen. Sie wird auch als Hängepflanze in Kästen und Töpfen verwendet. Außerdem zur Ergänzung in gemischten Blumenbeeten. Besonders schön wirkt sie in Kombination mit anderen Bauerngartenpflanzen.

Sorten Sehr zahlreich! In Weiß, Gelb oder Orange mit dunkelbrauner Mitte.

BLÜTENFARBE

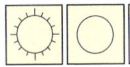 mit dunkelbrauner Mitte

BLÜTEZEIT

Jan	Feb	März	April	Mai	Juni	Juli	Aug	Sept	Okt	Nov	Dez

Frühlings-Ambiente: Mandelbäumchen mit weißen Rosen, violetten Stiefmütterchen und rotweißen Gänseblümchen.

Boten des Frühlings

Wenn nach den dunklen Wintertagen die Luft den ersten Frühlingsgeruch bringt, blühen meist bereits Winterling und Schneeglöckchen. Wie ist die Freude groß, denn nun werden die Tage wieder länger und verbreiten schon Vorfreude auf die warmen Sommertage.

Einige Pflanzen können sehr gut mit Frösten umgehen und zaubern Frühlingsgefühle auf den Balkon. Nur wenn auf viele warme Tage ein tiefer Temperatursturz kommt, sind selbst sie dem Klima nicht gewachsen. Das passiert nur selten. Und wenn, dann muss man neue Pflanzen einsetzen.

Wenn die Osterzeit kommt, liegt der Frühlingsbeginn bereits hinter uns. Trompeten-Narzissen, edle Tulpen und duftende Hyazinthen kommen dann auf die Pflanzenbühne. Trotzdem kann es noch einmal kalt werden – und sogar schneien!

Gänseblümchen

Gänseblümchen, Maßliebchen
Bellis perennis

☀	○	◑	Höhe 10–20 cm	pflege-leicht

Aussehen Ein beliebter Klassiker, nicht nur für Balkon und Terrasse.
Er wächst flach bis teppichartig und bleibt sehr schön kompakt.

Pflege Gänseblümchen sind dankbare, pflegeleichte hübsche Kleinodien. Staunässe und Ballentrockenheit müssen aber vermieden werden! Durchlässiges Erdreich ist im Kasten und Beet daher von Vorteil. Regelmäßiges Ausputzen und das Gießen nicht vergessen. Viel Dünger brauchen die Pflanzen nicht.

Probleme Mehltau, Grauschimmel, Blattläuse

Vermehrung Aussaat Juni bis Juli, im Winter mit Reisig abdecken (zweijährige Pflanze).

Gestaltung In Töpfen, Kästen und Kübeln werden Gänseblümchen sehr gerne als Begleitpflanzen verwendet. Sie gehören mit zu den ersten Blüten im Jahr und sind unverzichtbar für den Frühlings-Balkon. Schöne Kombinationen sind mit Vergissmeinnicht, verschiedenen Tulpen-Sorten, Narzissen, Hyazinthen und Stiefmütterchen möglich.

Sorten Es gibt groß- oder kleinblumige, offene oder pomponartig gefüllte Sorten.

Anderer deutscher Name Tausendschön

BLÜTENFARBE

   ungefüllt, gefüllt

BLÜTEZEIT

Jan	Feb	März	April	Mai	Juni	Juli	Aug	Sept	Okt	Nov	Dez

Klassische Winter- und Frühlingsschmuckpflanze Krokus.

Krokus, Frühlings-Krokus
Crocus-Hybriden

		Höhe 10–15 cm	pflege-leicht

Aussehen Krokusse sind beliebte kleine Frühlingsboten, die stets zu mehreren zusammenstehen und damit kleine Tuffs oder im Rasen ausgedehnte Blütenteppiche bilden.

Pflege Die bekannten kleinen Stauden lieben durchlässige, mäßig trockene Erden mit gutem Wasserabzug und niedrigem Nährstoffgehalt. Nach der Blüte dürfen die Blätter nicht entfernt werden! Man wartet stattdessen, bis diese gelb geworden sind.

Die Zwiebeln werden im Frühherbst (September/Oktober) 6 bis 10 cm tief an Ort und Stelle in die Erde gelegt.

Vermehrung Brutknöllchen oder Aussaat

Gestaltung Krokusse eignen sich hervorragend für den ersten Frühlingsgruß in Töpfen und Kästen, gerne nur allein oder in Kombination mit anderen Frühlingsblühern. Es gibt zahlreiche Sorten in den unterschiedlichsten Farben (teilweise gestreift), die allesamt gut miteinander kombinierbar und für Balkon und Terrasse ideal sind.

Arten Herbstblühende Krokusarten, wie z. B. *C. speciosus* oder *C. pulchellus*, kommen im Juli/August und blühen von September bis Oktober. Ein farbstarker Jahresabschluss!

BLÜTENFARBE

  auch gestreift

BLÜTEZEIT

Jan **Feb** **März** **April** Mai Juni Juli Aug Sept Okt Nov Dez

Frühlings-Alpenveilchen

Frühlings-Alpenveilchen
Cyclamen coum

Höhe 5–10 cm

Aussehen Das Alpenveilchen ist eine Rarität im Garten, erst recht auf dem Balkon.
Die Pflanzen bilden kompakte Horste und bleiben niedrig. Die langlebige Knollenpflanze bildet durch Selbstaussaat Kolonien. Die hübschen Blüten sind leider frostempfindlich.

Pflege Die grazilen Stauden lieben durchlässige, humose Erdsubstrate. Vermeiden Sie Staunässe und sonnige Plätze. Am besten ist es, die Pflanzen in Ruhe zu lassen und dauerbepflanzte Kästen und Töpfe für sie zu wählen. Die Knollen werden 3 bis 5 cm tief ins Erdreich eingesetzt. Das Alpenveilchen sollte man erst pflegen, wenn man schon einige Erfahrung mit der Balkongärtnerei besitzt.

Überwinterung Im Winter gut mit Reisig abdecken.

Vermehrung Aussaat (aber langwierig)

Gestaltung Das Vorfrühlings- oder Frühlings-Alpenveilchen gehört zu den Frühlingsboten und steht gerne zusammen und im Schatten von niedrigen Blattschmuck-Gehölzen. Geeignete Nachbarn sind außerdem andere Zwiebel- und Knollenpflanzen. Bitte nicht neben starkwüchsige oder wuchernde Pflanzen setzen.

BLÜTENFARBE

BLÜTEZEIT

| Jan | Feb | März | April | Mai | Juni | Juli | Aug | Sept | Okt | Nov | Dez |

Forsythie neben Traubenhyazinthen, Primeln und Tulpen.

Forsythie, Goldglöckchen
Forsythia-Hybriden

   Höhe 1,5–3 m pflege-leicht

Aussehen Forsythien überraschen uns in jedem Frühjahr erneut mit ihrem leuchtend gelben Blütenschmuck. Der Zierstrauch wächst schlank aufrecht, buschig kompakt bis breit ausladend. Auch die purpurrote, bronzerote bis gelblich grüne Herbstfärbung ist eine Zierde, wenn auch eine weniger auffällige.

Pflege Forsythien bevorzugen sandig-lehmige, durchlässige Erden mit mittlerem Nährstoffgehalt. Im Prinzip passen sie sich aber auch weniger günstigen Verhältnisse an. Staunässe ist allerdings zu vermeiden. Schneiden Sie die Pflanzen direkt nach der Blüte im Frühjahr zurück. Am besten entfernt man immer die ältesten Zweige.

Probleme Im Alter kann es zu Wucherungen kommen, die von Viren stammen. Schneiden Sie die befallenen Zweige frühzeitig ab.

Gestaltung Das Blütenschmuck-Gehölz braucht einen größeren Topf oder Kübel. Man kann auch Wandspaliere bewachsen lassen oder die Pflanze in Formen wie Kugeln und Kegel schneiden (am besten mit Zwergsorten).

Sorten 'Courtacour' (syn. 'Boucle d' Or') und 'Melisa' sind Zwergsorten und daher für Balkon und Terrasse sehr gut geeignet.

BLÜTENFARBE

BLÜTEZEIT

| Jan | Feb | **März** | **April** | Mai | Juni | Juli | Aug | Sept | Okt | Nov | Dez |

Rosa Hyazinthen zusammen mit Stiefmütterchen.

Hyazinthe
Hyacinthus orientalis in Sorten

| ☀ | ◯ | ◑ | ⌂ Höhe 20–30 cm | 👃 | pflege-leicht |

Aussehen Hyazinthen sind schmale, aufrecht wachsende und ausdauernde Zwiebelpflanzen für draußen und drinnen.

Pflege Die Pflanzen lieben durchlässige, Erdsubstrate mit niedrigem Nährstoffgehalt. Vor strengem Frost und Nässe müssen sie durch Reisig gut geschützt werden. Winternässe wird nicht vertragen. Für eine Weihnachtsblüte werden präparierte Zwiebeln im Wasserglas angetrieben.

Pflanzung Die Zwiebeln werden im Herbst etwa 10 cm tief direkt an Ort und Stelle in den Boden gelegt.

Vermehrung Brutzwiebeln

Gestaltung Die bewährten Klassiker verströmen einen intensiven Duft. Nicht jeder empfindet ihn als angenehm, besonders im Zimmer. Hyazinthen sind aufgrund ihres Duftes aber wichtig für die Parfumherstellung. Vom Frühlings-Balkon sind sie jedenfalls nicht wegzudenken, schon allein wegen ihrer intensiven Blütenfärbung.

Im Topf und Kasten sieht es sehr schön aus, wenn man verschiedene Farbsorten zusammenpflanzt. Stiefmütterchen, Vergissmeinnicht und Schleifenblume sind gute Nachbarn.

BLÜTENFARBE

BLÜTEZEIT

| Jan | Feb | März | April | Mai | Juni | Juli | Aug | Sept | Okt | Nov | Dez |

Gefüllte Sorte

Einfachblühende Sorte

Die Kerrie: Anspruchslos, ausdauernd, attraktiv.

Kerrie
Kerria japonica

| | | | | | Höhe 1,5–2 m | pflege-leicht |

Aussehen
Die Kerrie ist ein mittelstark wachsender Blütenstrauch mit buschigem, aufrechtem bis überhängendem Wuchs und nur geringer Verzweigung – aber attraktiven Blüten.

Pflege
Der hübsche Zierstrauch ist anpassungsfähig, bevorzugt aber durchlässige, sandig-lehmige Erdsubstrate mit mittlerem Nährstoffgehalt. Der Blütenreichtum bleibt nur erhalten, wenn man die älteren Triebe regelmäßig herausnimmt. Das Gehölz ist bis auf wenige Schnittmaßnahmen recht pflegeleicht, unkompliziert und daher bestens für Balkon- und Terrassen-Anfänger geeignet.

Gestaltung
Geben Sie dieser Pflanze stets einen ausreichend großen Einzeltopf und platzieren Sie ihn raumtrennend oder hinter Töpfen und Kästen mit niedrig bleibenden Pflanzen. Terrakotta-Töpfe passen besonders gut zu diesem hübschen, mittelgroßen Ziergehölz-Strauch.

Sorten
Der Gefüllte Ranunkelstrauch, *K. japonica* 'Pleniflora', entwickelt goldgelbe Blüten, die dicht gefüllt sind. Die Sorte 'Golden Guinea' blüht ungefüllt und gelb von April bis Mai.

Anderer deutscher Name
Ranunkelstrauch

BLÜTENFARBE

 ungefüllt, gefüllt

BLÜTEZEIT

Jan   Feb   März   **April**   **Mai**   Juni   Juli   Aug   Sept   Okt   Nov   Dez

Blaue Traubenhyazinthe mit weißlila blühenden Krokussen

Traubenhyazinthe
Muscari botryoides

   | Höhe 15–20 cm | pflege-leicht

Aussehen Diese hübsche und bekannte Staude bildet Horste und wächst aufrecht. Im Garten ausgepflanzt kann sie an zusagenden Plätzen große Blüten-Teppiche bilden.

Pflege Traubenhyazinthen lieben durchlässige, mäßig trockene Erden. Die Zwiebeln werden im Spätsommer oder Herbst 5 bis 8 cm tief an Ort und Stelle gelegt. Wenn die Pflanzen verblüht sind, dürfen die Blätter erst entfernt werden, wenn sie gelb und eingetrocknet sind.

Vermehrung Brutzwiebeln

Gestaltung Traubenhyazinthen sind hübsche kleine Frühlings-Blüher, die in Gruppen stehen möchten. Schöne Partnerpflanzen sind Kissenprimeln, Narzissen und Tulpen. Oder man setzt sie zwischen die Dauerbepflanzung. Die Pflanze ist auch für Balkongarten-Anfänger sehr gut geeignet.

Arten Eine andere empfehlenswerte Art ist die Armenische Traubenhyazinthe (*M. armeniacum*), deren blaue Blüten durch einen weißen Saum geziert werden. Pflege und Verwendung gleichen der vorher beschriebenen Art. Die Breitblättrige Traubenhyazinthe (*M. latifolium*) entwickelt Blütenstände, die oben hell- und unten dunkelblau sind.

BLÜTENFARBE

BLÜTEZEIT

Jan Feb **März** **April** **Mai** Juni Juli Aug Sept Okt Nov Dez

Beliebter Frühjahrs Klassiker – Osterglocken

Narzissen, Osterglocken
Narcissus-Hybriden

| | | Höhe bis 70 cm | pflege-leicht |

Aussehen Narzissen entwickeln einen oder mehrere Triebe und wachsen aufrecht mit etwas überhängenden Blättern.

Pflege Die bekannten Pflanzen lieben durchlässige, mäßig trockene Erden mit mittlerem Nährstoffgehalt. Verblühtes wird regelmäßig entfernt. Das Laub muss man stehen lassen, bis die Pflanze eingezogen ist, also die Blätter verwelkt sind.

Die Zwiebeln werden im Spätsommer 10 bis 15 cm tief an Ort und Stelle in die Erde gelegt.

Vermehrung Nebenzwiebeln

Gestaltung Narzissen sind echte Klassiker und für den Frühlings-Balkon unverzichtbar! Gute Nachbarpflanzen sind Tulpen, Traubenhyazinthen und kleinere frühlingsblühende Sträucher. Sehr schöne Kästen und Kübel lassen sich auch mit Stiefmütterchen, Gänseblümchen, Vergissmeinnicht und Kissenprimeln gestalten.

Hinweis Die Pflanzen sind giftig.

Sorten und Hybriden Narzissen werden in Gruppen unterteilt. Und es gibt in jeder dieser Gruppen sehr viele Sorten und Hybriden in verschiedenen Farben, Blütenformen und Größen. Wildnarzissen sind eine interessante Variante für schon erfahrenere Pflanzenfreunde.

BLÜTENFARBE

  auch mehrfarbig, ungefüllt, gefüllt, viele Blütenformen

BLÜTEZEIT

| Jan | Feb | März | April | Mai | Juni | Juli | Aug | Sept | Okt | Nov | Dez |

Lilablaue Sorte

Kissen-Primeln

Primula juliae

Kissen-Primel
Primula vulgaris mit Sorten

| ◐ | ♣ | Höhe 8–20 cm | pflege-leicht |

Aussehen Die hübsche Staude, die schon früh im Jahr Farbtupfer setzt, bildet kleine und große Kissen. Sie kann bei empfindlichen Personen Hautreizungen hervorrufen.

Pflege Kissen-Primeln lieben sandig-humose oder sandig-lehmige, frische Erden. Sie sind pflegeleicht und dankbar. Ballentrockenheit und Staunässe sind zu vermeiden.

Vermehrung Aussaat (Vorfrühling), Teilung

Gestaltung Die Pflanzen gehören auf den Spätwinter- und Frühlings-Balkon. Sie werden als Begleitpflanzen eingesetzt und sind besonders schön zu spät austreibenden Zwerg-Laub-

gehölzen. Hübsche Kästen lassen sich mit Gräsern und Farnen gestalten. Gute Nachbarn sind auch Traubenhyazinthen und Elfenblumen.

Sorten und Arten Es gibt einige großblumige Sorten, die im Herbst angeboten werden. Schön sind die Kugel-Primel (*P. denticulata*) mit den kugeligen Blütenständen und die Etagen-Primel (*P. Bullesiana*-Gruppe) mit ihren in Etagen angeordneten Blüten. Die Teppich-Primeln (*P.-Juliae*-Gruppe) bleiben mit 5 bis 15 cm niedrig und blühen von März bis April.

Andere deutsche Namen Primel, Kissen-Schlüsselblume

BLÜTENFARBE

BLÜTEZEIT

| Jan | Feb | **März** | **April** | Mai | Juni | Juli | Aug | Sept | Okt | Nov | Dez |

Mandelbäumchen

Mandelbäumchen
Prunus triloba

  Höhe 1,5–2 m

Aussehen Mandelbäumchen sind wunderschöne Frühlingsblüher, die durch ihre Blütenpracht ausgesprochen attraktiv sind. Sie wachsen zu einem kleinen, gut verzweigten Strauch heran oder werden als Hochstämmchen (sehr attraktiv!) gezogen. Wegen ihres langsamen Wachstums eignet sich das Gehölz sehr gut für kleine Flächen.

Pflege Wählen Sie stets durchlässige, nährstoffreiche Erden. Staunässe und Ballentrockenheit bitte vermeiden. Der Schnitt findet direkt nach der Blüte im Frühling statt. Dabei werden die abgeblühten Triebe bis zur Basis zurückgenommen. Dadurch können sich neue junge und blühfähige Triebe bilden. Winterschutz ist anzuraten, auch wenn das Ziergehölz meist ohne zurechtkommt.

Probleme Pilzkrankheiten in den Leitungsbahnen, die durch starken Rückschnitt effektiv bekämpft werden können.

Gestaltung Mandelbäumchen bekommen einen ausreichend großen Einzeltopf oder Kübel. Eine Unterpflanzung mit Hängepflanzen ist denkbar, aber nicht nötig.

Sorte 'Fire Hill' ist eine besonders reich blühende Form mit intensiv rot gefärbten Blüten.

BLÜTENFARBE

BLÜTEZEIT

| Jan | Feb | März | **April** | **Mai** | Juni | Juli | Aug | Sept | Okt | Nov | Dez |

Gewöhnliche Küchenschelle

Gewöhnliche Küchenschelle
Pulsatilla vulgaris

  Höhe
20—25 cm

Aussehen Die Küchenschelle ist ein wichtiger Frühjahrsblüher und gefällt ab August zudem mit zarten, federartigen Früchten. Die Pflanze wächst buschig und bildet Horste.

Pflege Wählen Sie durchlässige, sandig-lehmige, kalkhaltige Erden mit sehr niedrigem Nährstoffgehalt. Verblühtes wird nicht entfernt, damit sich die hübschen Federbüschel (Früchte) bilden können.

Vermehrung Aussaat im Februar, Wurzelschnittlinge im Januar

Gestaltung Die Küchenschelle ist keine Pflanze für Anfänger. Man setzt sie in kleineren Gruppen in Kästen. Bitte achten Sie auf mageres Erdreich und sonnige Plätze.
Die Pflanzen können gut mit Frühlings-Adonisröschen und Blaustrahlhafer kombiniert werden. Setzen Sie keine stark wachsenden Pflanzen daneben. Schöner Fruchtschmuck!

Sorten 'Alba' blüht weiß und wird etwa 20 cm hoch. 'Röde Klokke' wird ähnlich hoch und besitzt purpurrote Blüten.

Hinweis Die Küchenschelle steht unter Schutz und darf in freier Natur nicht ausgegraben werden.

Anderer deutscher Name Windblume

BLÜTENFARBE

BLÜTEZEIT

| Jan | Feb | März | April | Mai | Juni | Juli | Aug | Sept | Okt | Nov | Dez |

Blausternchen

Blaustern
Scilla siberica

| ☀ | ◯ | ◐ | ♣ | Höhe 10–20 cm |

Aussehen Die aufrechten, hübschen Stauden wachsen mit zwei oder drei Trieben aus kleinen Zwiebelchen. Sie bilden an zusagenden Plätzen schöne Blüten-Teppiche.

Pflege Der Blaustern liebt durchlässige, sandig-lehmige Erden mit mittlerem Nährstoffgehalt. Gepflanzt wird im Herbst 5 bis 8 cm tief. Die Blätter dürfen erst entfernt werden, wenn sie eingetrocknet sind. Werden sie zu früh entfernt, verhungern die Zwiebelchen.

Vermehrung Abnehmen von Brutzwiebeln. Vermehrt sich auch durch Selbstaussaat.

Gestaltung Ein wunderschöner enzianblauer Frühlingsblüher, der sehr gut mit Narzissen und Tulpen harmoniert. Er passt außerdem sehr gut zu Schneeglöckchen oder unter Sträucher, wie Forsythie und Kornelkirsche. Sie können den kleinen Blüher sogar zwischen den Steinen von Treppen und Wegen ansiedeln. Oft passiert das von ganz alleine, weil die Samen durch Ameisen verbreitet werden.

Art Der Zweiblättrige Blaustern (*S. bifolia*) blüht meist in Blau, seltener in Weiß oder Rosa. Er kann leicht verwildern.

Anderer deutscher Name Blausternchen

BLÜTENFARBE

BLÜTEZEIT

| Jan | Feb | **März** | **April** | Mai | Juni | Juli | Aug | Sept | Okt | Nov | Dez |

Tulpen gibt es in vielen Formen und Farben, hier eine edle weiße Form.

Tulpen
Tulipa-Hybriden

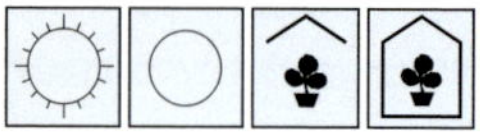

| | | | | Höhe 30–60 cm | pflege-leicht |

Aussehen Tulpen sind schmale und aufrechte Stauden mit aufwärts gerichteten Blättern. Es gibt hohe und niedrige Sorten in vielen Farben und unterschiedlichen Blütenformen (glatt, gefranst, rund, spitz).

Pflege Wählen Sie sandig-humose oder sandig-lehmige Erden mit mittlerem Nährstoffgehalt. Ein sonniger Standort ist empfehlenswert, manche Arten vertragen aber auch Halbschatten. Auf schweren, staunassen Böden können Tulpen nicht wachsen. Entfernen Sie Abgeblühtes immer sofort, damit die Kraft nicht in die Samenbildung geht, sondern in die Zwiebel. Das Laub muss man unbedingt stehen lassen, bis die Pflanze eingezogen, also das Laub verwelkt ist. Im Spätsommer oder Herbst werden die Zwiebeln 10 bis 15 cm tief an Ort und Stelle in den Boden gelegt.

Lagern Die gesäuberten Zwiebeln werden kühl, trocken und dunkel aufbewahrt.

Gestaltung Tulpen schmücken jede Gartenecke. Pflanzen Sie die Klassiker immer zu mehreren. Für den Balkon eignen sich niedrige Sorten. Bitte beachten: Wenn Sie Tulpen für die Vase schneiden, lassen Sie 1 bis 2 Blätter stehen, sonst „verhungern" die Zwiebeln.

BLÜTENFARBE

    auch mehrfarbig, ungefüllt, gefüllt, verschiedene Blütenformen

BLÜTEZEIT

| Jan | Feb | März | April | Mai | Juni | Juli | Aug | Sept | Okt | Nov | Dez |

Stiefmütterchen sind beliebte Klassiker.

Stiefmütterchen
Viola × wittrockiana

			Höhe 20–25 cm	pflege-leicht

Aussehen Stiefmütterchen sind Klassiker und gehören seit Jahren zum Standardsortiment. Die Zweijährigen wachsen kompakt buschig, bilden niedrige Horste und wachsen in die Breite.

Pflege Die Pflanze liebt durchlässige, sandig-lehmige Erden. Eine gute Nährstoffversorgung ist wichtig. Verblühtes sollte man regelmäßig ausputzen. Im Winter ist eine Abdeckung mit Fichtenreisig empfehlenswert.

Vermehrung Aussaat von Juni bis September. Keimdauer 2 bis 3 Wochen; Dunkelkeimer. Alternativ Jungpflanzen im Kasten kühl und hell überwintern und im zeitigen Frühjahr auspflanzen.

Gestaltung In Balkonkästen werden die Pflanzen als Leit- und Begleitpflanze verwendet. Setzen Sie immer kleine Gruppen, am besten verschiedenfarbige Sorten, zusammen. Schöne Kästen lassen sich mit Gänseblümchen, Tulpen, Narzissen und Vergissmeinnicht gestalten, gerne auch mit einigen Ziergräsern kombiniert.

Sorten Es gibt Sorten in nahezu allen Farben. Einige sind einfarbig, andere haben ein andersfarbiges Auge.

Anderer deutscher Name Garten-Stiefmütterchen

BLÜTENFARBE

   auch mehrfarbig

BLÜTEZEIT

Jan	Feb	März	April	Mai	Juni	Juli	Aug	Sept	Okt	Nov	Dez

Im Herbst und Winter kann man mit Blattschmuckpflanzen bunte Farbtupfer setzen.

Herbst- & Winterzauber

Wenn die Tage wieder deutlich kürzer und die Nächte immer länger werden, kann man Balkon und Terrasse noch mit farbenfrohen Pflanzen verschönen. Gelbe Pazifik-Margeriten, Astern in den schönsten Farben, reichblühende Chrysanthemen, stattliche Dahlien – da ist für jeden Geschmack etwas dabei!

Ziergräser und wintergrüne Gehölze sollten nicht fehlen. Sie werden den grünen Rahmen im Winter bilden. Dazwischen schafft man mit Schneeheide bunte Farbtupfer. Die Pflanzen-Kombination sieht auch noch schön aus, wenn sie von Schnee oder Raureif überzogen ist. Legen Sie einige bunte große Kugeln oder Steine in die Gewächse, um für zusätzliche Farbkleckse zu sorgen.

Pazifik-Margerite

Pazifik-Margerite
Ajania pacifica
(syn. *Chrysanthemum pacificum*)

  | Höhe 20–50 cm | pflege-leicht |

Interessante Blattzeichnung

Aussehen Die dankbare Balkonpflanze entwickelt kleine buschige, schön kompakte Pflanzen, die sich sehr gut für den Balkonkasten eignen. Auffällig und reichblühend.

Pflege Achten Sie auf gut durchlässiges Erdsubstrat und regelmäßige Wassergaben. Verblühtes wird immer wieder ausgeputzt. Staunässe und Nässe allgemein sollten stets vermieden werden. Ansonsten ist die Pazifik-Margerite eine dankbare, weil pflegeleichte und unkomplizierte Schmuckpflanze, die auch von Balkon-Anfängern bestens gepflegt werden kann.

Überwinterung Die Pflanze überdauert den Winter im Freien, jedoch ist ein guter Winterschutz (Vlies, Stroh) empfehlenswert.

Vermehrung Aussaat, Kopfstecklinge

Gestaltung Der schöne Spätsommer- und Herbstblüher gefällt durch seine hübsch umrandeten Blätter und die zahlreichen darübersitzenden Blüten.
Setzen Sie die Pflanzen in Kästen in Lücken oder unterpflanzen Sie höher wachsende Arten. Gute Nachbarn sind z. B. Ziergräser und Efeu.

Anderer deutscher Name Ajania

BLÜTENFARBE

BLÜTEZEIT

| Jan | Feb | März | April | Mai | Juni | Juli | Aug | Sept | Okt | Nov | Dez |

Herbst-Anemonen muten fernöstlich an.

Herbst-Anemone
Anemonen in Arten und Sorten

Höhe
0,6–1,4 m

Pinkfarbene Sorte

Aussehen Eine unentbehrliche Staude für jeden Herbst-Balkon und -Garten! Sie wächst aufrecht buschig.

Pflege Herbst-Anemonen lieben durchlässige, humusreiche Erdsubstrate mit mittlerem bis hohem Nährstoffgehalt. Im Jahr der Pflanzung ist ein Winterschutz empfehlenswert, in strengen Wintern auch noch bei ausgewachsenen Pflanzen. Wurzeldruck wird nicht gut vertragen. In Trockenperioden muss gut gewässert werden. Wenn ein Rückschnitt nötig ist, dann wird er am besten im zeitigen Frühjahr vorgenommen. Lassen Sie die Pflanzen aber idealer-weise einfach ungestört wachsen, dann haben Sie jahrelang große Freude daran.

Vermehrung Teilung, Rhizomschnittlinge

Gestaltung Die Herbstblüher passen gut auf Balkon und Terrasse mit Bauerngartencharakter oder fernöstlich geprägte Plätze. Schöne Nachbarn sind Silberkerzen, Farne, Funkien, Bergenien und Astilben.

Sorten und Arten Es gibt zahlreiche Sorten in verschiedenen Blütenfarben und -größen sowie Wuchshöhen im Handel. Wählen Sie aber eher die kompakt und kleiner bleibenden, wie zum Beispiel 'Prinz Heinrich'.

BLÜTENFARBE

 ungefüllt, halb gefüllt

BLÜTEZEIT

Jan	Feb	März	April	Mai	Juni	Juli	**Aug**	**Sept**	**Okt**	Nov	Dez

Silbriger Garten-Wermut

Silbriger Garten-Wermut
Artemisia absinthium 'Lambrook Mist'

  | Höhe 60–80 cm | pflege-leicht

Aussehen Der Silbrige Garten-Wermut ist eine mehrjährige Gartenpflanze, die aufrecht buschig und kompakt wächst. Das silbrige Laub verstärkt die Blütenfarben der Nachbarpflanzen und wird daher gerne zur Akzentbildung verwendet.

Pflege Die Pflanze bevorzugt durchlässige Erdsubstrate. Trockenheit wird toleriert, Staunässe und Nässe generell müssen aber vermieden werden.
Die Pflanze kann im späten Herbst oder zeitigen Frühjahr – bei Bedarf – zurückgeschnitten oder in Form gehalten werden.

Überwinterung Obwohl die Pflanze recht robust ist, übersteht sie unsere Winter nicht immer ohne Probleme. Ein guter Winterschutz ist daher empfehlenswert.

Vermehrung Ausläufer, Stecklinge, Teilung

Gestaltung Der Silbrige Garten-Wermut ist wegen seiner Blattfarbe besonders wertvoll. Er passt sich mühelos in Pflanzengesellschaften jedweder Farbe ein, allerdings will er nicht zu feucht stehen. Man kann ihn als Blattschmuckpflanze auch alleine in einen Topf setzen. Er kann sich dort zu einer wirkungsvollen Persönlichkeit entwickeln.

BLÜTENFARBE

BLÜTEZEIT

Jan	Feb	März	April	Mai	Juni	Juli	Aug	Sept	Okt	Nov	Dez
						Juli	Aug	Sept			

Kissen-Aster

Kissen-Aster

Aster dumosus

  Höhe
20–40 cm

Aussehen Die für den Herbst-Balkon unentbehrliche Staude wächst buschig teppichartig. Eine ansehnliche und reichblühende Staude in vielen, oft leuchtenden Blütenfarben.

Pflege Herbst-Astern bevorzugen durchlässige, mäßig trockene bis frische Erden und kühle sonnige Standorte. An warmen Plätzen kommen die Pflanzen nur zurecht, wenn sie genügend gegossen werden. Putzen Sie nach der Blüte aus, damit sich die Pflanze nicht von selbst versamt. In Trockenperioden gut wässern. Das beugt auch lästigem Mehltau vor. Staunässe sollte aber stets vermieden werden.

Im Frühjahr etwas Kompost geben. Das fördert ein vitales Wachstum.

Probleme Mehltau, der besonders vor Wärme abstrahlenden Hausmauern auftritt.

Vermehrung Triebrisslinge im Frühling, Teilung

Gestaltung Kissen-Astern zaubern schöne Farbtupfer auf Balkon und Terrasse. Kombinationspflanzungen mit Ziergräsern gefallen durch ihre filigrane Leichtigkeit. Gerne auch mit anderen Herbstblühern wie dem schönen Mädchenauge.

Anderer deutscher Name Herbst-Aster

BLÜTENFARBE

BLÜTEZEIT

| Jan | Feb | März | April | Mai | Juni | Juli | Aug | Sept | Okt | Nov | Dez |

Glattblattaster

Glattblatt-Aster
Aster novi-belgii

  Höhe 0,8–1,5 m | pflege-leicht

Sorte 'Royal Ruby'

Aussehen Diese Astern-Art wächst straff aufrecht und buschig. Sie bildet Horste.

Pflege Pflanzen Sie Glattblatt-Astern in durchlässige Erden mit hohem Nährstoffgehalt. Keine schweren Substrate! Bodentrockenheit ist zu vermeiden und wird höchstens kurzfristig toleriert. Der Spross wird im späten Herbst oder zeitigen Frühjahr zurückgeschnitten. Alte und vergreiste Pflanzen müssen geteilt und in einen neuen Topf mit frischer Erde umgepflanzt werden.

Probleme Welkekrankheiten und Echter Mehltau

Vermehrung Teilung des Wurzelstocks im Frühling

Gestaltung Glattblatt-Astern brauchen einen Kübel oder großen Topf. Sie können verschiedenen Farbsorten zusammensetzen oder einfarbige Töpfe gestalten. Die alte Bauerngartenpflanze lockt Bienen und andere Insekten an. Sie können hübsche Sträuße aus den verschiedenen Farbsorten schneiden.

Arten Die Raublattaster (*A. novae-angliae*) ist eine weitere sehr wichtige Herbst-Aster, allerdings nicht so robust wie die Glattblatt-Aster. Sie blüht rosa, rot, violett und weiß.

BLÜTENFARBE

BLÜTEZEIT

| Jan | Feb | März | April | Mai | Juni | Juli | Aug | **Sept** | **Okt** | Nov | Dez |

Herbst-Chrysantheme in Sorten

Herbst-Chrysantheme
Chrysanthemum × grandiflorum und *C. indicum*

| | | Höhe 0,6–1,3 m | pflege-leicht |

Aussehen Herbst-Chrysanthemen gibt es in vielen Formen, Farben und Größen. Sie wachsen aufrecht bis buschig und kompakt.

Pflege Der Nährstoffbedarf ist hoch. Wenn man sie nur einige Wochen im Herbst stehen hat, ist eine Düngung jedoch meist nicht nötig, besonders, wenn frische Erde verwendet wurde. Durchlässige, sandig-lehmige Erde ist von Vorteil. Putzen Sie regelmäßig aus. Kaufen Sie die Pflanzen, wenn sie voll ausgewachsen sind, sich aber noch im Knospen-Stadium befinden.

Probleme Echter Mehltau, Spinnmilben, einige Sorten sind nur bedingt winterhart.

Überwinterung Hell, kühl, aber frostfrei und trocken. Leider blühen überwinterte Exemplare im nächsten Jahr nur recht spärlich.

Vermehrung Stecklinge

Gestaltung Für den Herbst-Balkon sind sie nahezu unersetzbar! Die pflegeleichten Pflanzen werden als Leitpflanze in Kästen, Töpfen und in Kübeln verwendet, oft auch ohne Begleiter. Verschiedene Farbsorten passen gut zusammen. Efeu, Heidekraut und Zwergkoniferen sind gute Nachbarn.

Anderer deutscher Name Garten-Chrysantheme (winterharte Sorten)

BLÜTENFARBE

  ungefüllt, gefüllt

BLÜTEZEIT

| Jan | Feb | März | April | Mai | Juni | Juli | Aug | Sept | Okt | Nov | Dez |

Herbst-Alpenveilchen

Herbst-Alpenveilchen
Cyclamen hederifolium (syn. Cyclamen neapolitanum)

  Höhe 10–15 cm

Aussehen Das Herbst-Alpenveilchen ist eine kolonienbildende Knollenpflanze, die mit 10 cm recht niedrig bleibt.

Pflege Die grazilen Blüher lieben durchlässige, humose, trockene bis frische Erdsubstrate mit mittlerem Nährstoffgehalt. Staunässe wird nicht vertragen. Wenn man die Pflanzen in Ruhe lässt, können sie leicht verwildern. Das Herbst-Alpenveilchen ist eine Pflanze, die erst für Fortgeschrittene geeignet ist. Die Knollen legt man von Mai bis September 3 bis 5 cm tief an Ort und Stelle in den Boden. Die Knollen werden mit den Wurzeln nach oben eingesetzt.

Überwinterung Vorsorglich werden die Pflanzen in kalten Wintern durch Abdecken geschützt (Stroh, Reisig).

Vermehrung Selbstaussaat, Aussaat nach der Samenreife im Mai

Gestaltung Eine ungewöhnliche Staude, die sich vor allem im Schatten von laubabwerfenden Gehölzen wohl fühlt. Gerne mit Herbst-Krokus. Wählen Sie keine starkwüchsigen, wuchernden Nachbarn. Pflanzen Sie immer mehrere Exemplare zusammen.

Andere deutsche Namen Alpenveilchen, Saubrot, Efeublättriges Alpenveilchen

BLÜTENFARBE

BLÜTEZEIT

Jan	Feb	März	April	Mai	Juni	Juli	Aug	**Sept**	**Okt**	Nov	Dez

Kleinwüchsige Dahlien in Sorten

Dahlien
Dahlia-Cultivars

 | Höhe 0,6–1,3 m

Ungefüllte Form

Aussehen Dahlien sind aufrechte, buschige Stauden, die schnell wachsen und fast die gesamte Farbpalette abbilden.

Pflege Wählen Sie durchlässige, sandig-lehmige Erden und achten Sie auf einen hohen Nährstoffgehalt (kaliumbetont düngen, weniger Stickstoff). Staunässe wird nicht vertragen. Gießen Sie nicht über die Blüten.
Verblühtes wird regelmäßig entfernt. Die Wurzelknollen werden im Frühjahr nach den letzten Frösten 10 bis 15 cm tief an Ort und Stelle in die Erde gelegt.

Überwinterung Nur frostfrei möglich!

Vor dem ersten Frost schneidet man den gesamten Spross 10 cm über dem Boden ab und gräbt die Wurzelstöcke aus. Sie kommen in einen Kasten mit Torf oder Sand an einen gut durchlüfteten, frostfreien und kühlen (ca. 5 °C) Platz. Kranke Knollen regelmäßig entfernen.

Vermehrung Teilung der Knollen (Vorfrühling). Jedes Teilstück muss ein Auge besitzen. Stecklinge mit Wurzelansatz.

Sorten und Arten Die Einteilung erfolgt nach der Form der Blüten (in Gruppen), wobei Kaktus-, Schmuck- und Balldahlien sicher die Stars unter den Dahliengruppen sind.

BLÜTENFARBE

    ungefüllt, gefüllt

BLÜTEZEIT

| Jan | Feb | März | April | Mai | Juni | Juli | Aug | Sept | Okt | Nov | Dez |

Schneeglöckchen

Kleines Schneeglöckchen
Galanthus nivalis

  | Höhe 10–15 cm | | pflege-leicht

Aussehen Schneeglöckchen sind kleine überhängende Stauden, die flächige Horste bilden und kompakt wachsen.

Pflege Der pflegeleichte Frühlingsblüher liebt humos-lehmige Erdsubstrate – nicht zu sandig und zu trocken. Staunässe und Nässe sollte man vermeiden. Die Blätter dürfen nicht entfernt werden, bis sie verwelkt sind, damit die Zwiebeln genügend Nährstoffe für das nächste Jahr speichern können.

Die Zwiebeln werden im Frühherbst 5 bis 10 cm tief direkt an Ort und Stelle in den Boden gelegt.

Vermehrung Brutzwiebeln abnehmen und neu einpflanzen.

Gestaltung Schneeglöckchen sind unkomplizierte Stauden, die man am besten in kleinen Tuffs zwischen die Dauerbepflanzung setzt. Schön sind auch Töpfe mit anderen frühlingsblühenden Zwiebelpflanzen, wie Krokus oder Winterling. Als Frühlingsgruß unverzichtbar!

Hinweise Die Samen werden von Ameisen verbreitet. Die Pflanze ist giftig.

Art Das Großblütige Schneeglöckchen, *G. elwesii*, gefällt durch größere Blüten und Blätter als die beschriebene Art.

BLÜTENFARBE

ungefüllt, gefüllt

BLÜTEZEIT

| Jan | Feb | März | April | Mai | Juni | Juli | Aug | Sept | Okt | Nov | Dez |

Schwarze Christrose

Schwarze Christrose
Helleborus niger

Höhe
25–30 cm

Aussehen Der immer beliebter werdende Vorfrühlings- und Frühjahrsblüher wächst kompakt buschig und bildet Horste mit unterirdisch kriechenden Rhizomen.

Pflege Wählen Sie für diese Pflanze kalkhaltige, durchlässige, sandig-humose Erdsubstrate. Am besten direkt aus dem Garten. Kühle bis mäßig warme Plätze sind gut geeignet. Lassen Sie die Pflanzen ungestört wachsen.

Problem Pilzbefall

Vermehrung Teilung im Herbst oder nach der Blüte, Aussaat sofort nach der Ernte.

Gestaltung Die Schwarze Christrose passt gut unter vorfrühlings- und frühlingsblühende Gehölze (z. B. Forsythie, Ranunkelstrauch). Gute Nachbarn sind zudem Schneeglöckchen, Elfenblume und Märzenbecher. Die wunderschöne Pflanze passt gut in Ecken und an Plätze mit Bauerngarten-Charakter.

Hinweis Die Pflanze ist giftig.

Art Die Frühlings-Nieswurz oder Lenzrose (*H. orientalis*) blüht grünlich weiß, cremefarben oder purpurrot. Sie ist weniger anspruchsvoll als die genannte Art.

Andere deutsche Namen Schwarze Nieswurz, Schneerose, Weihnachtsrose

BLÜTENFARBE

 im Verblühen rosa überlaufen

BLÜTEZEIT

Jan	Feb	**März**	**April**	Mai	Juni	Juli	Aug	Sept	Okt	Nov	Dez

Purpurglöckchen – der heimliche Star des Winterbalkons.

Zwerg-Purpurglöckchen
Heuchera-Hybride 'Petite Pearl Fairy®'

    | Höhe 15–30 cm | pflege-leicht

Die filigranen Blütentrauben

Aussehen Diese wintergrüne Sorte des Purpurglöckchens (*Heuchera*) besticht durch die bronzeroten, silbrig marmorierten und oft glänzenden Blätter, die sich auch im Winter zeigen. Das ist vor allem bei strahlender Winter-Sonne ein faszinierender Anblick!
Die Pflanze wächst kompakt buschig und bleibt recht niedrig.

Pflege Wählen Sie durchlässige Erde. Staunässe und Ballentrockenheit sollten vermieden werden. Der Nährstoffbedarf ist mittel.

Überwinterung Die Pflanze kann draußen bleiben. Sie ist in der Regel gut winterhart, kann aber in kalten Gegenden auch zurückfrieren. Daher ist dort ein guter Winterschutz empfehlenswert.

Gestaltung Das Zwerg-Purpurglöckchen ist eine wunderschöne Pflanze für den Winter-Balkon. Der Blattschmuck ist ungewöhnlich und macht es zu einem echten Kleinod. Zur Blütezeit schmücken sich die Pflanzen mit filigranen rosa Blütchen, die grazil über dem attraktiven Laub stehen.
Gute Nachbarn sind immergrüne und laubabwerfende Gehölze, aber auch Sommerblumen, die gut zu den Blättern harmonieren.

BLÜTENFARBE

BLÜTEZEIT

| Jan | Feb | März | April | Mai | **Juni** | **Juli** | Aug | Sept | Okt | Nov | Dez |

Graziles Zittergras

Zittergras
Briza media

| | | Höhe bis 30 (Horst), bis 70 cm (Blütenstand) | pflege-leicht |

Aussehen Dieses hübsche Ziergras wächst aufrecht buschig und bildet lockere Horste. Die Blätter sind blaugrün und spitz.

Pflege Das Zittergras liebt schwach saure bis neutrale, durchlässige, trockene bis frische Erden mit geringem Nährstoffgehalt. Es eignet sich auch für den Schnitt.

Überwinterung Schneiden Sie das Zittergras stets erst im Frühjahr zurück, denn das Laub schützt die Pflanzenbasis. Decken Sie diese in rauen Lagen zudem mit einer Schicht aus Stroh, Laub oder Mulch ab.

Vermehrung Aussaat im Frühling, Teilung

Gestaltung Setzen Sie mehrere Exemplare dieser Pflanze zwischen farbenfrohe Sommerblumen und Stauden. Sie geben Struktur und bringen natürliche Leichtigkeit in jedes Pflanzenarrangement.

Sorten und Arten Die Sorte 'Zitterzebra' besitzt weißgelb gestreifte Blätter. *B. minor* mit kleinen und *B. maxima* mit großen Blüten sind einjährige Ziergräser, die sich sehr gut für Sträuße, Gebinde und auch zum Trocknen eignen.

Andere deutsche Namen Gemeines Zittergras, Mittleres Zittergras, Herz-Zittergras

BLÜTENFARBE

BLÜTEZEIT

| Jan | Feb | März | April | **Mai** | **Juni** | **Juli** | **Aug** | Sept | Okt | Nov | Dez |

Buchanan-Segge (oberhalb) mit Strauchveronika, Chrysanthemen, Spindelstrauch und Silberblatt.

Buchanan-Segge, Fuchsrote Segge
Carex buchananii

| ☀ | ○ | ◑ | ♣ | Höhe 30–60 cm |

Aussehen Die Buchanan-Segge entwickelt dichte Horste, die etwa einen halben Meter Wuchshöhe erreichen. Die Blüten stehen nur wenig höher als das Laub. Die Blätter sind meist interessant rötlich braun, seltener gelb-grün.

Pflege Wählen Sie durchlässige, humose Erden, die nicht trocken werden. Die Pflanze, die gerne an Bachrändern wächst, verträgt keine Ballentrockenheit. Ansonsten ist diese *Carex*-Art sehr pflegeleicht.

Überwinterung An ungeschützten Standorten ist ein leichter Winterschutz nötig.

Vermehrung Teilung

Gestaltung Die orangerote Farbe der Blätter, die das ganze Jahr vorhanden ist, macht diese *Carex*-Art besonders wertvoll. Auch auf dem Winter-Balkon können die mit Raureif und Schnee überzogenen Blätter einen schönen Blickfang geben. Gute Nachbarn sind Sommerblumen, die zu den orangeroten Blättern harmonieren, mit den Blütenfarben Rosa, Grausilbrig, Orange. Auch rot blühende Blumen sind geeignet, achten Sie aber darauf, dass die Blütenfarbe nicht zu grell ist.

Sorte 'Viridis' besitzt silbern überhauchte, blassgrüne und sehr feine Blätter.

BLÜTENFARBE

BLÜTEZEIT

| Jan | Feb | März | April | Mai | Juni | Juli | Aug | Sept | Okt | Nov | Dez |

Japan-Segge (hinten) mit Heidekraut und Alpenveilchen.

Japan-Segge
Carex morrowii 'Variegata' und 'Aureovariegata'

| | | | Höhe 40–50 cm | pflege-leicht |

Aussehen Die Japan-Segge zählt zu den schönsten immergrünen Ziergräsern. Die Blätter sind dunkelgrün mit schmalen, creme-weißen Streifen am Rand. Sie hängen schön bogenförmig über. Die Pflanze bildet flache Horste, die im Alter breiter als hoch sind.

Pflege Wählen Sie durchlässige Erden, die humos und lehmig sind. Trockenheit wird nicht vertragen, daher muss auch in Trockenzeiten gewässert werden. Staunässe sollte aber ebenfalls vermieden werden. Die Japan-Segge ist insgesamt eine pflegeleichte Pflanze, die auch von Anfängern gut gepflegt werden kann.

Vermehrung Die Teilung großer Mutterpflanzen ist im Frühjahr möglich.

Gestaltung Die Japan-Segge verträgt sich mit vielen Sommerblumen. Gerne wird sie auch zu Rhododendren gepflanzt. In Kästen und Töpfen werden aber immer nur Einzelpflanzen gesetzt, weil sie, je älter sie werden, immer mehr Platz brauchen und als Solitär besser wirken.

Sorte 'Aureovariegata' ist eine andere attraktive Form. Sie entwickelt schönes gelb-buntes Laub und wirkt besonders durch die hellere Farbgebung als schöner Kontrast in Topf oder Kübel.

BLÜTENFARBE

BLÜTEZEIT

| Jan | Feb | März | April | **Mai** | **Juni** | **Juli** | Aug | Sept | Okt | Nov | Dez |

Blau-Schwingel

Blau-Schwingel
Festuca glauca (syn. F. cinerea)

   | Höhe bis 30 (Horst), bis 40 cm (Blütenstand) | pflege-leicht

Aussehen Dieses hübsche Gras wächst kompakt kissenförmig und bildet dichte Horste. Die Blätter sind blaugrau, nadelförmig, spitz und wintergrün.

Pflege Wählen Sie für den Blau-Schwingel durchlässige, sandig-kiesige, mäßig trockene, nährstoffarme Erden. Trockenheit wird vertragen. Staunässe muss jedoch vermieden werden. Die Art ist pflegeleicht und auch für Anfänger sehr gut geeignet. Sie gehört zu den am meisten verwendeten Gräsern.

Vermehrung Teilung, Aussaat im Frühling

Gestaltung Gräser sind insgesamt struktur-bildend. Am besten setzt man sie zwischen bunt blühende Sommerblumen, wobei zu diesem blaugrauen Gras sehr gut gelbe oder rosa Blüten passen. Wählen Sie stärkerwüchsige Pflanzen. Außerdem bringt der Blau-Schwingel mit seinem wintergrünen Laub Farbe auf den Winter-Balkon.

Arten Es gibt noch einige andere *Festuca*-Arten, die sich für die Topfkultur eignen. Zum Beispiel den Bärenfell-Schwingel (*F. gautieri*) mit 15 cm hohen Polstern und 25 cm hohen Blütenständen. Er liebt halbschattige Plätze, die nährstoffarm und durchlässig sind.

BLÜTENFARBE

 braune Rispen

BLÜTEZEIT

| Jan | Feb | März | April | Mai | **Juni** | **Juli** | Aug | Sept | Okt | Nov | Dez |

Beeindruckende Natürlichkeit, die jedoch einen ausreichend großen Topf oder Kübel bedarf.

Zwerg-Chinaschilf
Miscanthus sinensis 'Adagio'

			Höhe
			1–1,5 m

Aussehen Die Sorte 'Adagio' ist eine recht klein bleibende, sehr schöne Sorte des Chinaschilfs. Sie entwickelt hübsche silbrig-weiße Blütenstände, die harmonisch zu den schmalen Blättern passen. Im Gegensatz zum Chinaschilf wächst sie schön kompakt.

Pflege Wählen Sie durchlässige, sandiglehmige Erden. Das Gras hat einen mittleren Nährstoffbedarf.
Gießen Sie regelmäßig und vermeiden Sie Staunässe.

Vermehrung Teilung

Gestaltung Diese Sorte braucht einen Topf oder Kübel mit mindestens 20 Litern pro Pflanze.
Stellen Sie die Töpfe hinter Kästen, die mit niedrigerer Bepflanzung gestaltet sind. Sehr schön lassen sich einige Töpfe mit Zwerg-China-Schilf als Bereichs-Abgrenzung auf Balkon oder Terrasse verwenden.
Die Blütenstände werden oft in der Floristik verwendet. Die langen, lockeren Wedel verbreiten schnell ein natürliches Flair – ganz gleich ob im Topf oder Kübel.

BLÜTENFARBE

BLÜTEZEIT

Jan	Feb	März	April	Mai	Juni	Juli	Aug	Sept	Okt	Nov	Dez
								Sept	Okt		

Ruten-Hirse

Ruten-Hirse
Panicum virgatum

   | Höhe 1–1,5 m | pflege-leicht

Aussehen Ein schönes Horstgras mit auffälliger ockergelber Herbstfärbung und feingliedrigen Blütenständen. Die Horste bleiben kompakt und aufrecht. Sie treiben spät aus. Das Blatt ist schmal linealisch und hängt leicht über. Leider sind die Horste nicht immer standfest, was aber im Kasten kaum stört.

Pflege Der Standort sollte sonnig und warm sein. An die Erde stellt das Gras keine besonderen Ansprüche. Sie sollte aber durchlässig sein. Auch Staunässe ist zu vermeiden. Düngen Sie gelegentlich, in Trockenperioden wird gegossen. Im Frühjahr fällt der Rückschnitt an.

Vermehrung Teilung großer Pflanzen im Frühjahr

Rotblättrige Ruten-Hirse

Gestaltung Die Ruten-Hirse passt gut zu Astern und Chrysanthemen. Die interessante Laubfärbung (ab August) schmückt jeden Herbst-Balkon und jede herbstliche Terrasse.

Sorten 'Rehbraun', die Kupfer-Hirse, zeigt ab August ihre intensiv rote Herbstfärbung. 'Stricum' wächst aufrecht und zeigt mehr Standfestigkeit als die Art.

Durch die interessante Laubfärbung ein besonderer Blickfang.

Lampenputzergras – pflegeleicht und wirkungsvoll.

Federborstengras, Lampenputzergras
Pennisetum alopecuroides

   Höhe bis 50 (Horst), bis 100 cm (Blütenstand) | pflege-leicht

Aussehen Das hübsche Ziergras mit den auffälligen Blütenständen wächst breit überhängend und bildet schopfartige Horste. Die Blätter sind mittel- bis dunkelgrün, überhängend, schmal und attraktiver gelber Herbstfärbung.

Pflege Das Federborstengras liebt durchlässige, sandig-lehmige Erden mit hohem Nährstoffgehalt. Sehr trockene Standorte müssen unbedingt vermieden werden. Im Frühjahr wird zurückgeschnitten.

Probleme In strengen Wintern Schutz geben.

Vermehrung Teilung im Frühjahr

Gestaltung Das Federborstengras ist besonders wegen der bis in den Winter hinein zierenden federartigen Fruchtstände interessant. Es braucht allerdings nach allen Seiten hin Platz, damit sich die Fruchtstände schön überhängend zeigen können. Gute Nachbarn sind Astern, Chrysanthemen und Schafgarben.

Sorten 'Compressum' ist eine bekannte Sorte mit leuchtend gelber Herbstfärbung. 'Hameln' wächst kompakt mit einer Horsthöhe von etwa 40 cm und einer Blütenstandshöhe von etwa 60 cm. Die Sorte blüht reich. 'Little Bunny' ist eine interessante Zwergform.

BLÜTENFARBE

BLÜTEZEIT

| Jan | Feb | März | April | Mai | Juni | **Juli** | **Aug** | **Sept** | Okt | Nov | Dez |

Der schön überhängende Wuchs sorgt für lockere Natürlichkeit.

Alpen-Raugras
Stipa calamagrostis (syn. Achnatherum calamagrostis)

  | Höhe 0,5–1,2 m | pflege-leicht

Aussehen Das Alpen-Raugras bildet größere Horste, die langen grünen Blätter sind lanzettlich lang und hängen schön über.

Pflege Wählen Sie durchlässige, kalkhaltige Erdsubstrate. Staunässe und Nässe sind stets zu vermeiden. Die Blütenbüschel eignen sich auch für den Schnitt.

Vermehrung Teilung

Gestaltung Alpen-Raugräser gehören zu den Gräsern, die am längsten blühen. Die federleichten Blütenbüschel hängen elegant bogig über.

Besonders bei der Sorte 'Algäu' sind sie äußerst dekorativ. Bei dieser Form bilden sich zum Herbst immer wieder neue Büschel. Die frisch erblühten Büschel haben einen silbrigen Schimmer und sehen besonders reizvoll zu den älteren, etwas dunkleren Blütenständen aus. Dieses Wechselspiel bleibt bis in den Winter hinein erhalten, was diese Sorte besonders reizvoll und wertvoll macht.

Das Alpen-Raugras eignet sich besonders für den Einzelstand. Wuchs, Blätter und Blüten verbreiten ein Flair von Steppe und Halbwüste. Sehr hübsch ist auch das Windspiel der Blüten.

BLÜTENFARBE

BLÜTEZEIT

Jan	Feb	März	April	Mai	Juni	Juli	Aug	Sept	Okt	Nov	Dez
						Juli	Aug	Sept			

Abelie

Abelie
Abelia × grandiflora

| | | Höhe 1,5–2 m |

Aussehen Die Abelie ist ein zierlicher Blütenstrauch mit hübschen rosaweißen Glockenblüten. Er entwickelt einen dicht buschigen
Wuchs mit überhängenden Trieben.
Zuverlässig Wintergrün.

Pflege Wählen Sie durchlässige Erden und
warme, sonnige Plätze. Staunässe und Ballentrockenheit sind zu vermeiden. Die Pflanze ist
mäßig frosthart. Besonders Jungpflanzen kommen ohne Schutz nicht durch den Winter.
Ältere Pflanzen sollten immer wieder ausgelichtet werden (zeitiges Frühjahr). Das erhält
die Blühfreudigkeit und den Blütenreichtum.

Gestaltung Die Abelie ist ein blütenreicher
Strauch, der am besten im Hintergrund für die
Kulisse sorgt. Er bekommt einen Einzeltopf.
Im Alter braucht er wegen seiner Größe einen
großen Kübel, oder man pflanzt ihn in den
Garten. Im Herbst verfärben sich die Blätter
dekorativ bronzebraun bis purpurn.

Sorte 'Edward Goucher' bleibt mit 1 bis
1,5 m kleiner als die Art. Die Form treibt im
Frühjahr wunderschön rötlich-bronzefarben
aus, die Blätter vergrünen später. Im Sommer
schmückt sich die Sorte mit zahlreichen zierenden Glockenblüten.

BLÜTENFARBE

BLÜTEZEIT

| Jan | Feb | März | April | Mai | Juni | **Juli** | **Aug** | **Sept** | **Okt** | Nov | Dez |

Echte Felsenbirne

Echte Felsenbirne
Amelanchier ovalis

| ○ | ◑ | ♣ | Höhe 1–3 m | ⌇ | pflege-leicht |

Aussehen Die Echte Felsenbirne ist ein wertvolles einheimisches Gehölz mit locker aufrechtem und rundlichem Wuchs.

Pflege Diese Art kommt mit vielen Erdsubstraten zurecht. Gerne steht sie auf kalkhaltigem Boden. Staunässe und Ballentrockenheit sind zu vermeiden.

Gestaltung Die Felsenbirne ist Blüten-, Frucht- und Herbst-Schmuckgehölz. Die weißen Blüten überziehen die Triebe von April bis Mai mit einem sehr dekorativen weißen Schleier. Ab August entwickeln sich die Früchte, die unreif weiß, halbreif purpurrot und vollreif blauschwarz sind. Schließlich färbt sich das Laub orangefarben bis scharlachrot ein, was wunderschöne Farbeffekte zusammen mit den dunklen, beerenartigen Früchten ergibt. Setzen Sie die Felsenbirne stets in einen Einzeltopf.

Sorte und Art 'Helvetica' gilt als wertvolle Zwergform, die nur 1,5 m hoch wird und das trockenheiße Klima der Städte gut verträgt. Sie behält auch im Alter ihren rundlich geschlossenen Wuchs. *A. lamarckii*, die Kupfer-Felsenbirne, mit cremeweißem Blüten- und rötlichem bis blauschwarzem Beerenschmuck, wird mit bis zu 3 m Höhe wesentlich höher.

BLÜTENFARBE

BLÜTEZEIT

| Jan | Feb | März | April | Mai | Juni | Juli | Aug | Sept | Okt | Nov | Dez |

Früchte von *B. thunbergii* 'Kobold'.

Berberitzen gibt es in vielen Formen und Sorten.

Attraktive Blüten im Mai und Juni.

Buchsbaumblättrige Berberitze
Berberis buxifolia 'Nana'

				Höhe 0,5–0,6 m	pflege-leicht

Aussehen Das Ziergehölz entwickelt einen kompakt rundlichen Habitus mit leicht dornigen Zweigen. Die kleinen immergrünen Blätter sind blau- bis dunkelgrün und rötlich gerändert. Sie geben dem Winter-Balkon Farbe und einen charakteristischen Rahmen.

Pflege Diese Berberitzen-Art kommt fast überall zurecht und stellt auch an die Pflege keine besonderen Ansprüche. Sie verträgt Hitze, Wind und Stadtklima bestens. Schnittmaßnahmen werden generell gut vertragen, daher lässt sich die Pflanze, wie die allermeisten Berberitzen, sehr gut in Form halten.

Gestaltung Die Berberitze ist für eine Dauerbepflanzung sehr geeignet. Das immergrüne Laub bringt auch im Winter Farbe auf Balkon und Terrasse. Diese Art blüht nur wenig und setzt daher auch kaum Früchte an.

Sorten Von der bekannten *B. thunbergii*, der Grünen Hecken-Berberitze, gibt es wunderschöne klein bleibende Formen, die Blüten-, Frucht- und Blattschmuckpflanze in einem sind. Darüber hinaus verzaubern sie durch ihre schöne Herbstfärbung. Kleine Sorten sind 'Atropurpurea Nana', 'Green Carpet', 'Helmond Pillar' und 'Kobold'.

BLÜTENFARBE

dunkelpurpurne Beeren (selten)

BLÜTEZEIT

Jan	Feb	März	April	Mai	Juni	Juli	Aug	Sept	Okt	Nov	Dez

Der Liebesperlenstrauch, eine auffällige Schönheit.

Liebesperlenstrauch, Schönfrucht
Callicarpa bodinieri 'Profusion'

  Höhe 1,5–3 m

Aussehen Der Liebesperlenstrauch ist ein wunderschönes Fruchtschmuck-Gehölz. Er verzweigt sparrig locker und wächst vom Grunde her aufrecht. Die lilafarbenen Blüten erscheinen in gestielten Trugdolden. Das Laub zeigt eine gelbe bis orangefarbene Herbstfärbung. Als Bienenweide und Vogelnährgehölz besitzt er hohen ökologischen Wert.

Pflege Das Erdreich sollte durchlässig und sandig-humos sein. Auf gleichbleibende Feuchtigkeit ist zu achten. Im zeitigen Frühjahr werden alle Triebe bis auf etwa 30 cm zurückgeschnitten. Geben Sie besonders den Jungpflanzen einen guten Winterschutz.

Gestaltung Der Liebesperlenstrauch wird ab August bis Oktober zum Blickfang auf jeder Terrasse. Die glänzend rosa- bis rotvioletten „Liebesperlen"-Beeren suchen ihresgleichen! Die Beeren sind leicht giftig, daher Vorsicht in Haushalten mit Kindern. Warten Sie mit diesem Strauch so lange, bis die Kinder groß genug sind und die Beeren nicht als süßes Zuckerwerk ansehen.

Art *C. dichotoma* 'Issai' ist winterhärter als die oben genannte Art, fruchtet früher und wächst kompakter.

BLÜTENFARBE

BLÜTEZEIT

Jan	Feb	März	April	Mai	Juni	Juli	Aug	Sept	Okt	Nov	Dez

Heidekraut in Sorten

Besenheide, Heidekraut
Calluna vulgaris in Sorten

Sorte 'Alicia'

				Höhe 20–80 cm	pflege-leicht

Aussehen Besenheide wächst niederliegend bis aufrecht und dicht buschig.

Pflege Saure, durchlässige, mäßig trockene bis feuchte Erden mit niedrigem Nährstoffgehalt, warme und sonnige Standorte sind zu bevorzugen. Geschnitten wird im Frühjahr auf etwa die Hälfte des letztjährigen Jahrestriebes. Das fördert die Blühwilligkeit nachhaltig. Keine Düngung notwendig.

Überwinterung Meist winterhart, teilweise spätfrostgefährdet.

Gestaltung Das Heidekraut ist unverzichtbar für Herbst- und Winter-Balkone. Je nach Sorte zeigen die Pflanzen von Juli bis in den Dezember hinein Farbe. Am besten pflanzt man die Besenheide in Gruppen. Die sogenannten Knospenblüher verblühen über Wochen und Monate nicht. Ihre Blüten blühen nicht auf, können so auch nicht verblühen. Daher bleibt die Farbe sehr lange erhalten.

Sorten Schön sind die rosa 'Allegro', die weiße 'Alicia', die orangerote 'Bonita' und die weiße 'Sandy' mit gelbem Laub. Eine der ersten Sorten mit einer Juli-Blüte ist 'Annabel'. 'Bonita', 'Pink Alicia' und 'Sandy' zeigen sich bis in den Dezember hinein farbstark.

BLÜTENFARBE

BLÜTEZEIT

Jan	Feb	März	April	Mai	Juni	Juli	Aug	Sept	Okt	Nov	Dez

Zwergmispel

Fächer-Zwergmispel
Cotoneaster horizontalis

| ☀ | ◯ | ◑ | ⚘ | Höhe 1–1,5 m | pflege-leicht |

Aussehen Das unverwüstliche Ziergehölz wächst flach bis bogig aufstrebend und langsam. Je nach Sorte auch nach unten wachsend.

Pflege Fächer-Zwergmispeln bevorzugen durchlässige, sandig-lehmige Erden mit mittlerem Nährstoffgehalt. Sie sind dankbare, unkomplizierte und ausdauernde Gehölze.

Überwinterung Meist frosthart, eventuell Schutz geben.

Gestaltung Die leuchtend roten Früchte und die orangefarbene bis rote Herbstfärbung sind im Herbst eine echte Zierde. Aber auch im Mai und Juni verzaubert uns diese reich-blühende Art mit tausenden von kleinen rosaweißen Blütchen. Ideal zur Dauerbepflanzung.

Sorten und Arten Es gibt viele *Cotoneaster*-Arten und -Sorten. Die Teppich-Zwergmispel (*C. dammeri* 'Major') ist eine bodendeckende Art mit immergrünen Blättern. Die Niedrige Zwergmispel (*C. adpressus*), ein Zwergstrauch und Bodendecker, erreicht eine Höhe von 30 cm. Das Laub verfärbt sich im Herbst rot. Von der Felsenmispel, *C. salicifolius*, sind z. B. die Sorten 'Gnom', 'Herbstfeuer' und 'Pendulus' zu empfehlen.

BLÜTENFARBE

 Blüten- und Fruchtschmuck

BLÜTEZEIT

| Jan | Feb | März | April | **Mai** | **Juni** | Juli | Aug | Sept | Okt | Nov | Dez |

Schneeheide

Schneeheide
Erica carnea

| ☀ | ◐ | ◑ | ♣ | Höhe 15–35 cm | pflege-leicht |

Aussehen Das bekannte Ziergehölz wächst dicht teppichartig mit kriechenden, aufstrebenden Trieben.

Pflege Schneeheiden lieben durchlässige, sandig-lehmige Erden mit niedrigem bis mittlerem Nährstoffgehalt. Sie sind kalktolerant. Staunässe und verdichtetes Erdreich werden nicht vertragen. Ein regelmäßiger, tief angesetzter Schnitt nach der Blüte fördert Buschigkeit und Blütenreichtum. Gut frosthart. Hitze, Trockenheit und Wind werden aber nur schlecht vertragen.

Gestaltung Die Schneeheide ist ein unentbehrlicher Winterblüher. Schöne Kombinationen lassen sich mit Ziergräsern, herbstblühenden Stauden und Steinen (Kiesel, Findlinge ...) zaubern.

Sorten und Art Sortenbeispiele sind 'Isabell' in reinem Weiß, 'Rosantha' in Rosa bis Rubinrot, 'Winterfreude' in Karminrot und 'Wintersonne' in Rubinrot sowie 'Springwood White' in Weiß. Die Grau-Heide (*E. cinerea*) blüht von Juni bis August und sollte im Winter einen Schutz bekommen. Sorten sind die weiße 'Alba Major', die lilaviolette 'Katinka' und die leuchtend rosa blühende 'Pink Ice'.

BLÜTENFARBE

BLÜTEZEIT

| Jan | Feb | März | April | Mai | Juni | Juli | Aug | Sept | Okt | Nov | Dez |

Sorte 'Emerald'n Gold'

Immergrüne Kriechspindel
Euonymus fortunei

      | Höhe 0,3–5 m | pflege-leicht

Sorte 'Emerald Gaiety'

Aussehen Das dankbare Blattschmuckgehölz wächst als Bodendecker oder Kletterpflanze. Die Blüten sind unscheinbar. Es werden Haftwurzeln ausgebildet, mit denen das Gehölz bis zu 5 m hoch wachsen kann.

Pflege Die Kriechspindel kommt mit fast allen Erdsubstraten zurecht. Achten Sie auf genügend Wasser und Düngung. Staunässe und Ballentrockenheit sind zu vermeiden. Wenn Triebe stören, werden sie entfernt.

Überwinterung Die Art gilt als frosthart, die Sorten sind es nicht immer und einige brauchen Schutz oder müssen ins Überwinterungslager.

Vermehrung Stecklinge

Gestaltung Die Immergrüne Kriechspindel wird gerne an den Rand von Kästen und Kübel gepflanzt, wo sie dekorativ nach unten hängt. Die verschiedenen Sorten lassen vielfältige Blattfarben, passend zu den jeweiligen Nachbarpflanzen, zu.

Sorten 'Emerald Gaiety' gefällt durch die hübschen grünen Blätter mit weißem Rand. 'Emerald 'n Gold' entwickelt graugrüne bis dunkelgrüne Blätter mit gelbem Rand, der sich zudem im Winter mit einem rosa Hauch schmückt. 'Minimus' ist ein Zwergstrauch mit „Mini-Laub" in Dunkelgrün mit hellen Adern.

Ein dankbarer und attraktiver Bodendecker mit vielseitig gefärbtem Laub.

Großblütige Zaubernuss

Großblütige Zaubernuss
Hamamelis × intermedia

☀ ◯ ◐ ♣ | Höhe 2–4 m

Aussehen Der Strauch wächst trichterförmig bis breit ausladend. Im Alter ist er oft breiter als hoch.

Pflege Geben Sie diesem wichtigen Winterblüher einen Platz in schwach saurer bis neutraler, durchlässiger, sandig-humoser, frischer bis feuchter Erde mit mittlerem Nährstoffgehalt. Geschnitten wird die Zaubernuss nur in Ausnahmefällen! Die Pflanze kann nur ungeschnitten ihren natürlich schönen Wuchs entfalten. Der Großstrauch ist in der Jugend langsamwüchsig und sehr frostempfindlich.

Gestaltung Die Großblütige Zaubernuss ist ein Großstrauch und braucht im Alter einen großen Topf oder muss in den Garten ausgepflanzt werden. Im Herbst verfärben sich die Blätter je nach Sorte gelb bis orangerot. Passende Nachbarn – in getrennten Gefäßen – sind Rhododendren, Stechpalmen und Eiben.

Sorten und Art 'Diane' hat rote Blüten, später bronzerote, von Februar bis März. Der 'Feuerzauber' blüht von Januar bis März mit weinroter Blüte. 'Westerstede' entwickelt hellgelbe Blüten von Februar bis März. Die Japanische Zaubernuss (*H. japonica*) blüht gelb von Januar bis März.

BLÜTENFARBE

BLÜTEZEIT

Jan **Feb** **März** **April** Mai Juni Juli Aug Sept Okt Nov Dez

Vorsicht spitz-stachelig! *Ilex aquifolium.*

Japanische Hülse, Stechpalme
Ilex crenata

   | Höhe 2–3 m | pflege-leicht |

Aussehen Die Stechpalme ist ein langsam wachsendes, immergrünes Ziergehölz mit straff aufrechtem Wuchs, das sich im Alter ohne Schnitt zu einer breit ausladenden Pflanze entwickelt.

Pflege Geben Sie der Stechpalme einen Platz in saurer bis neutraler, durchlässiger, sandig-lehmiger, mäßig trockener bis feuchter Erde. Staunässe wird nicht vertragen. Sehr gut schnittverträglich!

Gestaltung Die Stechpalme eignet sich sehr gut als Formschnittgehölz und Garten-Bonsai. Sie zaubert immer ein wenig fernöstlichen Charme auf Balkone und Terrassen. Die Blüten sind eher unscheinbar, jedoch zieren ab September glänzend schwarze – giftige! – Steinfrüchte das Gehölz.

Sorten und Art Es gibt einige Sorten der Japanischen Hülse, wie 'Golden Gem' mit zitronen-grünen Blättern oder 'Rotundifolia' mit dunkel- bis schwarzgrünem, rundem, recht großem Laubschmuck. Die einheimische *I. aquifolium* muss man bei einer Topfpflanzung durch Schnitt klein halten. Die Sorte 'Blue Angel' (*I. × merserveae*) gefällt durch leuchtend rote Steinfrüchte und dunkelgrünes Laub.

BLÜTENFARBE

(zweihäusig), für Früchte braucht man männliche und weibliche Pflanzen

BLÜTEZEIT

| Jan | Feb | März | April | **Mai** | **Juni** | Juli | Aug | Sept | Okt | Nov | Dez |

Passt auch in kleine Töpfe: die Zwerg-Balsamtanne.

Zwerg-Balsamtanne
Abies balsamea 'Nana'

					Höhe 0,8–1 m	pflege- leicht

Aussehen Die langsam wachsende Zwerg-Balsamtanne ist ein kompakt kissen- bis nestförmiges Zwerg-Gehölz.

Pflege Das Gehölz bevorzugt leicht saures durchlässiges, sandig-lehmiges Erdreich. Für genügend Nährstoffe sollte gesorgt werden. Luft- und Bodentrockenheit werden nur schlecht vertragen.

Gestaltung Die dankbaren Klein-Tannen werden für die Dauerbepflanzung vorgesehen. Sie geben dem Winter-Balkon Farbe und sind rund ums Jahr hübsch anzusehen. Früchte und Blüten werden nur sehr selten ausgebildet.

Schön auch in Verbindung mit Zwerg-Rhododendren, Ziergräsern und Rosen. Auch Heidekräuter sowie einige schattenverträgliche Stauden sind gute Nachbarn.

Sorten und Arten 'Piccolo' entwickelt einen rundlichen Habitus mit aufrechten Zweigen. *A. lasiocarpa* 'Compacta', die Zwerg-Korktanne, ist eine erlesene Tanne zur prominenten Einzelstellung. Sie erreicht eine Höhe von 1,5 bis 3 m. Die Nadeln sind im Austrieb prächtig silbergrau, später blau bis graugrün gefärbt. Die schönste unter allen ist jedoch die – anspruchsvolle – Korea-Tanne (*A. koreana*).

ZAPFEN

keine

Als immergrüne Strukturpflanze ideal – ganzjährig!

Zwerg-Muschelzypresse

Zwerg-Muschelzypresse
Chamaecyparis obtusa 'Nana Gracilis'

| | | Höhe 0,8–2,5 m | pflege-leicht |

Aussehen Die langsam wachsende Zwerg-Muschelzypresse wächst kompakt, unregelmäßig kegel- bis kugelförmig. Die Triebe erinnern an Muscheln, was der Pflanze ihren deutschen Namen einbrachte.

Pflege Geben Sie diesem Gehölz durchlässiges, sandig-lehmiges, humoses und nährstoffreiches Erdsubstrat. Staunässe ist zu vermeiden, ebenso Ballentrockenheit.

Gestaltung Die wunderschönen muschelförmigen Triebe machen dieses Zwerggehölz besonders attraktiv. Heidekräuter, Zwerg-Rhododendren und Rosen sind gute Nachbarn.

Achten Sie auf einen genügend großen Topf, besonders mit zunehmendem Alter der Pflanze.

Sorten und Arten Es gibt einige schöne Sorten zu kaufen. 'Bronze Pygmy' schmückt sich im Sommer mit gelben Nadeln, die sich im Winter kupfrig verfärben. 'Coralliformis' ist eine rundlich buschige Zwergform mit glänzend bläulich grünen Nadeln und braunen Flecken. 'Tetragona Aurea' besitzt auf der Sonnenseite bronzegelbe und auf der Schattenseite gelbgrüne Nadeln. 'Wissel', eine kissenförmige Zwergform mit nur einen halben Meter Höhe, gefällt durch moosgrüne Nadeln.

ZAPFEN

kugelförmig

BLÜTEZEIT

| Jan | Feb | März | April | Mai | Juni | Juli | Aug | Sept | Okt | Nov | Dez |

Teppich-Wacholder

Teppich-Wacholder
Juniperus horizontalis

☼ ◯ ◑ ♣ | Höhe 20–40 cm | pflege-leicht

Aussehen Das Nadelgehölz wächst langsam, flach und überwiegend flächig.

Pflege Der Teppich-Wacholder ist anpassungsfähig, bevorzugt aber durchlässige, humose, sandig-lehmige Erden mit niedrigem bis mittlerem Nährstoffgehalt. Er ist stadtklimatauglich, frosthart und kommt auch mit sommerlicher Trockenheit gut zurecht.

Gestaltung Dieses Nadelgehölz mit bodendeckendem und über die Topfränder herabhängendem Wuchs verwendet man gerne in der Dauerbepflanzung. Es passt gut zu Plätzen mit fernöstlichem Flair. Gute Nachbarn sind Heidekräuter, Rosen und Zwerg-Rhododendren. Aber gerne auch mit auffälligen Sommerblumen, die für die Farbe sorgen.

Sorten und Arten 'Wiltonii' (syn. 'Glauca', Blauer Teppich-Wacholder) wird etwa 30 cm hoch und besitzt stahlblaue Nadeln. 'Golden Carpet' erreicht eine ähnliche Höhe und hat eine gelbe, schuppenförmige Benadelung.

Der Japanische Kriech-Wacholder, *J. procumbens* 'Nana', eignet sich sehr gut für die ganzjährige Kübelpflanzung. Es handelt sich um eine niederliegend wachsende Art.

FRÜCHTE

 kugelige Beeren

BLÜTEZEIT

| Jan | Feb | März | **April** | **Mai** | Juni | Juli | Aug | Sept | Okt | Nov | Dez |

Zwerg-Zuckerhut-Fichte

Zwerg-Zuckerhut-Fichte
Picea glauca 'Conica'

| ☀ | ◯ | ◑ | ♣ | Höhe 2–4 m | pflege-leicht |

Aussehen Die Zwerg-Zuckerhut-Fichte ist ein klassisches Miniatur-Nadelgehölz, das wegen seiner streng geometrischen Wuchsform gefällt. Die Zuckerhut-Form gab ihr dabei den deutschen Namen.

Pflege Diese Fichte ist anspruchslos und anpassungsfähig und bevorzugt durchlässige Gartenböden mit mittlerem Nährstoffgehalt. Staunässe und Ballentrockenheit sollten stets vermieden werden.

Gestaltung Die Zwerg-Zuckerhut-Fichte brauchte einen Einzeltopf. Sie setzt architektonische, geometrische Akzente. Sie muss nicht geschnitten werden, da sich die Form von alleine ausbildet.

Sorten und Arten 'Alberta Globe' besitzt frischgrüne, attraktive Nadeln und wächst kissen- bis kugelförmig. 'Laurin' ist eine bekannte Sorte mit Zuckerhutform und schönen dunkelgrünen Nadeln.

Auch von der einheimischen Fichte (*P. abies*) gibt es Sorten, die sich für Kübel eignen. Zwerg-Formen sind zum Beispiel 'Little Gem' mit einer Höhe von 30 bis 50 cm und die Nest-Fichte, *P. abies* 'Nidiformis', die 1 bis 1,5 m hoch wächst.

ZAPFEN

 länglich

BLÜTEZEIT

| Jan | Feb | März | **April** | **Mai** | Juni | Juli | Aug | Sept | Okt | Nov | Dez |

Eine Zwerg-Kiefer (links) mit Buchsbaum – Seite an Seite in der kalten Zeit.

Zwerg-Kiefer
Pinus mugo, Zwergsorten

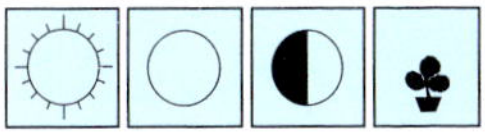

| | | | | Höhe 1–2,5 m | pflege-leicht |

Aussehen Das ansprechende Nadelgehölz wächst langsam und aufrecht bis breit kegelförmig, bleibt aber kompakt.

Pflege Zwerg-Kiefern sind gut anpassungsfähig, bevorzugen aber durchlässige Erden mit niedrigem bis mittlerem Nährstoffgehalt. Weitere Pluspunkte sind Frosthärte, Trockenheitsresistenz, Windfestigkeit und ganz allgemein die hohe Stadtklimatauglichkeit.

Gestaltung Dieses schöne und unkomplizierte Zwerggehölz wird oft für die Dauerbepflanzung verwendet. Gerne kann man Ziergräser, Stauden und auch wechselnde, farbenfrohe Sommerblumen dazusetzen.

Sorten und Arten Für Balkon und Terrasse müssen Zwergformen ausgewählt werden. 'Gnom' erreicht 2 bis 3 m Höhe und gefällt durch seine glänzend dunkelgrüne Benadelung und einen schönen kugeligen bis breitkegelförmigen Wuchs. 'Humpy', die Kissen-Berg-Kiefer, mit einer Höhe bis 80 cm, ist tiefgrün und gedrungen kugelig. 'Mops', die Kugel-Berg-Kiefer, kann eine Höhe von 2 m erreichen. 'Little Gold Star' entwickelt schöne hellgrüne Sommernadeln, die sich im Winter goldgelb verfärben.

ZAPFEN

  ei- bis kegelförmig

BLÜTEZEIT

| Jan | Feb | März | **April** | **Mai** | Juni | Juli | Aug | Sept | Okt | Nov | Dez |

Sorte 'Rushmoore'

Europäische Eibe

Taxus media (höchste Pflanze), *Ilex*, Efeu und Buntnessel (links im Topf).

Europäische Eibe, Gewöhnliche Eibe
Taxus baccata, Zwergsorten

| | | | | | Höhe 0,8–2 m | pflege-leicht |

Aussehen Dichter und gedrungener Wuchs. Nadelgehölz mit attraktiven Nadeln und auffälligen Beerenfrüchten.

Pflege Eiben lieben durchlässige, humose, sandig-lehmige Erden mit mittlerem bis hohem Nährstoffgehalt. Sie vertragen keine Trockenheit. Sie sind gut schnittverträglich. Im Winter während frostfreier Perioden gießen.

Gestaltung Die aufrecht wachsenden Sorten eignen sich für einen Einzelplatz im Topf oder Kübel. Die flach ausgebreitet wachsenden, bekommen Nachbarn und wachsen gerne über den Topfrand nach unten. Da die Pflanze zweihäusig ist, sind für einen Beerenschmuck weibliche und männliche Pflanzen nötig.

Sorten Die Nadeln der bis zu 1 m hohen Sorte 'David' sind auffällig zitronengelb. 'Germers Gold' erreicht eine Höhe von 2 m. Sie ist gelb benadelt und treibt bronzefarben aus. 'Green Diamond' erreicht eine Höhe von 0,6 m und besitzt dunkelgrüne Nadeln. 'Repandens' wächst flach ausgebreitet und wird etwa 0,8 m hoch. 'Sommergold' ist gelb benadelt und wächst flach ausgebreitet bis zu 1 m.

Hinweis Giftig (alle Pflanzenteile). Beim Schnitt Handschuhe tragen.

FRÜCHTE

BLÜTEZEIT

| Jan | Feb | **März** | **April** | Mai | Juni | Juli | Aug | Sept | Okt | Nov | Dez |

Sorte 'Rheingold'

Abendländischer Lebensbaum

Sorte 'Tiny Tim'

Abendländischer Lebensbaum
Thuja occidentalis, Zwergsorten

				Höhe 0,5–2 m	pflege-leicht

Aussehen Das langsam wachsende Nadel-gehölz wächst je nach Sorte aufrecht, kugelig bis kegelförmig, breit oder gedrungen.

Pflege Lebensbäume bevorzugen durchläs-sige Erden mit mittlerem bis hohem Nährstoff-gehalt. Staunässe und Ballentrockenheit sind zu vermeiden.

Das Gehölz ist stadtklimatauglich und wind-fest. Lebensbäume vertragen Schnitt sehr gut. Die Pflanze ist in der Regel gesund, anspruchs-los und pflegeleicht.

Gestaltung Dieses Nadelgehölz kann einzeln stehen oder in Gesellschaft mit Heidekräutern, Zwerg-Rosen oder auch bunten Sommer-blumen.

Die immergrüne Benadelung sorgt auch im Winter für Farbe auf Balkon und Terrasse.

Sorten und Art 'Ohlendorffii' hat bronze-grüne Nadeln und erreicht einen Höhe von 1 bis 2 m. 'Danica' ist eine flachkugelige Zwergform mit bis zu 0,8 m Höhe. 'Rheingold' besitzt eine auffällige goldgelbe Benadelung und erreicht eine Höhe von 1,5 m. 'Tiny Tim' mit dunkel-grünen Nadeln bleibt mit 1 m Höhe eher klein. 'Sunkist' und 'Aurea' haben goldgelbe Nadeln.

Hinweis Die Gehölze sind giftig!

ZAPFEN

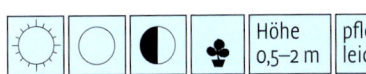

BLÜTEZEIT

Jan	Feb	März	April	Mai	Juni	Juli	Aug	Sept	Okt	Nov	Dez

Funkien sind unentbehrliche Blattschmuck-Klassiker in den verschiedensten Sorten.

Blattschmuck-Pflanzen

Blattschmuck-Pflanzen sorgen für Ruhe und Ausgeglichenheit. Sie verbinden. Man setzt sie gerne zwischen bunte Blumen. So kann man sogar Farben in einen Kasten bringen, die eigentlich nicht zusammenpassen. Die grünen Blätter aber vermitteln und lassen ein einheitliches Bild entstehen.

Es gibt Gattungen, die eine unübersehbare Vielfalt an Blattformen und Farben entwickeln. Von ganz grün bis weißgelbgrüngestreift mit rosa Hauch.
Kein Gestaltungswunsch sollte unerfüllt bleiben.

Ziergräser spielen eine besondere Rolle unter den Blattschmuckpflanzen.
Sie vermögen es, eine leichte, natürliche Stimmung zu zaubern, besonders, wenn sich ihre filigranen Halme und zarten Blütenstände leicht im Wind wiegen.

![Schleier-Frauenmantel in brauner Balkonkasten auf einem Geländer](image)
Schleier-Frauenmantel

Schleier-Frauenmantel, Frauenmantel
Alchemilla mollis

				Höhe 40–50 cm	pflege-leicht

Aussehen Die bekannte, schnell wachsende Staude entwickelt halbkugelige Horste und schöne gelbgrüne Blüten.

Pflege Frauenmäntel lieben sandig-humose Erden mit mittlerem Nährstoffgehalt. Kühle Plätze sind heißen vorzuziehen.
Wenn nur ein warmer Standort zur Verfügung steht, dann wässern Sie ausreichend. Achten Sie auf eine gute mineralische und organische Düngung. Vergilbte Blätter werden entfernt und verwelkte Blüten sofort abgeschnitten, um die Selbstaussaat zu verhindern. Alternativ kann die Pflanze nach der Blüte bis zum Boden zurückgeschnitten werden. Stiele für die Vase schneidet man, sobald die Blütendolden voll erblüht sind.

Vermehrung Aussaat und Teilung, auch Abstechen von Teilstücken

Gestaltung Der überaus vielseitige Schleier-Frauenmantel ist eine Gruppenstaude, einzelne Pflanzen wirken nicht.
Gute Nachbarn sind Glockenblumen, Rittersporne, Taglilien und viele andere mit ähnlichen Ansprüchen. Die grünlich gelben Blüten harmonieren zu fast allen Farben in Topf und Kübel.

BLÜTENFARBE

BLÜTEZEIT

Jan	Feb	März	April	Mai	**Juni**	**Juli**	Aug	Sept	Okt	Nov	Dez

Bergenie

Bergenie
Bergenia-Cultivars

| ☀ | ○ | ◐ | ♣ | Höhe 30–40 cm | pflege-leicht |

Aussehen Die immer- bis wintergrüne Blattschmuckstaude mit schönen, jedoch kleinen Blütchen wächst breit und kriechend, aber aufwärts gerichtet.

Pflege Bergenien lieben durchlässige Erden mit hohem Nährstoffgehalt. Lassen Sie die Pflanze ungestört wachsen. Im Herbst oder Winter gibt man reifen Kompostdünger um die Pflanzen herum. Die Pflanzen sind insgesamt anspruchslos, neigen aber zum Wuchern. Auf eine gleichmäßige Bodenfeuchtigkeit ist zu achten. Staunässe und Ballentrockenheit werden nicht vertragen.

Vermehrung Durch Teilung im Frühling

Gestaltung Die alte Bauerngartenpflanze gibt es in vielen Sorten mit weißen, rosa und karminroten Blüten, teilweise mit purpurroten Blättern. Alle wirken besonders durch ihre auffälligen Blattmusterungen, die sich im Winter zum Teil rötlich verfärben. Gerne steht die Pflanze im Wurzelbereich von Gehölzen in großen Kübeln oder auch im Schatten von Mauern. Gute Nachbarn sind Astilben und Farne.

Sorten Schöne Sorten sind 'Silberlicht' in Weiß mit rotgrauem Auge, 'Abendglocken' in Karminrot und 'Morgenröte' in Rosa.

BLÜTENFARBE

BLÜTEZEIT

| Jan | Feb | März | **April** | **Mai** | Juni | Juli | Aug | Sept | Okt | Nov | Dez |

Buchsbaum-Blüte

Panaschierte Buchsbaum-Sorte

Sorte mit hübschen runden Blättern

Gewöhnlicher Buchsbaum
Buxus sempervirens var. *arborescens*

| | | | | | Höhe 1–3,5 m | pflege-leicht |

Aussehen Das kleinblättrige, immergrüne Gehölz wächst buschig und langsam. Wächst im Alter zu einem Großstrauch oder Kleinbaum.

Pflege Der Gewöhnliche Buchsbaum bevorzugt durchlässige Erden mit mittlerem Nährstoffgehalt. Er ist sehr gut schnittverträglich. Die Formschnittpflanze! Geeignete Schnittmonate sind von Juni bis August. Es wird nicht später geschnitten, weil das leicht zu Winterschäden und unschöner Optik führen kann.

Gestaltung Das immergrüne, gärtnerisch wertvolle Gehölz eignet sich sowohl für Einzel- als auch Kombinationspflanzungen. Gerne werden Figuren, wie Muscheln, Tiere oder Kugeln geschnitten. Diese Formschnitte brauchen einen prominenten Einzelplatz.

Sorten und Art Die Sorte 'Blauer Heinz' ist kleinwüchsig mit bläulichem Laub. 'Elegantissima' mit wunderschön dunkelgrünen, cremeweiß gerandeten Blättern eignet sich besonders gut für Kübel und große Töpfe. 'Rotundifolia' ist kräftig wachsend, das Laub entsprechend größer. Zur Einfassung eines Terrassenbeetes eignet sich der Heckenbuchs 'Suffruticosa' sehr gut.

Anderer deutscher Name Buchs

BLÜTENFARBE

jedoch unscheinbar

BLÜTEZEIT

| Jan | Feb | März | April | Mai | Juni | Juli | Aug | Sept | Okt | Nov | Dez |

Musa basjoo

Ensete ventricosum

Zierbanane
Ensete ventricosum

  Höhe 2–6 m

Aussehen Die Staude wächst aufrecht in der typischen Bananenform.

Pflege Zierbananen haben einen mittleren Nährstoffbedarf bis August, danach wird nicht mehr gedüngt, damit die Pflanzen ausreifen können. Sie lieben durchlässiges, sandig-humoses Erdreich. Regelmäßig gießen. Ballentrockenheit muss unbedingt vermieden werden. Ebenso Staunässe.

Probleme Spinnmilben

Überwinterung Bei 5 bis 7 °C an einem hellen Standort. Im Überwinterungsraum wird nur wenig und nicht ins Herz gegossen.

Gestaltung Die Art verlangt einen Einzelstand, gerne stehen mehrere Töpfe zusammen, wenn der Platz ausreicht. Die Pflanzen brauchen wegen ihrer überhängenden Blätter ausreichend Platz um sich herum. Zierbananen sind „echte" Blattschmuckpflanzen und absolute Hingucker. Die Blüten entwickeln sich erst im Alter von sechs bis acht Jahren.

Sorte und Art 'Maurelii' hat rote Blätter. Die Japanische Faser-Banane (*Musa basjoo*) gehört zu einer anderen Gattung, ist also keine direkte Verwandte. Sie bleibt mit 2 bis 4 m kleiner als die Zierbanane.

BLÜTENFARBE

mit dunkelroten Hochblättern (Brakteen)

BLÜTEZEIT

| Jan | Feb | März | April | Mai | Juni | **Juli** | **Aug** | Sept | Okt | Nov | Dez |

Sorte 'Rondello'

Sorte 'Gold'

Lakritz-Strohblume (vorn) mit gelbblättriger Oregano-Sorte und Edellieschen (hinten).

Lakritz-Strohblume
Helichrysum petiolare

| | | | | Höhe 30–50 cm | pflege-leicht |

Aussehen Die ausdauernde Pflanze wird bei uns einjährig gezogen. Sie wächst ausladend, niederliegend oder hängend.

Pflege Der Klassiker möchte gerne in durchlässigem, sandig-humosem Erdreich wachsen. Achten Sie auf ausreichende Düngung. Gleichmäßige Bodenfeuchte ist wichtig. Staunässe wird nicht vertragen, ebenso wenig wie Ballentrockenheit. Im Frühjahr werden die Sprossspitzen gestutzt, damit sich die Pflanze gut verzweigt. Überlange und unerwünschte Triebe werden zurückgeschnitten.

Überwinterung Heller Platz, bei mindestens 3 °C. Die Gießmenge ist der Temperatur anzupassen. Nach kühler Überwinterung erscheinen im frühen Sommer weiße Blütchen.

Gestaltung Die Lakritz-Strohblume ist mit ihren silbergrauen oder gelbgrünen Blättern eine schöne und vielseitige Blattschmuckpflanze. Sie ist Begleitpflanze oder wird als Unterpflanzung verwendet. Auch in Ampeln setzt sie mit ihren Blättern Akzente. Die starkwüchsigen Sorten der Art darf man nur mit ebenso starkwüchsigen Pflanzen, wie Goldmarie und Knollenbegonie, zusammensetzen.

Sorten Stark- und schwachwüchsige Formen

BLÜTENFARBE

jedoch unscheinbar

BLÜTEZEIT

| Jan | Feb | März | April | Mai | Juni | Juli | Aug | Sept | Okt | Nov | Dez |

Funkien gibt es in vielfältigen, immer neuen Formen und Farben.

Funkie, Herzlilie
Hosta-Cultivars

| | Höhe
50–80 cm | pflege-
leicht |

Aussehen Die vielseitigen Blattschmuck-stauden wachsen rundlich buschig bis über-hängend und bilden kräftige Horste. Die Blatt-farben und Musterungen sind vielseitig und gefallen durch immer neue Kombinationen.

Pflege Funkien lieben sandig-humose bis humose Erdsubstrate. Achten Sie auf aus-reichende Düngung. Die Pflanzen sind meist sehr wüchsig und füllen den Topf schnell aus. Lassen Sie die Pflanzen in Ruhe wachsen, so werden Sie am schönsten.

Probleme Schnecken, die man unbedingt bekämpfen muss (!), weil sie die ganze Pflanze schnell vernichten können, besonders in feuch-ten Frühjahren. Nicht alle Sorten sind gleich aber gefährdet.

Vermehrung Teilung

Gestaltung Herzlilien brauchen einen Ein-zeltopf. Sie sind in der Regel stark wachsend und verdrängen andere Pflanzen schnell. Die Pflanzen passen sehr gut auf fernöstlich und japanisch anmutende Plätze. Empfehlens-werte Nachbarn (in anderen Kübeln) sind Ziergräser, Akeleien und Astilben.

Sorten und Arten Es gibt ein riesiges, ständig wachsendes Angebot an Züchtungen und Sorten!

BLÜTENFARBE

BLÜTEZEIT

| Jan | Feb | März | April | Mai | Juni | Juli | Aug | Sept | Okt | Nov | Dez |

Süßkartoffel, hier eine Sorte mit auffällig schwarzroten Blättern.

Süßkartoffel
Ipomoea batatas

   | Höhe 0,2–1,5 m | pflege-leicht

Aussehen Die Süßkartoffel ist eine Hänge-pflanze, kann aber am Spalier auch nach oben geführt werden. Es gibt hellgrüne, grüne bis dunkelrotschwarze Blatt-Sorten.

Pflege Achten Sie auf durchlässige Erden mit mittlerem Nährstoffbedarf und gleichmäßige Bodenfeuchte. Die weichen Blätter verdunsten viel Wasser, daher besonders an heißen Tagen ausreichend gießen. Staunässe ist unbedingt zu vermeiden! Wenn die Triebe zu lang gewor-den sind, können sie eingekürzt werden. Im März/April werden die Knollen neu eingetopft und können Mitte bis Ende Mai nach draußen.

Überwinterung Hell bei 10 bis 15 °C. Die Blät-ter fallen teilweise oder ganz ab. Bitte passen Sie die Gießmenge der Pflanze/Temperatur an. Zu viel Wasser führt leicht zum Faulen der Knollen!

Gestaltung Süßkartoffeln gibt es in verschie-den Blattschmuck-Sorten. Sie geben einem Kasten oder Topf Struktur und verzaubern mit ihrem dekorativen Laub. Sie können auch schön als hängende Unterpflanzung von Hochstämmchen oder höheren Kübelpflanzen verwendet werden. Am Spalier lässt sich die Pflanze als Sichtschutz aufbauen.

BLÜTENFARBE

klein

BLÜTEZEIT

| Jan | Feb | März | April | Mai | Juni | Juli | Aug | Sept | Okt | Nov | Dez |

Ein anmutiges Lorbeerbäumchen, hier in Begleitung mit Rosmarin (links).

Echter Lorbeer
Laurus nobilis

| | | Höhe 0,5–4 m | | pflege-leicht |

Aussehen Das immergrüne Gehölz wächst aufrecht buschig bis kegelförmig.
Es gibt männliche und weibliche Pflanzen. Die schwarzen Früchte entwickeln sich nur, wenn beide Pflanzen zusammenstehen.
Pflege Der Echte Lorbeer hat mittlere Nährstoff- und Wasseransprüche. Er kommt auch mit etwas weniger Wasser aus, der Ballen darf aber nicht austrocknen. Ab August muss die Düngung eingestellt werden. Die Pflanze ist gut schnittverträglich und eignet sich auch für den Formschnitt. Die Blätter dürfen dabei nicht beschädigt werden, weil das unschöne Ränder gibt.

Probleme Woll- und Schildläuse können vorkommen.
Überwinterung Bei mindestens 3 °C an einem hellen Standort. Die Wassergaben sind den verminderten Temperaturen anzupassen.
Gestaltung Der Echte Lorbeer braucht einen Einzelplatz im Topf. Er gefällt wegen seines Blattschmucks. Aber auch die kleinen weißen Blütchen und besonders der glänzende schwarze Beerenschmuck der weiblichen Pflanzen machen ihn zu einer äußerst attraktiven Kübelpflanze.
Anderer deutscher Name Lorbeerbaum

BLÜTENFARBE

BLÜTEZEIT

| Jan | Feb | März | April | Mai | Juni | Juli | Aug | Sept | Okt | Nov | Dez |

Weihrauch

Weihrauch, Harfenstrauch, Mottenkönig
Plectranthus forsteri

☀	○	◐	🏠	Höhe 20–30 cm	↪	pflege-leicht

Aussehen Die ausdauernde Pflanze, die bei uns einjährig gezogen wird, wächst niederliegend bis hängend.

Pflege Die schönen Blattschmuckpflanzen haben mittlere bis hohe Nährstoffansprüche. Ballentrockenheit und Staunässe sind zu vermeiden. Das Entspitzen der Triebe fördert den gewünschten kompakten Wuchs. Außerdem können zu lange Triebe immer wieder zurückgenommen werden.

Wenn Sie die Pflanze überwintern wollen, wird nur bis August gedüngt, danach reift die Pflanze selbständig aus.

Überwinterung Im temperierten Wintergarten oder als Zimmerpflanze (16 °C) möglich.

Gestaltung Die interessante und beliebte Blattschmuck-Balkonpflanze eignet sich sehr gut für Ampeln und als Unterpflanzung hoch wachsender Kübelpflanzen. Außerdem dient sie als Begleitpflanze in Kästen und Töpfen. Die grünen oder weißgrün panaschierten Blätter riechen beim Zerreiben angenehm nach Weihrauch. Als Blattschmuckpflanze ist eine Kombination mit starkwüchsigen, bunten Balkonpflanzen, z. B. mit Geranien und der Goldmarie, sehr gut möglich.

BLÜTENFARBE

 jedoch unscheinbar

BLÜTEZEIT in unregelmäßigen Abständen

Jan	Feb	März	April	Mai	Juni	Juli	Aug	Sept	Okt	Nov	Dez

Silberblatt (rechts und hinten links) mit Schneebeere (rosa) und lilarotem Alpenveilchen.

Silberblatt
Senecio cineraria

	Höhe 25–60 cm	pflege-leicht

Aussehen Die Pflanze wächst aufrecht buschig.

Pflege Das dankbare Silberblatt liebt durchlässige, sandig-lehmige bis sandig-humose Erde mit niedrigem bis mittlerem Nährstoffgehalt. Eine gleichmäßige Bodenfeuchtigkeit ist wünschenswert, auf keinen Fall aber zu nass halten. Wenn die Pflanze überwintert werden soll, darf nur bis August gedüngt werden. Entspitzen Sie die Triebe frühzeitig, dann entwickelt die Pflanze einen gewünschten buschigen Wuchs.

Überwinterung An einem hellen, kühlen, frostfreien Standort möglich. Gießmenge verringern und den Temperaturen anpassen.

Gestaltung Diese vielseitige Blattschmuckpflanze entwickelt je nach Sorte silbergraue, -grüne oder -blaue Blätter, die filzig behaart sind. Sie lässt sich gut in Kästen und Töpfen als Begleitpflanze einsetzen und trennt Farbbereiche voneinander ab. Gerne werden auch Hochstämmchen damit unterpflanzt, da die Blattfarbe mit fast allen Pflanzen harmoniert. Die Blüten sind ohne großen Schmuckwert.

Andere deutsche Namen Greiskraut, Silber-Greiskraut

BLÜTENFARBE

BLÜTEZEIT (im zweiten Jahr)

Jan	Feb	März	April	Mai	Juni	Juli	Aug	Sept	Okt	Nov	Dez

Sortenvielfalt der Buntnessel

Buntnessel, Coleus
Solenostemon scutellarioides

| ☀ | ◯ | ◑ | 🏠 | Höhe 30–60 cm | pflege-leicht |

Aussehen Die ausdauernde Pflanze wird bei uns einjährig für Balkon und Terrasse gezogen. Buntnesseln sind unübertroffene Blatt-schmuckpflanzen mit aufrecht buschigem Wuchs.

Pflege Die Buntnessel liebt durchlässiges und humoses Erdreich. Ausreichende Düngung ist für ein gutes Gedeihen wichtig. Ein frühzeitiges Entspitzen der Haupttriebe sorgt für den gewünschten buschigen Wuchs.

Probleme Blattläuse, Spinnmilben, Weiße Fliege. Wenn zu lange Triebe und verblasste Blätter entstehen, stehen die Pflanzen zu dunkel.

Überwinterung Ein heller Platz im Zimmer bei mindestens 16 °C.

Vermehrung Kopfstecklinge

Gestaltung Die Pflanze wird wegen ihrer wun-derschönen Blätter sehr geschätzt. Zahlreiche Blattfarben und Schattierungen sorgen für inte-ressante Aspekte. Sie werden meist als Begleit-pflanzen zur Sommerbepflanzung gewählt. Reine Buntnesseltöpfe mit verschiedenen Sor-ten sind echte Hingucker.

Sorten Es gibt viele Sorten mit den tollsten Blattfarben – von Gelb über Hell- und Dunkel-grün bis Orange, Rot und Braun.

BLÜTENFARBE

BLÜTEZEIT nahezu ganzjährig

| Jan | Feb | März | April | Mai | Juni | Juli | Aug | Sept | Okt | Nov | Dez |

Woll-Ziest in Blüte

Woll-Ziest
Stachys byzantina

| | | | Höhe 10–40 cm | pflege-leicht |

Dekorative Blätter

Aussehen Die wertvolle, vielseitige Blattschmuckstaude wächst niederliegend bis kriechend. Die Blütenstiele stehen aufrecht, sind aber nicht sicher standfest.

Pflege Die Pflanze braucht durchlässige Erdsubstrate mit niedrigem bis mittlerem Nährstoffgehalt. Zu hohe Nährstoffgaben sind zu vermeiden. Ballentrockenheit und Staunässe werden schlecht vertragen. Der Spross wird im späten Herbst oder zeitigen Frühjahr zurückgeschnitten.

Vermehrung Teilung großer Mutterpflanzen ist möglich.

Gestaltung Der Woll-Ziest ist mit seinen weißwolligen oder silbergrauen Blättern eine ungewöhnliche, aber vielseitig verwendbare Pflanze. Die Blätter passen nahezu zu allen Farben.

Besonders schön sind Kombinationen mit Lavendel, Salbei, Glockenblume, Schafgarbe und Blaustrahlhafer. Immer in Gruppen pflanzen, um die gewünschte Flächenwirkung zu erzielen.

Sorten 'Silvercarpet' ist ein dichter grauer Bodendecker, der kaum blüht. 'Cotton Boll' wächst kompakter und wird nur etwa 10 cm hoch. Die Sorte entwickelt wollige Blütenkugeln.

BLÜTENFARBE

BLÜTEZEIT

| Jan | Feb | März | April | Mai | Juni | **Juli** | **Aug** | Sept | Okt | Nov | Dez |

Hirschzungenfarn im Schatten von einigen Fuchsien.

Hirschzungenfarn
Phyllitis scolopendrium (syn. *Asplenium scolopendrium*)

  Höhe
30–70 cm

Aussehen Der wunderschöne Farn wächst aufrecht und bildet Horste. Die Blätter sind glänzend grün und wintergrün. Die lanzettlichen (ungeteilten) bis riemenförmigen Wedel werden bis zu 50 cm lang.

Pflege Der Hirschzungenfarn liebt durchlässige, humose Erden mit mittlerem Nährstoffgehalt. Achten Sie auf ausreichende Bodenfeuchtigkeit. Zu sonnige und trockene Standorte werden nicht vertragen. Windgeschützte Plätze wählen. Ein guter Winterschutz ist vorteilhaft.

Gestaltung Der Hirschzungenfarn ist ein außergewöhnlich schöner Farn!

Die Blätter sind ein attraktiver Blickfang und verbreiten urzeitliches Flair. Rustikale Baumstümpfe und Steine sehen zu den Wedeln sehr schön aus.

Sorten Die Sorte 'Crispa' (Krauser Hirschzungenfarn) entwickelt am Rand stark gewellte Blätter, die sehr auffällig sind. 'Angustifolia' (Schmaler Hirschzungenfarn, gültiger Name 'Augustatum', der aber im Handel unüblich ist) besitzt nur 4 cm breite Blätter, die damit nur halb so breit sind wie die der Art. 'Capitata' (Kamm-Hirschzungenfarn) zeigt am Wedelende Verbreiterungen und markante „Kämme".

Ein interessanter Farn für viele Verwendungen.

Braunstieliger Streifenfarn

Braunstieliger Streifenfarn
Asplenium trichomanes

   | Höhe 15–20 cm

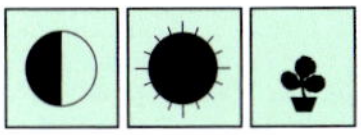

Aussehen Diese attraktive Farnart bildet lockere Horste, die teilweise schön bogig überhängen. Die gefiederten, lanzettlichen Blätter sind mattgrün oder dunkel gefärbt. Sie bleiben auch im Winter schön grün. Die Pflanze wird etwa 20 cm hoch und ebenso breit.

Pflege Wählen Sie humose, feuchte Erden. Trockenheit wird nicht gut vertragen. Vermeiden Sie außerdem Staunässe.

Diese Farnart kommt gut auf kalkhaltigen Standorten zurecht und ist insgesamt recht anspruchsvoll.

Vermehrung Teilung

Gestaltung Der Braunstielige Streifenfarn steht gerne in Gesellschaft mit anderen Farnen, aber auch im Schatten von Gehölzen. Die Art ist für Steingärten und die Bepflanzung von Mauern sehr gut geeignet.

Schön sind auch Tröge mit markantem Steingartencharakter (mithilfe von Kieseln, Tuffsteinen …)

Sorten 'Incisum', die Gesägte Steinfeder, gefällt wegen tief eingeschnittener Blättchen. 'Ramocristatum', die Verzweigte Kammfeder, ist eine besonders schwachwüchsige Sorte.

Andere deutsche Namen Steinfeder, Silikatliebender Brauner Streifenfarn

Schöner Farn mit Steingartencharakter, vor allem für schattige Bereiche.

Gold-Japanberggras mit seinen dekorativen grünweißen Blättern.

Gold-Japanberggras
Hakonechloa macra 'Aureola'

  | Höhe bis 40 cm, bis 70 cm lange Blätter | pflege-leicht

Aussehen Dieses schöne Ziergras wächst leicht überhängend. Die Blätter sind gelbgrün bis goldbunt gestreift, lanzettlich und ausgesprochen auffällig.

Pflege Setzen Sie diese Pflanze in saure bis schwach saure, lockere, durchlässige, nährstoffreiche Erdsubstrate. Der Wasserbedarf ist mittelhoch. Staunässe und Ballentrockenheit müssen unbedingt vermieden werden!

Überwinterung Winterschutz im Freien wird empfohlen.

Vermehrung Teilung (Frühjahr)

Gestaltung Das Gold-Japanberggras passt sehr gut zur üblichen Sommerblumen-Bepflanzung von Balkon und Terrasse. Sehr schön wirkt es auch unter Gehölzen und zwischen Steinen, weil die Blätter einen schönen Kontrast zum Holz und Mauerwerk bilden. Das Gras passt zudem sehr gut zu fernöstlich gestalteten Bereichen.

Sorten 'Albovariegata' wird mit bis zu 100 cm etwas höher und besitzt dünne, weiße Streifen auf den Blättern. 'Allgold' entwickelt grüngelbe Blätter und liebt den Halbschatten.

Anderer deutscher Name Japanisches Gold-Berggras

BLÜTENFARBE

jedoch unscheinbar

BLÜTEZEIT

Jan	Feb	März	April	Mai	Juni	Juli	Aug	Sept	Okt	Nov	Dez
						Juli	Aug	Sept			

Schlangenbart mit schwarzrotem Laub.

Schlangenbart
Ophiopogon japonicus

Höhe
5–10 (15) cm

Aussehen Der Schlangenbart bildet einen kleinen Horst (5 bis 10 cm) mit einer Blüte, die eine Höhe von 15 cm erreichen kann. Er dehnt sich durch Rhizome aus. Die Blätter sind schwarzgrün und grasartig. Die Blüte ist unauffällig, das Gras wird vor allem als Blattschmuckpflanze verwendet.

Pflege Wählen Sie einen geschützten, warmen Platz in durchlässigem Erdreich. Staunässe und Ballentrockenheit müssen vermieden werden!

Vermehrung Teilung (Frühjahr) oder Aussaat

Überwinterung Winterschutz ist im Freien unbedingt notwendig.

Gestaltung Das pflegeintensive, zierende „Liebhaber-Gras" wird an den Topfrand, auf Mauerkronen oder unter Gehölze gepflanzt.
Sehr schön wirkt die schwarzlaubige Pflanze inmitten bunter Staudenpflanzungen.

Sorte und Art *O. planiscapus* 'Niger', der Schwarze Schlangenbart, ist eine besonders auffällige schwarz-grünlaubige Sorte, die gerne gepflanzt wird.
Die Sorte 'Minor', der Kleine Schlangenbart, bleibt wesentlich kleiner und ist frostempfindlicher als die beschriebene Art.

BLÜTENFARBE

traubenförmig, jedoch unscheinbar

BLÜTEZEIT

Jan	Feb	März	April	Mai	Juni	**Juli**	**Aug**	Sept	Okt	Nov	Dez

Blattschmuck im Gegenlicht

Kakteen, Sukkulenten & Palmen

Wenn Sie für Kakteen und Sukkulenten eine besondere Liebe hegen, dann können Sie auf Balkon und Terrasse mit diesen vielseitigen Pflanzen besondere Töpfe und Kübel gestalten. Das Klima bietet sogar besonders gute Voraussetzungen für die erfolgreiche Pflege.

Kakteen und Sukkulenten haben immer einen Hauch von Steppen- und Wüstenklima. In Trögen lassen sich mit einigen Steinen und einer Sandschicht sogar kleine Wüstenlandschaften gestalten. Dazu müssen natürlich klein bleibende Formen gewählt werden.

Anders die Agaven: Sie verlangen einen Einzelplatz und können im Laufe der Jahre sehr groß werden. Sie beherrschen dann mit Leichtigkeit die gesamte Szenerie. Diese großen Pflanzen brauchen auch ein entsprechendes Winterquartier, was nicht immer einfach zu finden ist.

Palmen sind auf fast jedem Balkon willkommen.
Sie verbreiten immer ein wenig Exotik und Urlaubsflair, selbst am Feierabend, wenn man sich nach getaner Arbeit am lauen Abend erfreut.

Agave americana 'Variagata'

Agave
Agave-Arten

   Höhe
20–200 cm

Aussehen Agaven entwickeln – je nach Art – große und kleine, halbrunde bis leicht kegelförmige Pflanzen. Die sukkulenten Blätter können einfarbig, gestreift oder gerandet sein. An den Blättern entwickeln sich Stacheln, Haare oder sie bleiben glatt.

Pflege Wählen Sie durchlässige Erden, zum Beispiel Kakteensubstrat. Der Nährstoffbedarf ist gering. Von Oktober bis Februar wird nicht gedüngt.

Die Blätter können Wasser gut speichern, was sie unempfindlich gegenüber Trockenperioden macht.

Lassen Sie die Erde nach jedem Wässern unbedingt abtrocknen, bevor Sie wieder Wasser geben. Im Winter nur sparsam gießen. Im Frühjahr kann umgetopft werden. Tragen Sie Handschuhe. Zum einen wegen der Bestachelung, zum anderen, weil der Pflanzensaft bei empfindlichen Menschen unangenehme Hautreizungen hervorrufen kann.

Probleme Achten Sie auf die Wassergaben. Fäulnis an den Wurzeln kann besonders im Winter auftreten, wenn zu viel gegossen worden ist.

Überwinterung Im Haus, bei etwa bei 10 °C

Vermehrung Kindel von der Mutterpflanze abnehmen und neu eintopfen.

Verwendung Die Agaven bekommen einen Einzeltopf. Sie sorgen auf Balkonen und Terrassen für einen mediterranen, südländischen Touch.

Sorten und Arten Eine der bekanntesten Agaven ist *A. americana*. Sie entwickelt sich im

Vielfältige Blattschmuckpflanze mit Blattbewehrung, die sich auch für Anfänger eignet.

Agaven können leicht zum Blickfang werden.

Alter zu einer markanten, platzbeherrschenden Persönlichkeit und wird sehr groß.
Da sie zusätzlich eine starke Blattbewehrung entwickelt, ist es nicht immer einfach, sie ins Überwinterungslager einzuräumen. 'Marginata' und 'Variegata' sind schöne weißbunte Sorten. Die **Königs-Agaven**, *A. victoriae-reginae*, bleiben mit 20 bis 50 cm deutlich kleiner. Ebenso wie die **Faden-Agave**, *A. filifera*, die lange Haare an den Blatträndern entwickelt und dadurch einen besonders auffälligen Blattschmuck zeigt.

Die *Aloe vera* ist gleichermaßen beliebt und wirkungsvoll.

Aloe
Aloe

  Höhe 5–100 cm | pflege-leicht

Aussehen Es gibt straff aufrechte Arten und überhängende mit halbrunder Form. Die Blätter haben eine Bewehrung und sind sukkulent.

Pflege Wählen Sie durchlässige Erde, zum Beispiel Kakteensubstrat. Geben Sie obendrauf ca. 5 cm Sand auf die Erde, damit verhindern Sie Fäulnis an Stamm und Blättern. Die Blätter speichern Wasser, was sie unempfindlich gegenüber Trockenperioden werden lässt. Nässe und Staunässe sind stets zu vermeiden. Der Nährstoffbedarf ist gering, von November bis Februar wird nicht gedüngt. Verwenden Sie vorzugsweise Kakteendünger.

Probleme Fäulnis bei zu viel Bodennässe, Blatt- und Wurzelläuse

Überwinterung Hell, zwischen 5 und 10 °C

Vermehrung Seitensprosse eintopfen

Sorte mit hübscher dunkler Bewehrung.

Verwendung Geben Sie der Aloe einen Einzeltopf. Der sukkulente Charakter verleiht den Plätzen einen interessanten Touch.

Arten *Aloe vera* ist sicherlich der bekannteste Vertreter dieser Gattung, weil sie wegen ihrer gesundheitsfördernden Inhaltsstoffe geliebt wird. Eine fast unverwüstliche Art ist *A. arborescens*, die Baumartige Aloe, die breit ausladend wächst und eine überaus robuste Blatt-Bewehrung besitzt.

Eine dankbare Blattschmuckpflanze, die auch für Anfänger gut geeignet ist.

Europäische Zwergpalme

Europäische Zwergpalme, Zwergpalme
Chamaeops humilis

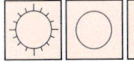 | Höhe 1–2 m | pflege-leicht |

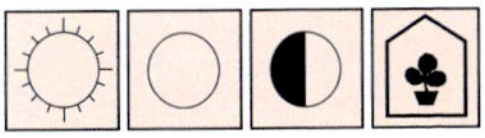

Aussehen Eine wunderschöne Zwergpalme mit großen fächerartigen, tief geschlitzten Blättern. Die Europäische Zwergpalme wächst aufrecht bis leicht trichterartig.

Pflege Wählen Sie lehmig-humose, durchlässige, nährstoffreiche Erde. Von Oktober bis Februar wird nicht gedüngt, ansonsten nur mäßig. Achten Sie auf gleichmäßige Bodenfeuchte. Trockenheit und Staunässe sind zu vermeiden. Umgetopft wird in der Regel im März/April.

Probleme Schildläuse, Spinnmilben

Überwinterung Im Haus bei 8 bis 12 °C. Passen Sie die Wassergaben den niedrigeren Temperaturen und der Wachstumspause an. Nicht zu feucht halten!

Vermehrung Aussaat, Keimung dauert recht lange

Blattschmuck pur!

Verwendung Diese Zwergpalmen brauchen zur besseren Wirkung einen Einzeltopf oder separaten Kübel. Sie verleihen Balkonen und Terrassen einen südländischen Touch und stehen gerne in Gesellschaft mit anderen wärmeliebenden Kübelpflanzen, z. B. Bougainvillee oder Oleander. Selbstverständlich auch mit Palmen.

Eine dankbare, klein bleibende Palme, die sich auch für Anfänger eignet.

Echeverien gibt es in vielen Sorten und Arten.

Echeverie
Echeveria-Arten und -Sorten

				Höhe 5–25 cm	pflege-leicht

Blüten- und Blattschmuck

Aussehen   Echeverien entwickeln einen halbrunden bis kegelförmigen Wuchs. Die Blätter sind rundlich bis trichterförmig – in Abhängigkeit von Art und Sorte.

Pflege   Wählen Sie durchlässige Erden, zum Beispiel Kakteensubstrat. Die Dickblattgewächse können Wasser speichern und sind dadurch in Trockenzeiten geschützt. Vorsicht beim Hantieren mit den Töpfen: Die Blättchen können leicht abbrechen. Vor Regen geschützt aufstellen. Staunässe und Nässe sind zu vermeiden. Nach dem Gießen das Erdreich abtrocknen lassen, bevor erneut gewässert wird.

Nicht in die Rosette gießen! Nur wenig düngen, in den Wintermonaten überhaupt nicht.

Überwinterung   Im Winter bei 5 bis 10 °C halten und weniger gießen.

Vermehrung   Tochterpflanzen (Seitenrosetten) abnehmen und neu eintopfen.

Verwendung   Echeverien passen sehr gut in Töpfe, die wie kleine Steingärten gestaltet sind. Gerne in Gesellschaft mit anderen Sukkulenten, wie Fetthennen, *Sempervivum* oder kleinen Kakteen.

BLÜTENFARBE

BLÜTEZEIT

Jan	Feb	März	April	Mai	Juni	Juli	Aug	Sept	Okt	Nov	Dez

Sie können zwischen vielen Euphorbien wählen: Hier eine attraktive Hybride.

Euphorbie
Euphorbia

  Höhe
0,3–1,5 (4) m

Aussehen Es gibt eine Vielzahl von unterschiedlichen Euphorbien. Rund und fleischig wie Kakteen oder mit kurzen, bleistiftdicken Verzweigungen. Alle Euphorbien haben einen giftigen Milchsaft.
Vorsicht in Haushalten mit Kindern!
Pflege Verwenden Sie durchlässige Erde, zum Beispiel Kakteenerde. Gießen Sie mäßig, der Wasserbedarf ist gering, ebenso der Nährstoffbedarf. Von September bis Februar nicht düngen. Wenn Sie umtopfen wollen, dann wählen Sie am besten die Monate Februar oder März.
Tipp Tragen Sie bei Schnittmaßnahmen und

Umtopfen Handschuhe – nicht nur wegen der Verletzungsgefahr, sondern weil kein Körperteil mit dem Milchsaft in Berührung kommen sollte (Kontaktallergie).
Probleme Fäulnis durch Nässe
Überwinterung In der Ruhezeit (Oktober bis Februar) sollte das Thermometer nicht unter 10 °C sinken.
Vermehrung Stecklinge und Aussaat sind möglich.
Verwendung Euphorbien stehen einzeln in Töpfen oder in Sukkulenten-Kästen und -Töpfen, zusammen mit Echeverien und Kakteen.

Kakteenähnliche Pflanze, die durch vielfältige Optik zahlreiche Gestaltungen ermöglicht.

Kanarische Dattelpalme

Kanarische Dattelpalme
Phoenix canariensis

    | Höhe 2–2,5 m | pflege-leicht

Aussehen Die Kanarische Dattelpalme kann mit bis zu 2,5 m Höhe und bis zu 1,5 m Breite sehr mächtig werden, was man beim Einräumen und dem Winterplatz an sich bedenken muss. Die Wedel können fast bis zum Boden überhängen.
Diese Art ist robust und pflegeleicht.

Pflege Ein heller Platz, der im Sommer warm, im Winter zwischen 5 bis 12 °C kühl ist, wird gewünscht. Das Erdreich muss durchlässig und in der Wachstumszeit immer leicht feucht sein. Ballentrockenheit, Nässe oder Staunässe werden nicht vertragen. Sorgen Sie für eine gute Dränage im Topf. Diese Palmenart hat einen niedrigen Nährstoffbedarf. Von Oktober bis Februar nicht düngen.
Umgetopft wird, wenn nötig, im März/April.

Probleme Schildläuse, Spinnmilben, Thripse. Fäulnisbildung bei zu viel Nässe.

Überwinterung Hell bei 5 bis 12 °C.
Passen Sie die Gießmenge den niedrigeren Temperaturen an.

Vermehrung Aussaat (3 Monate Keimdauer)

Art Die Echte Dattelpalme, *P. dactylifera*, ist eine nahe Verwandte, die in die direkte Sonne gehört und bei etwa 6 bis 10 °C überwintert wird.

Anderer deutscher Name Phoenixpalme

Dankbare Palme – eine echte Einsteiger-Palme!

Sabalpalme

Sabalpalme
Sabal-Arten

| | | Höhe 2–4 (15) m |

Aussehen Die großen Wedel der Sabalpalmen verzaubern durch ihre Größe und frischgrüne Färbung.

Pflege Wählen Sie einen hellen bis sehr hellen, warmen Platz, aber ohne pralle Sonne. Das Erdreich muss durchlässig und in der Wachstumszeit immer gut feucht sein. Ballentrockenheit, Nässe oder Staunässe werden nicht vertragen.
Sorgen Sie für eine gute Dränage im Topf. Von Oktober bis Februar nicht düngen.

Probleme Schildläuse, Spinnmilben, Thripse. Fäulnisbildung bei zu viel Nässe.

Vermehrung Aussaat

Überwinterung Hell, zwischen 8 bis 12 °C. Die Wassermenge muss der geringeren Temperatur angepasst werden. Der Ballen sollte nie austrocknen.

Arten Die Zwerg-Palmettopalme (*S. minor*) mit bis zu 2 m Höhe ist die geeignete Art für die Mehrzahl der Balkone und Terrassen. Die Blätter bilden sich direkt aus dem unterirdischen Stamm.
S. palmetto, die Gewöhnliche Palmettopalme, wird sehr viel höher und eignet sich nur für Fortgeschrittene mit entsprechend viel Platz.

Anderer deutscher Name Palmettopalme

Wunderschöne Palme mit eindrucksvollen Blättern.

Die Gold-Fetthenne ist eine bekannte Sorte.

Fetthennen
Sedum in Arten und Sorten

| ☀ | ♣ | Höhe 5–60 cm | pflege-leicht |

Aussehen Fetthennen haben wasserspeichernde Teile: ihre sukkulenten Blätter. Je nach Art und Sorte wachsen die Pflanzen matten- oder horstartig breit beziehungsweise kompakt und klein.

Pflege Fetthennen lieben durchlässige, sandig-kiesige, humusarme Erden mit mittlerem Nährstoffgehalt. Je größer die Art, desto mehr Nährstoffe werden verlangt. Pflegemaßnahmen sind in der Regel aber nicht nötig.

Vermehrung Die meisten Arten können durch Aussaat und Teilung vermehrt werden.

Gestaltung Die niedrigen Arten werden mit niedrigen Nelken, Storchschnabel, Schleierkraut und Hauswurz kombiniert. Höhere Arten passen gut zu trockenverträglichen Stauden (Woll-Ziest, Ruhrkraut) und Polstergräsern.

Sorten und Arten Es gibt viele Arten und Sorten. Die **Gold-Fetthenne** (*S. floriferum* 'Weihenstephaner Gold') schmückt sich mit schönen sternförmigen, goldgelben Blüten von Juli bis August. Der **Teppich-Sedum** (*S. album*) wird gern als Bodendecker verwendet und blüht zur gleichen Zeit. Die **Kaukasus-Fetthenne** (*S. spurium*) blüht rosa von Juni bis Juli, wächst rasch und wird 10 bis 15 cm hoch.

BLÜTENFARBE

BLÜTEZEIT

| Jan | Feb | März | April | Mai | Juni | Juli | **Aug** | **Sept** | Okt | Nov | Dez |

Gewöhnliche Dachwurz

Sempervivum und Steine sind zwei, die einfach zusammen passen.

Blühende Spinnweben-Hauswurz

Hauswurz
Sempervivum

| ☼ | ♣ | Höhe 10–25 cm | pflege-leicht |

Aussehen Die kleinen, unkomplizierten Stauden wachsen kissenförmig, kompakt und bilden oft bildschöne Rosetten.

Pflege Die Hauswurz bevorzugt durchlässige, sandig-kiesige, trockene bis mäßig trockene Erden. Der Nährstoffbedarf ist gering. Es sind sehr dankbare und genügsame Stauden.

Probleme Fäulnis bei zu viel Nässe

Vermehrung Aussaat und Teilung

Gestaltung Diese Stauden passen in Trockentöpfe und -schalen, die mit Steinen und Tuffsteinen gestaltet werden. Setzen Sie sie immer in Gruppen zusammen. Die Pflanzen können gut mit anderen *Sempervivum*-Arten, Fetthennen und Kakteen kombiniert werden. Alle Nachbarn müssen Trockenheit vertragen. Da sie nicht wuchskräftig sind, dürfen keine starkwachsenden Pflanzen dazugesetzt werden.

Sorten und Arten Die **Gewöhnliche Dachwurz**, *S. tectorum*, entwickelt rosa Blüten in großen Rosetten. Die grünen Blätter haben rötliche Spitzen. Die **Spinnweben-Hauswurz** (*S. arachnoideum*) besitzt schöne Rosetten, die wie von einem silbrigen Spinnennetz überzogen aussehen. Sie blüht sternförmig von Juni bis Juli in Karminrot. Zudem gibt es zahlreiche Hybriden.

BLÜTENFARBE

BLÜTEZEIT

| Jan | Feb | März | April | Mai | Juni | Juli | Aug | Sept | Okt | Nov | Dez |

Hanfpalme mit gelber Kassie

Hanfpalme
Trachycarpus fortunei

				Höhe 2–3 (12) m	pflege-leicht

Aussehen Die dankbare Hanfpalme bildet einen dicken Stamm, der mit braunen Fasern attraktiv überzogen ist. Sie wächst sehr langsam, daher sollte man sich nicht zu kleine Exemplare zulegen. Die Pflanze kann bei uns im Juni/Juli in etwa 30 cm langen Rispen blühen und später im Jahr fruchten.

Pflege Wählen Sie durchlässige Erde. Staunässe und Nässe sind zu vermeiden. Gießen Sie aber immer ausreichend, der Ballen darf nie austrocknen. Die Palme hat nur geringe Nährstoffansprüche. In wintermilden Gebieten benötigt sie nur einen leichten Schutz.

Probleme Schildläuse, Thripse. Fäulnis bei zu viel Nässe.

Überwinterung Nicht über 10 °C, hell. Weniger gießen, aber den Ballen nicht trocken werden lassen. Nicht düngen!

Vermehrung Aussaat (ist aber sehr schwierig)

Gestaltung Hanfpalmen brauchen einen Einzeltopf. Wenn sie groß sind, können sie eine Terrasse mit ihrem „Urlaubscharakter" stark prägen.

Stellen Sie für die Gesamtwirkung andere mediterrane Kübelpflanzen, zum Beispiel Bougainvilleen, Hibiscus oder auch Oleander, dazu.

Pflegeleichte Palme, die in wintermilden Gebieten sogar draußen bleiben kann.

Yucca, hier eine gelbgrüne Form.

Yucca
Yucca elefantipes

| ☀ | ◯ | ♣ | Höhe 2–3 (5) m | pflege-leicht |

Aussehen Yuccas haben dicke, robuste Stämme und gesunde Blattschöpfe. Sie haben etwas Palmenartiges an sich. Sie bilden je nach Sorte dunkelgrüne bis weiß-grün gestreifte Blätter aus. Sie zählen zu den unkomplizierten Zimmer- und Kübelpflanzen, die auch von Anfängern erfolgreich gepflegt werden können.

Pflege Man kann jeden Stamm einzeln in einen Topf geben oder mehrere zusammen. Leider werden die Pflanzen irgendwann zu hoch und die Stämme dann recht unansehnlich, zumal die attraktiven Blattschöpfe jetzt außerhalb des eigenen Blickfeldes liegen.

Sie können dann abgesägt werden. In der Regel treiben die Pflanzen wieder vital aus. Wählen Sie durchlässiges Erdreich und einen luftigen Platz. Achten Sie auf genügend Wasser, vermeiden Sie aber Ballentrockenheit und Staunässe.

Schädlinge Spinnmilben, Schildläuse

Überwinterung Im Winter werden Zimmertemperaturen vertragen, aber auch kühlere Plätze (5 bis 10 °C). Hell aufstellen!

Vermehrung Ausläufer am Stammfuß von älteren Pflanzen bei einer Länge von über 15 cm abtrennen und neu eintopfen.

Beliebte, pflegeleichte Anfänger-Blattschmuckpflanze und gute Alternative zu Palmen.

Mini-Teiche können auch kleinen Plätzen eine besondere Note verleihen.

Mini-Teich

Wasser auf Balkon und Terrasse – das ist schon etwas Besonderes. Das kann dann sehr schön gelingen, wenn die Statik dafür ausgelegt ist und man schon einige Erfahrungen mit Pflanzen und deren Pflege gesammelt hat.

Planen Sie sehr sorgfältig! Ein Mini-Teich braucht genauso viel Überlegung wie ein Teich im Garten. Soll es ein Holzfass sein oder eine Landschaft aus Plastik? Selbst in großen Kübeln lässt sich ein Wasser-Mini-Garten gestalten. Allerdings braucht er dann besonders viel Aufmerksamkeit, damit zum Beispiel das Wasser an heißen Tagen nicht überhitzt oder bei starken Regengüssen überschwemmt.

Der Mini-Teich wird wie eine Bühne aufgebaut. Vom Betrachter aus stehen die hohen Pflanzen hinten, die niedrigen vorn. Es dürfen nicht zu viele Gewächse eingesetzt werden, ansonsten ist der Teich schnell zugewachsen und muss ausgelichtet werden.

Sumpfdotterblume

Sumpfdotterblume
Caltha palustris

      | Höhe 30–40 cm | pflege-leicht

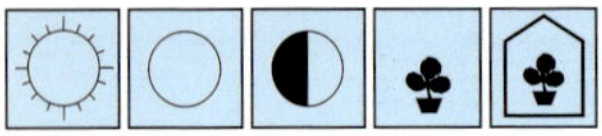

Aussehen Die bekannte Sumpfpflanze wächst niederliegend bis flach aufstrebend.
Pflege Die Sumpfdotterblume liebt einen Platz an sumpfigen Stellen im Uferbereich. Wechselnasse bis feuchte Standorte sind geeignet. Der Platz darf nie austrocknen! Das Erdreich sollte sauer bis schwach sauer und humos sein. Die Pflanze ist anpassungsfähig und pflegeleicht. An zusagenden Orten sät sie sich auch selbst aus. Das sollte am Mini-Teich aber vermieden werden, da der Teich sonst schnell verlanden kann. Sollte sich die Pflanze zu weit ausbreiten, nimmt man Teilstücke ab und verkleinert so die Mutterpflanze. Die Horste werden im späten Herbst gesäubert.
Vermehrung Teilung nach der Blüte
Gestaltung Wenn die Sumpfdotterblume blüht, sieht man die schönen, gelben Blüten schon von weitem leuchten. Sie ist ein echter Frühlingsblüher, eine Zierde für den Mini-Teich und ein toller Blickfang. Schöne Partner sind die Sibirische Schwertlilie (*Iris sibirica*) und die Gelbe Sumpf-Schwertlilie (*I. pseudacorus*) sowie das Sumpf-Vergissmeinnicht.
Andere deutsche Namen Butterblume, Schmalzblume, Eierrosen

BLÜTENFARBE
ungefüllt, gefüllt

BLÜTEZEIT

Jan	Feb	März	April	Mai	Juni	Juli	Aug	Sept	Okt	Nov	Dez

Zypergras

Zypergras
Cyperus longus

| ☀ | ◯ | ◐ | ♣ | Höhe
60–90 cm |

Aussehen Das Zypergras sorgt mit seinen gebogenen, rau berandeten Blättern immer für eine exotische Note. Die Blüte ist rotbraun und steht in schönem Kontrast zu den glänzend grünen Blättern.

Pflege Das Zypergras gehört im Mini-Teich auf jeden Fall in einen Korb. Es muss stets in der feuchten Zone stehen und verträgt keine Trockenheit. Die Wassertiefe beträgt 0 bis 30 cm.

Überwinterung Frostfrei, hell und im flachen Wasser

Vermehrung Teilung, Stecklinge

Gestaltung Zypergras erhebt sich relativ hoch über der Wasseroberfläche, muss daher nach hinten gesetzt werden. Schön wirken dazu niedrige Stauden im Vordergrund, z. B. die gelb blühende Sumpfdotterblume.

Arten *C. haspan* ist eine kleinere Art, die eine Höhe von ca. 50 cm erreicht. Sie ist wegen der großen schirmartigen Blattschöpfe beliebt. Sie verlangt helle und warme, nie austrocknende Plätze. Die Pflanze wird im Korb in den Teich gesetzt. Überwinterung (frostfrei) im Flachwasser. *C. eragrostis*, das Frischgrüne Zypergras, erreicht eine Höhe von ca. 60 cm und hat runde bis dreikantige Stängel. Wassertiefe 0 bis 10 cm.

BLÜTENFARBE

BLÜTEZEIT

| Jan | Feb | März | April | Mai | Juni | Juli | Aug | Sept | Okt | Nov | Dez |

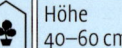

Breitblättriges Wollgras

Breitblättriges Wollgras
Eriophorum latifolium

   | Höhe 40–60 cm | pflege-leicht

Aussehen Dieses bekannte Wollgras wächst aufrecht und etwas überhängend. Die hübschen Blütenstände wirken wie kleine Wollknäuel.

Pflege Das Breitblättrige Wollgras ist eine hübsche Pflanze für den Teich- und Uferrand sowie für sumpfige Stellen und das Flachwasser (bis etwa 10 cm Wassertiefe). Es liebt eher nährstoffarme und saure Böden, daher kann es auch in Moorbeete gepflanzt werden. Achten Sie darauf, dass die Nachbarpflanzen nicht zu stark wachsen, denn sonst verschwinden die konkurrenzschwachen Wollgräser schnell von der Bildfläche.

Gestaltung Das Breitblättrige Wollgras bekam seinen Namen durch die weißen, wolligen Samenstände, die sehr dekorativ sind. Setzen Sie die Pflanze immer in Gruppen und nicht einzeln, denn es sieht einfach sehr schön aus, wenn sich die „Wollköpfe" im Wind wiegen. Schöne Nachbarpflanzen sind *Iris pseudacorus* und der Tannenwedel.

Hinweis Das Schmalblättrige Wollgras (*E. angustifolium*) ist der oben besprochenen Art recht ähnlich. Es sollte aber besser nicht in den Mini-Teich, weil es durch seine Ausläufer stark wuchert.

BLÜTENFARBE

 zierend sind die weißen Samenstände

BLÜTEZEIT

Jan	Feb	März	April	Mai	Juni	Juli	Aug	Sept	Okt	Nov	Dez

Gemeiner Tannenwedel

Gemeiner Tannenwedel
Hippuris vulgaris

  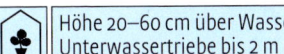

Höhe 20–60 cm über Wasser,
Unterwassertriebe bis 2 m

Aussehen Diese ausdauernde Sumpfpflanze wird gerne und oft verwendet. Die tannenähnlichen Triebe geben der Pflanze ihren deutschen Namen. Der waagerecht im verschlammten Substrat wachsende Wurzelstock bildet sehr viele Stängel, die straff aufrecht nach oben wachsen. Die Unterwasserblätter sind weicher als das Laub oberhalb des Wasserspiegels und schlaff herabhängend.

Pflege Der Gemeine Tannenwedel wächst am Wasserrand und im flachen Wasser. Er ist recht anspruchslos, kommt daher fast überall gut zurecht, bevorzugt allerdings eher kalkhaltiges Wasser. Wegen des starken Wuchses ist im Mini-Teich nur eine Korbpflanzung anzuraten.

Gestaltung Ihre ganze Schönheit entfalten Tannenwedel in der Sumpfzone. Die heimische Pflanze ist für den Teich und die Tierwelt ein echter Gewinn!

Sie hemmt wegen ihres hohen Nährstoffbedarfes das (ungewollte) Algenwachstum, ist ein guter Sauerstoffspender und gleichzeitig ein dankbares Versteck sowie reiche Nahrungsquelle für viele Tiere.

Anderer deutscher Name Gewöhnlicher Tannenwedel

BLÜTENFARBE

 jedoch unscheinbar, wird vom Wind bestäubt

BLÜTEZEIT

| Jan | Feb | März | April | Mai | **Juni** | **Juli** | **Aug** | Sept | Okt | Nov | Dez |

Gelbe Sumpf-Schwertlilie und violettweiße Sibrische Schwertlilie – ein schönes Duo!

Sumpf-Schwertlilie

Iris pseudacorus, Zwergsorten

  Höhe 50–70 (100) cm

Aussehen Die schöne und beliebte Sumpf-pflanze wächst aufrecht und entwickelt auf-fällige Blüten. Sie wächst aus einer verdickten, verzweigten Grundachse zu stattlicher Größe.

Pflege Die Sumpf-Schwertlilie kann nur im Korb in den Mini-Teich gesetzt werden, da sie ansonsten schnell die gesamte Wasserfläche zuwuchern würde. Pflanzen Sie sie an den Rand, an sumpfige Stellen oder ins Flachwas-ser (bis etwa 20 cm Wassertiefe). Der Boden muss feucht bis dauernass sein. Entfernen Sie rechtzeitig die Samenstände.

Gestaltung Sumpf-Schwertlilien gehören zur Blütezeit mit zu den auffälligsten Pflanzen am und im Gartenteich.

Am besten ist es, wenn man wenige Exemplare in einer kompakten Gruppe zusammensetzt. Bitte wählen Sie für Mini-Teiche stets Zwerg-sorten, z. B. 'Nanus'.

Hinweis Die Pflanze ist giftig!

Art Die Japanische Sumpf-Iris (*I. laevigata*) blüht violett, aber auch weiß, rosa, rot und blau von Juli bis August. Setzen Sie sie ebenfalls in die Sumpfzone oder an den feuchten Uferrand.

Andere deutsche Namen Heimische Sumpf-Schwertlilie, Gelbe Schwertlilie

BLÜTENFARBE

BLÜTEZEIT

| Jan | Feb | März | April | Mai | Juni | Juli | Aug | Sept | Okt | Nov | Dez |

Kleine Teichrose

Kleine Teichrose, Zwergteichrose
Nuphar pumila

 Höhe 5–20 cm

Aussehen Diese genügsame Pflanze wächst ähnlich wie Seerosen mit auf dem Wasser liegenden Blättern und interessanten Blüten, die sich etwas darüber erheben. Sie wirkt sehr natürlich im Vergleich zu den großen Seerosensorten. Ihr Wurzelstock ist dick und kann bis zu 2 m lang werden.

Pflege Kleine Teichrosen werden am besten in einen Korb gepflanzt. Sie verlangen Wassertiefen zwischen 25 und 80 cm. Setzen Sie sie nicht in die Nähe von Wasserspielen oder spritzendem Wasser, weil die Blätter und Blüten das nicht vertragen. Mindestens fünf Stunden direkte Sonne am Tag sind für eine üppige Blüte unbedingt erforderlich.

Gestaltung Diese hübschen Blüher sind echte Hingucker. Obwohl die Blüten deutlich kleiner als die von Seerosen sind, haben sie mit ihren interessanten Blütchen und den großen Blättern einen zauberhaften Charme.

Art Die Gelbe Teichmummel (*N. lutea*) wird deutlich größer und ist eigentlich nur für Gartenteiche geeignet. Will man sie in den Mini-Teich setzen, ist eine Korbpflanzung unerlässlich. Sie entwickelt schöne, leuchtend gelbe, duftende Blüten (Mai bis August).

BLÜTENFARBE

BLÜTEZEIT

| Jan | Feb | März | April | Mai | **Juni** | **Juli** | **Aug** | Sept | Okt | Nov | Dez |

Sorte 'Alba'

Seerosen
Nymphaea-Arten und -Sorten

Höhe
5–15 cm

Aussehen Seerosen sind beliebte Klassiker. Sie entwickeln auf dem Wasser liegende Blätter und wunderbare Blüten, die entweder auf dem Wasser schwimmen oder sich etwas über das Wasser erheben. Die Pflanze bildet ein vielgliedriges Rhizom.

Pflege Seerosen tolerieren – je nach Sorte und Art – Wassertiefen zwischen 30 cm und 2 m. Sie wollen nicht in der Nähe von Wasserspielen, -speiern oder -fällen wachsen, da sie Wasser auf den Blättern und Blüten nicht vertragen. Die Pflanzen brauchen einen Platz mit fünf bis sechs Stunden direkter Sonnenbestrahlung täglich. Eine Korbpflanzung ist in Mini-Teichen anzuraten. Wählen Sie kleinbleibende und schwachwüchige Sorten und Arten. Abgeblühte Pflanzen und vergilbte Blätter werden über dem Rhizom abgeschnitten.

Gestaltung Seerosen sind die absoluten Stars unter den Wasserpflanzen. Sie sehen auch sehr schön aus, wenn man nichts weiter sonst in den Mini-Teich setzt. Die tollen Blüten in vielen Farben und Größen sind der Augenmagnet im Teich schlechthin!

Sorten und Arten Sie können zwischen sehr viele Sorten und Arten wählen.

BLÜTENFARBE

 auch mehrfarbig ungefüllt, gefüllt

BLÜTEZEIT

| Jan | Feb | März | April | Mai | **Juni** | **Juli** | **Aug** | Sept | Okt | Nov | Dez |

Erkundigen Sie sich stets vor Ort, welche kleinbleibenden Sorten erhältlich sind.

Seerosen entwickeln interessante, wunderschöne und für sich wirkende Blüten.

Einige gute Beispiele für Mini-Teiche: Die weiße Sorte 'Alba' ist für 15 bis 35 cm tiefe Teiche. *Nymphaea* 'Laydekeri Liliacea' ist eine rosafarbene Sorte für Wassertiefen von 30 bis 40 cm. *N.* 'Laydekeri Fulgens', eine rote Sorte, toleriert 20 bis 40 cm Wassertiefe. Die Sorte 'Pygmaea Helvola', eine der kleinsten Seerosen mit gelben Sternblüten, braucht eine Wassertiefe von 20 bis 30 cm. Sie darf nicht einfrieren. *N. odorata* 'Alba' braucht eine Wassertiefe von 20 bis 40 cm, bleibt klein und entwickelt einen stark süßlichen Duft.

Seekanne

Seekanne
Nymphoides peltata

| | | | | Höhe
10 cm über Wasser |

Aussehen Seekannen entwickeln hübsche kleine Blüten zu dunkelgrünem Laub. Sie sind im Wuchs einer Seerose sehr ähnlich. Sie entwickeln sich aus peitschenförmigen Stängeln. Die Blätter liegen auf dem Wasser, die gelben Blüten erheben sich etwas über die Oberfläche hinaus. Seekannen kommen in Mitteleuropa auch wild vor, besonders an stehenden oder langsam fließenden Gewässern.

Pflege Seekannen werden in Körbe gepflanzt, da sie wuchern können. Wenn man die Ausläufer abnimmt, kann man die Pflanze verkleinern. Sie lieben Wärme und nährstoffreiche Gewässer. Die Pflanzen können gut in der Nachbarschaft von Seerosen oder Teichrosen wachsen.

Vermehrung Ausläufer (Herbst)

Gestaltung Diese heimische Pflanze bezaubert zur Blütezeit durch die trichterförmigen, gelben Blütchen, die viel von Bienen und Hummeln besucht werden. Sie wird gerne und oft verwendet und passt in kleine sowie große Teiche gleichermaßen. Die Schwimmblattpflanze eignet sich für Flachwasser und ist, weil pflegeleicht, auch für Einsteiger sehr zu empfehlen.

BLÜTENFARBE

BLÜTEZEIT

| Jan | Feb | März | April | Mai | Juni | Juli | Aug | Sept | Okt | Nov | Dez |

Hechtkraut

Hechtkraut
Pontedera cordata

 Höhe
50–60 cm

Aussehen Das Hechtkraut ist eine Sumpfpflanze. Blätter und Blüten wachsen aufrecht
und harmonieren schön miteinander.
Pflege Das Hechtkraut wächst am Teichrand
an sumpfigen Stellen und kommt mit Wassertiefen zwischen 10 und 50 cm zurecht. Im Mini-
Teich ist eine Korbpflanzung unerlässlich.
Nur in Teichen mit einer Wassertiefe über
50 cm sollte die Pflanze frei wachsen.
Überwinterung Die Pflanze wird vor den
ersten Frösten zur Überwinterung aus dem
Teich geholt. Sie kommt an einen kühlen und
hellen Ort. Die oberirdischen Teile werden
abgeschnitten und der Rest in ein feuchtes
Substrat gesteckt, das über die gesamte Zeit
feucht gehalten werden muss.
Gestaltung Hechtkräuter geben dem Teich
immer ein wenig Ruhe. Die frischgrünen,
glänzenden Blätter und ihre wirklich schönen
Blüten ziehen die Blicke auf sich.
Sorten Die Art blüht blau violett. Allerdings
gibt es einige Sorten wie 'Alba' in Weiß oder
'Pink Pons' in Rosa. Einen schönen kompakten
Wuchs besitzt 'Crown Point'.
Andere deutsche Namen Herzblättriges
Hechtkraut, Herzförmiges Hechtkraut

BLÜTENFARBE

BLÜTEZEIT

| Jan | Feb | März | April | Mai | Juni | Juli | Aug | Sept | Okt | Nov | Dez |

Gewöhnliches Pfeilkraut (li.) neben Sibrischer Schwertlilie und weißer Japanischer Sumpf-Schwertlilie.

Gewöhnliches Pfeilkraut
Sagittaria sagittifolia

     Höhe 50–80 cm

Aussehen Die auffälligen Blätter mit der typischen Pfeilform gaben dieser Pflanze einst ihren deutschen Namen. Sie wächst straff aufrecht. Die Blütchen sind klein und sehr filigran.

Pflege Die Sumpfpflanze wächst im Ufer- und Flachwasserbereich oder im Sumpfbereich von Teichen. Wassertiefen zwischen 10 und 40 cm sind gut geeignet. Sie ist pflegeleicht und eignet sich daher auch für Anfänger. Korbpflanzung wird angeraten. Die oberirdischen Teile sterben im Winter ab. Vorher bilden sich am Ende der Ausläufer stärkereiche Winterknospen, mit denen die Pflanzen die kalte Jahreszeit im Wasser unbeschadet überdauern.

Vermehrung An guten Standorten kann sich die Pflanze selbst aussäen, was im Mini-Teich aber nicht gewünscht ist. Eine gezielte Vermehrung ist durch Teilung des Wurzelstocks im Frühjahr oder Herbst möglich.

Gestaltung Pfeilkräuter sind schöne Blattschmuckpflanzen, die gerne wegen ihrer ungewöhnlichen Form und der Formenvielfalt ihrer Blätter verwendet werden.

Art Das Pfeilkraut (*S. latifolia*) ist der oben beschriebenen Art in Ansprüchen und Verwendung sehr ähnlich.

BLÜTENFARBE

(männlich, mit purpurrotem Gaumenfleck)

BLÜTEZEIT

| Jan | Feb | März | April | **Mai** | **Juni** | **Juli** | Aug | Sept | Okt | Nov | Dez |

Der Zwerg-Rohrkolben sorgt (im Topf) für eine natürliche Stimmung im Mini-Teich.

Zwerg-Rohrkolben
Typha minima

    Höhe
50–70 cm

Aussehen Der Zwerg-Rohrkolben entwickelt die typischen Rohrkolben (Fruchtstände) aus, die auch gerne und oft in der Floristik verwendet werden.
Die langen dünnen, bläulich grünen Blätter passen in Gestalt und Dimension harmonisch zu den interessanten braunen, rundlichen Kolben.
Pflege Dieser Flachwasserbewohner kommt sehr gut mit Wassertiefen von 10 cm zurecht. Pflanzen Sie sie immer in einen Korb, um auch anderen Teichpflanzen gute Wachstumsmöglichkeiten zu ermöglichen.

Unschöne Pflanzenteile können entfernt werden.
Im Herbst werden die Stängel durch Schnitt zurückgenommen. Zu große Pflanzen werden entsprechend verkleinert (Rhizom eingrenzen und zurücknehmen).
Gestaltung Zwerg-Rohrkolben passen sehr schön zu Pfeil- und Hechtkräutern. Die Blüten sind jedoch unscheinbar.
Man verwendet Rohrkolben wegen ihrer dekorativen Fruchtstände. Setzen Sie am besten jeweils zwei bis drei Pflanzen in einer kleinen Gruppe zusammen – und stets in stabile Körbe.

BLÜTENFARBE

 sehr dekorativ sind die Fruchtstände (Rohrkolben)

BLÜTEZEIT

| Jan | Feb | März | April | Mai | **Juni** | **Juli** | Aug | Sept | Okt | Nov | Dez |

Service und nützliche Adressen

Balkonpflanzen

Gärtner Pötschke
Beuthener Str. 4
41564 Kaarst
Tel.: (0 18 05) 86 11 00
E-Mail: info@poetschke.com
www.gaertner-poetschke.de

Ahrens & Sieberz
53718 Siegburg-Seligenthal
Tel.: (01 80) 5 14 05 15
E-Mail: info@as-garten.de
www.ahrens-sieberz.de

Kientzler GmbH & Co.KG
Binger Str. 31
55454 Gensingen
Tel.: (0 67 27) 93 01-0
E-Mail: info@kientzler.com
www.kientzler.de

Jungpflanzen Liebig
Kirchspiel 106
59077 Hamm/Pelkum
Tel.: (0 23 81) 3 04 91 70
E-Mail: info@liebig-vertrieb.de
www.jungpflanzen-liebig.de

Baldur-Garten GmbH
Elbinger Str. 12
64625 Bensheim
Tel.: (0 18 05) 10 35 55
E-Mail: info@baldur-garten.de
www.baldur-garten.de

Stegmeier Gartenbau
Unteres Dorf 7
73457 Essingen
Tel.: (0 73 65) 2 30
E-Mail: info@pelargonien-
stegmeier.de
www.gaertnerei-stegmeier.de

Kübelpflanzen

Gärtnerei Baum
Strohgäustr. 51
71229 Leonberg
Tel.: (0 71 52) 2 45 57
E-Mail: info@baum-leonberg.de
www.baum-leonberg.de

Flora Mediterranea
Königsgütler 5
84072 Au/Hallertau
Tel.: (0 87 52) 12 38
E-Mail: info@flora
mediterranea.de
www.floramediterranea.de

Flora Toskana
Schillerstr. 25
89278 Nersingen / OT Strass
Tel.: (0 73 08) 9 28 33 87
E-Mail: info@flora-toskana.de
www.flora-toskana.com

Stauden

**Kräuter- und Stauden-
gärtnerei Mann**
Schönbacherstr. 25
02708 Lawalde
Tel.: (0 35 85) 40 37 38
E-Mail: info@planzenreich.com
www.staudenmann.de

Alpine Staudengärtnerei
Siegfried Geißler
OT Gorschmitz Nr. 14
04703 Leisnig/Sachsen
Tel.: (03 43 21) 1 46 23
E-Mail: info@alpiner-garten.de
www.alpinergarten.de

**Staudengärtnerei
Alpine Raritäten**
Jürgen Peters
Auf dem Flidd 20
25436 Uetersen
Tel.: (0 41 22) 33 12
E-Mail: alpine.peters@t-online.de
www.alpine-peters.de

Staudengärtner Klose
Rosenstr. 10
34253 Lohfelden / Kassel
Tel.: (05 61) 51 55 55
E-Mail: info@staudengaertner-
klose.de
www.staudengaertner-klose.de

**Arends Maubach Stauden
& Gartenkultur**
Monschaustr. 76
42369 Wuppertal-Ronsdorf
Tel.: (02 02) 46 46 10
E-Mail: stauden@arends-
maubach.de
www.arends-maubach.de

Staudenkulturen Stade
Beckenstrang 24
46325 Borken
Tel.: (0 28 61) 26 04
E-Mail: info@stauden-stade.de
www.stauden-stade.de

Kayser & Seibert
Wilhelm-Leuschner-Str. 85
64380 Rossdorf
Tel.: (0 61 54) 90 68
E-Mail: info@kayserundseibert.de
www.kayserundseibert.de

**Staudengärtnerei
Gräfin von Zeppelin**
Weinstr. 2
79295 Sulzburg-Laufen
Tel.: (0 76 34) 6 97 16
E-Mail: info@graefin-von-
zeppelin.de
www.graefin-v-zeppelin.com

Hof Berg-Garten
Stauden und Sämereien
für naturnahe Gärten
Lindenweg 17
79737 Großherrischwand
Tel.: (0 77 64) 2 39
E-Mail: info@hof-berggarten.de
www.hof-berggarten.de

Alpengarten-Sündermann
Aeschacher Ufer 48
88131 Lindau
Tel.: (0 83 82) 54 02
E-Mail: webmaster@alpen
garten-suendermann.de
www.alpengarten-
suendermann.de

Staudengärtnerei Gaissmayer
Jungviehweide 3
89257 Illertissen
Tel.: (0 73 03) 72 58
E-Mail: info@stauden
gaissmayer.de
www.staudengaissmayer.de

Zwiebelblumen

Albrecht Hoch Blumen-
zwiebeln und Raritäten
Potsdamer Str. 40
14163 Berlin
Tel.: (0 30) 8 02 62 51
E-Mail: mailto@albrechthoch.de
www.albrechthoch.de

Albert Treppens & Co Samen
GmbH
Berliner Str. 84–88
14169 Berlin-Zehlendorf
Tel.: (0 30) 8 11 33 36
E-Mail: kontakt@treppens.de
www.treppens.de

Zwiebelgarten
Reinhold Krämer
Waldstetter Gasse 4
73525 Schwäbisch Gmünd
Tel.: (0 71 71) 92 87 12
E-Mail: kuechengarten.
kraemer@t-online.de
www.zwiebelgarten.de

Blumenzwiebelversand
Bernd Schober
Stätzlinger Str. 94 a
86165 Augsburg
Tel.: (08 21) 72 98 95 00
E-Mail: bschober@
der-blumenzwiebelversand.de
www.der-blumenzwiebel-
versand.de

Kräuter und Duftpflanzen

Kräuter- und Stauden-
gärtnerei Mann
Schönbacherstr. 25
02708 Lawalde
Tel.: (0 35 85) 40 37 38
E-Mail: info@pflanzenreich.com
www.staudenmann.de

Die Kräuterei (Bioland)
Silvia Heinrich
Alexanderstr. 29
26121 Oldenburg
Tel.: (04 41) 88 23 68
E-Mail: kraeuterei@t-online.de
www.kraeuterei.de

Rühlemann's Kräuter &
Duftpflanzen
Auf dem Berg 2
27367 Horstedt
Tel.: (0 42 88) 92 85 58
E-Mail: info@ruehlemanns.de
www.ruehlemanns.de

Duft- und Wandelgärtnerei
Schoebel
Hindenburgplatz 3
29468 Bergen
Tel.: (0 58 45) 2 37
E-Mail: info@gaertnerei-
schoebel.de
www.gaertnerei-schoebel.de

Kräuterey Lützel
Im Stillen Winkel 5
57271 Hilchenbach-Lützel
Tel.: (0 27 33) 38 46
E-Mail: info@kraeuterey.de
www.kraeuterey.de

Otzberg Kräuter
Burghart Koch-Seubert
Erich Ollenhauer-Str. 87 b
65187 Wiesbaden
Tel.: (06 11) 8 12 05 45
www.otzberg-kraeuter.de

Syringa Duftpflanzen
und Kräuter
Dipl. Biol. Bernd Dittrich
Bachstr. 7
78247 Hilzingen-Binningen
Tel.: (0 77 39) 14 52
E-Mail: info@syringa-
pflanzen.de
www.syringa-pflanzen.de

Blumenschule Rainer Engler
Augsburger Str. 62
86956 Schongau
Tel.: (0 88 61) 73 73
E-Mail: info@blumenschule.de
www.blumenschule.de

Kräuter im Brunnenhof
Kornstr. 61
88370 Ebenweiler
Tel.: (0 75 84) 32 33
E-Mail: brunnenhof-kraeuter-
und-mehr@t-online.de
www.brunnenhof-kraeuter-
und-mehr.de

Raritätengärtnerei Treml
Eckerstr. 32
93471 Arnbruck
Tel.: (0 99 45) 90 51 00
E-Mail: treml@pflanzentreml.de
www.pflanzentreml.de

Rhododendren

INKARHO GmbH
Brannenweg 5 a
26160 Bad Zwischenahn
Tel.: (0 44 03) 91 69 45
E-Mail: inkarho@t-online.de
www.inkarho.de

Rosen

BKN Strobel
Pinneberger Str. 238
25488 Holm-Kreis Pinneberg
Tel.: (41 03) 12 12-0
E-Mail: info@bkn.de
www.bkn.de

Kordes Rosen
Rosenstr. 54
25365 Klein Offenseth-
Sparrieshoop
Tel.: (0 41 21) 4 87 00
E-Mail: info@kordes-rosen.com
www.gartenrosen.de

Rosen Tantau
Tornescher Weg 13
25436 Uetersen
Tel.: (0 41 22) 70 84
E-Mail: verkauf@rosen-
tantau.com
www.rosen-tantau.com

Noack Rosen
Im Fenne 54
33334 Gütersloh
Tel.: (0 52 41) 2 01 87
E-Mail: info@noack-rosen.de
www.noack-rosen.de

Rosenhof Schultheis
Bad Nauheimer Str. 3–7
61231 Bad Nauheim-Steinfurth
Tel.: (0 60 32) 9 25 28 0
E-Mail: info@rosenhof-
schultheis.de
www.rosenhof-schultheis.de

Rosen-Union eG.
Steinfurther Hauptstr. 27
61231 Bad Nauheim-Steinfurth
Tel.: (0 60 32) 9 65 30
E-Mail: info@rosen-union.de
www.rosen-union.de

Bioland-Rosenschule Ruf
Zum Sauerbrunnen 35
61231 Bad Nauheim
Tel.: (0 60 32) 8 18 93
E-Mail: info@rosenschule-ruf.de
www.rosenschule-ruf.de

Rosengärtnerei Kalbus
Jana Malinakova
Hagenhausener Hauptstr. 1 b
90518 Altdorf
Tel.: (0 91 87) 57 29
E-Mail: rosen@rosen-kalbus.de
www.rosen-kalbus.de

Großbritannien

David Austin Roses Ltd
Bowling Green Lane / Albrighton
Wolverhampton WV7 3 HB
Tel.: (0 08 00) 77 77 67 37
E-Mail: deutsch@davidaustin-
roses.com
www.davidaustinroses.com

Clematis

**F. M. Westphal Clematis-
Kulturen**
Peiner Hof 7
25497 Prisdorf
Tel.: (0 41 01) 7 41 04
E-Mail: kontakt@clematis-
westphal.de
www.clematis-westphal.de

Bäume und Sträucher

Schob Baumschule
Lößnitzer Str. 82
08141 Reinsdorf
Tel.: (03 75) 29 54 84
E-Mail: info@schob.de
www.schob.de

**H. Lorberg Baumschul-
erzeugnisse GmbH & Co. KG**
Zachower Str. 4
14669 Ketzin OT Tremmem
Tel.: (03 32 33) 84-0
E-Mail: lorberg@lorberg.com
www.lorberg.com

**Pflanzenhandel Lorenz
von Ehren GmbH & Co. KG**
Maldfeldstr. 4
21077 Hamburg
Tel.: (0 40) 7 61 08-0
E-Mail: LvE@LvE.de
www.LvE.de

Baumschule Alte Obstsorten
Meinolf Hammerschmidt
Waldweg 2 - Winderatt
24966 Sörup
Tel.: (0 46 35) 27 45
E-Mail: hammerschmidt@
alte-obstsorten.de
www.alte-obstsorten.de

Baumschule H. Hachmann
Brunnenstr. 68
25355 Barmstedt
Tel.: (0 41 23) 20-55
E-Mail: info@hachmann.de
www.hachmann.de

Pflanzmich.de Baumschulen
Burstah 13
25474 Ellerbek
Tel.: (0 41 01) 37 80-0
E-Mail: service@pflanzmich.de
www.pflanzmich.de

Kordes Jungpflanzen Handels GmbH
Mühlenweg 8
25485 Bilsen
Tel.: (0 41 06) 40 11
E-Mail: info@koju.de
www.koju.de

Hermann Cordes Baumschulen
Pinneberger Str. 247 a
25488 Holm / Holstein
Tel.: (0 41 03) 9 39 80
E-Mail: info@cordes-apfel.de
www.cordes-apfel.de

Baumschule Eggert
Baumschulenweg 2
25594 Vaale
Tel.: (0 48 27) 93 26 27
E-Mail: verkauf@eggert-baumschulen.de
www.eggert-baumschulen.de

Baumschule Böhlje
Oldenburger Str. 9
26655 Westerstede
Tel.: (0 44 88) 99 86-0
E-Mail: info@boehlje.de
www.boehlje.de

Bioland Baumschule & Obstgarten
Dr. Ute Hoffmann
Uepser Heide 1
27330 Asendorf
Tel.: (0 42 53) 80 06 22
E-Mail: ute.hoffmann@hoffmann-obstbaumschule.de
www.hoffmann-obstbaumschule.de

Baumschule Rinn
Heuchelheimer Str. 129
35398 Gießen
Tel.: (06 41) 6 28 50
E-Mail: Rinn_Baumschule@t-online.de
www.rinnbaumschule.de

Artländer Pflanzenhof
Frank Müller
Im Zwischenmersch/Baumschulenweg
49610 Quakenbrück
Tel.: (0 54 31) 24 58
E-Mail: info@pflanzenhof-online.de
www.pflanzenhof-online.de

Ahornblatt GmbH
Postfach 11 25
55001 Mainz
Tel.: (0 61 31) 7 23 54
E-Mail: Nachricht@Ahornblatt-Garten.de
www.ahornblatt-garten.de

Bambus Centrum Deutschland
Wolfgang F. Eberts KG
Saarstr. 3–5
76532 Baden-Baden
Tel.: (0 72 21) 50 74-0
E-Mail: info@bambus.de
www.bambus.de

Ganter OHG Qualitätsbaumschule
Baumstr. 2
79369 Wyhl am Kaiserstuhl
Tel.: (0 76 42) 10 61
E-Mail: info@ganter-baden.de
www.ganter-baden.de

Baumgartner Baumschule
Hauptstr. 2
84378 Nöham bei Pfarrkirchen
Tel.: (0 87 26) 2 05
E-Mail: baumgartner@baumgartner-baumschulen.de
www.baumgartner-baumschulen.de

Häberli Fruchtpflanzen AG
9315 Neukirch-Egnach
Tel.: + 41 (0) 7 14 74 70 70
E-Mail: info@haeberli-beeren.ch
www.haeberli-beeren.ch

Gartenteiche, Seerosen und Wasserpflanzen

Sumpf- und Wasserpflanzen Jürgen Peter
Inh. Robert Peter
Hermann-Löns-Weg 121
42697 Solingen
Tel.: (02 12) 7 85 29
www.wasserpflanzen-peter.de

Erich Maier Botanische Spezialitäten
Hansell 155
48341 Altenberge
Tel.: (0 25 05) 15 33
E-Mail: info@erichmaier.de
www.erichmaier.de

Oase GmbH
Tecklenburger Str. 161
48477 Hörstel
Tel.: (0 18 05) 70 07 55
E-Mail: info@oase-livingwater.com
www.oase-livingwater.com

naturagart Deutschland GmbH & Co. KG
Riesenbecker Str. 63–65
49479 Ibbenbühren-Dörenthe
Tel.: (0 54 51) 59 34-0
E-Mail: info@naturagart.de
www.naturagart.de

Seerosen-Epple GmbH
Im Schemming 1/1
71726 Benningen
Tel.: (0 71 44) 69 51
E-Mail: info@seerosen-epple.de
www.seerosen-epple.de

Seerosen-Farm
Erhard W. Oldehoff
Sieglmühle 2
94051 Hauzenberg
Tel.: (0 85 86) 16 93
E-Mail: sieglmuehle@t-online.de
www.seerosen-farm.de

Register

Halbfett markierte Seitenzahlen
verweisen auf Abbildungen.

KOSMOS.
Pure Vielfalt.

Für Kräuterliebhaber

Ausführliche Beschreibungen unserer Küchen-, Heil- und Wildkräuter sowie viele interessante Kräuter-Raritäten erklären alles über Standort, Pflege und Sortenwahl. Über 400 Fotos zeigen Ihnen die Schönheit und Besonderheiten: Küchenkräuter, Gewürze, Heilkräuter, Asiatische Kräuter, Kräuter-Raritäten, Wildkräuter.

Franz Xaver Treml
Kräuter aus dem Garten
320 S., 460 Abb., €/D 12,99

Kräuter aus aller Welt

Über 200 Fotos zeigen Ihnen die Schönheit und die Besonderheiten der Welt der exotischen Kräuter. Ausführliche Beschreibungen erklären die richtige Pflege, Ernte und Verwendung würziger und heilkräftiger Kräuter aus fernen Ländern. Ein umfassendes Praxisbuch und Nachschlagewerk für Neugierige und Kräuterfreunde.

Franz Xaver Treml
Exotische Kräuter
176 S., 220 Abb., €/D 14,95

Preisänderung vorbehalten

kosmos.de/natur

Natur hautnah.
Wissen und erleben.

Pflege, Merkmale, Sorten

Der handliche Ratgeber beschreibt über 1.000 Gartenpflanzen in Wort und Bild, vom Aussehen bis zur Pflege. Mit zusätzlichen Abbildungen vieler schöner Pflanzensorten und besonderer Pflanzenmerkmale wie Früchte, Rinde oder Herbstfärbung. Anregung und Ideengeber, Gartenleitfaden und Einkaufshilfe – einfach unentbehrlich für Einsteiger und Profis!

Angelika Throll (Hrsg.)
Was blüht im Garten?
448 S., 1.014 Abb., €/D 14,99

Pure Vielfalt

Über 650 Zimmerpflanzen werden in Wort und Bild beschrieben. Mehr als 500 Fotos zeigen die Schönheit von üppigen Blattschmuckpflanzen, filigranen Farnen, exotischen Orchideen oder sattgrünen Palmen und stacheligen Kakteen.

Angelika Throll (Hrsg.)
Was blüht auf der Fensterbank?
336 S., 510 Abb., €/D 14,99

Bildnachweis

Mit 468 Fotos von:
BKN Strobel, Holm: 64 u; **Burkhard Bohne**, Braunschweig: 100 (beide), 101 (beide), 102 (beide), 103 (beide), 126, 131 (alle 4), 132 (alle 4); **Botanikfoto**, Berlin: 261, 265; **Floradania**, DK-Odense: 35, 36, 39 o, 45, 72, 76 li, re u, 84, 87 li, 95, 97, 99, 215 o, 266 o, u, 268 o; **Flora Press**, Hamburg: 2 li o, re u, 6, 14 re o, li u, 15 o, 28 li o, mi, u, 144; **Flora Press/BIOSPHOTO/Gilles Le Scanff & Joëlle-Caroline Mayer**: 14 re u; **Flora Press/BIOSPHOTO/NouN**: 17 alle 3; **Flora Press/BIOSPHOTO/Alexandre Petzold**: 16 li o; **Flora Press/Botanical Images**: 228; **Flora Press/Flowerphotos/Carol Sharp**: 3 re mi, 262; **Flora Press/The Garden Collection/Liz Eddison**: 16 re mi; **Flora Press/The Garden Collection/Torie Chugg**: 155; **Flora Press/The Garden Collection/Michelle Garrett**: 16 re o; **Flora Press/The Garden Collection/Gary Rogers**: 11 re o, u; **Flora Press/Thomas Lohrer**: 23 u, 24 o, 25 (beide), 26 o; **Flora Press/Robert Mabic**: 16 u; **Flora Press/Helga Noack**: 162; **Flora Press/Nova Photo Graphik**: 223, 252; **Flora Press/Visions**: 9, 11 li u, 13 li o, 15 li u, 28 re, 80, 165, 237; **Flora Press/Cornelia Weber**: 20 o; **Flora Toskana**, Nersingen OT Strass: 33 u, 54; **Fotolia**: 154; **Friedrich Strauß**, Au/Hallertau: 2 li mi, li u, 3 li o, li mi, re o, re u, 8 (alle 3), 10 (alle 3), 12, 13 re o, 13 u, 18 (alle 3), 19 (beide), 20 u, 21 (beide), 22, 23 o, 24 u, 26 u, 27 u, 29, 30, 31 li, 33 o, 38, 40, 43 o, 44 re o, 46, 47, 48, 49, 50 o, 51, 66, 69, 70, 77, 79 o, 82 li, 83 o, 86, 90, 92, 96, 104, 105, 109, 111, 114 o, 116 li, 118 u, 122 o, 123, 128, 136, 137, 141 o, 148, 149, 151, 152, 156, 157, 160, 166, 171, 176, 180, 181, 182, 183 li re u, 184 re o, 185, 186 li, 187, 189, 190, 193, 194, 195, 196, 197 li, 198, 199, 200 li, 203, 210, 212 o, 213, 214, 216, 218 o, 220, 221, 224 o, 227, 229 li, 231 o, 232, 240, 241 li, 244, 246, 247, 248 li, 250 li, 251, 253, 255, 256, 258, 269, 271, 273 li, 274, 275, 276, 278, 279, 282, 284, 286, 287, 288; **Gap Gardens/Clive Nichols**: 218 u, **Gartenschatz**, Stuttgart: 4/5, 7 mi, li u, 31 (alle 4), 32 re o, re u, 37 (alle 3), 39 re o, re mi, re u, 41 (beide), 42 re o, 43 u, 44 li, re u, 50 u, 52, 53, 63 o, 67 (alle 4), 68, 71, 73, 74, 75, 76 re u, 79 u, 81 (beide), 82 re o, re u, 83 u, 85 u, 87 re o, re u, 88, 89, 91, 93, 94, 98, 106, 107, 108 (beide), 110, 112, 113, 114 u, 115, 116 re o, re u, 117, 118 o, 119 (beide), 121 (alle 4), 122 u, 124, 125, 127, 129, 130, 133 (alle 3), 134, 135 (alle 3), 138, 139, 140 (alle 3), 141 u, 142 (beide), 143, 145 o, re u, 2. v. unten, 150, 158 (alle 4), 161, 170 o, 173, 177 (alle 4), 183 re o, 184 li, re u, 186 re o, re u, 191 o, mi, li u, 192, 197 re o, re u, 200 re o, re u, 201, 202, 204, 205, 207 (alle 3), 208 (beide), 209 (beide), 211, 212 u, 215 u, 217, 219, 222, 224 u, 229 re o, re u, 230, 231 u, 233, 234 (beide), 235, 236, 238, 239, 240, 240 re o, re u, 243 (alle 3), 245 (alle 4), 248 re o, re u, 249 (beide), 250 re o, re u, 254, 257 (beide), 259, 260, 263 o, u, 264, 267 (beide), 268 u, 270, 272, 273 re o, re u, 277 re u, li u, 280, 281, 283, 285 (beide), 289; **GBA/Bolton**: 225; **GBA/Didillon**: 226; **GBA/Staffler**: 85; **Häberli Obst- und Beerenzentrum AG**, CH-Neukirch-Egnach: 164, 167, 168, 170 u, 172 o, u, 174, 175 o, u; **Kientzler GmbH & Co. KG**, Gensingen: 2 re o, 3 li u, 78, 120, 206; **Kiepenkerl**, Münster: 145 li u, 147, 153, 159 (beide); **W. Kordes' Söhne**, Klein Offenseth-Sparrieshoop: 27 o, 57, 59, 60, 61 mi, 62 o, 64 re mi, 65 (alle 3), 188; **Noack Rosen**, Gütersloh: 61 u, 62 u, 63 mi, 64 li; **Reinhard-Tierfoto/Hans Reinhard**, Heiligkreuzsteinach-Eiterbach: 34, 169; **Rosen Tantau**, Uetersen: 63 u, 64 re o; **Annette Timmermann**, Kalübbe: 15 re u, 55, 58 o, 61 o, 163; **Bernhard Voss**, Jork: 7 o, 42 li, re mi, re u; **Lars Weigelt**, Dresden: 7 re u, 145 2. v. oben, 191 re u, 263 re u, 277 o, 2. v. oben; **F. M. Westpfahl**, Prisdorf: 178 (beide), 179 (beide)

Impressum

Umschlaggestaltung von eStudio Calamar, Spanien unter Verwendung eines Farbfotos von Flora Press/Visions, Hamburg auf der Umschlagvorderseite (das Foto zeigt Kapkörbchen). Sowie drei Farbfotos auf der Umschlagrückseite von Gartenschatz, Stuttgart oben links und Floradania, DK-Odense oben Mitte und rechts.

Unser gesamtes lieferbares Programm und viele weitere Informationen zu unseren Büchern, Spielen, Experimentierkästen, DVDs, Autoren und Aktivitäten finden Sie unter **kosmos.de**

MIX
Papier aus verantwor-
tungsvollen Quellen
FSC® C084279

Gedruckt auf chlorfrei gebleichtem Papier

© 2013, Franckh-Kosmos Verlags-GmbH & Co. KG, Stuttgart.
Alle Rechte vorbehalten
ISBN 978-3-440-13373-6
Projektleitung: Birgit Grimm
Redaktion: Lars Weigelt
Bildredaktion: Birgit Grimm
Gestaltung und Satz: typopoint GbR, Stuttgart
Produktion: Ralf Paucke
Printed in Slovakia / Imprimé en Slovaquie